세계를 바꾼
연설과 선언

세계를 바꾼 연설과 선언

초판 1쇄 발행 2006년 1월 15일 ＼**초판 6쇄 발행** 2016년 11월 20일
엮어 옮긴이 이종훈 ＼**그린이** 김희남 ＼**펴낸이** 이영선 ＼**편집 이사** 강영선 ＼**주간** 김선정
편집장 김문정 ＼**편집** 임경훈 김종훈 하선정 유선 ＼**디자인** 정경아
마케팅 김일신 이호석 김연수 ＼**관리** 박정래 손미경 김동욱

펴낸곳 서해문집 ＼**출판등록** 1989년 3월 16일(제406-2005-000047호)
주소 경기도 파주시 광인사길 217(파주출판도시) ＼**전화** (031)955-7470 ＼**팩스** (031)955-7469
홈페이지 www.booksea.co.kr ＼**이메일** shmj21@hanmail.net

텍스트 © 이종훈, 2006
ISBN 978-89-7483-271-1 03900
값 11,900원

세계를 바꾼
연설과 선언

〈권리장전〉에서 〈교토 의정서〉까지 인류 역사를 만든 **말**과 **글**을 직접 읽는다!

이종훈 엮어 옮김 ● 김희남 그림

서해문집

머리말

"여러분은 혹시 어떤 문제에 대해 심각하게 고민하면서
자기의 입장을 세상에 널리 알리거나
호소하고 싶은 적은 없었습니까?"

　인류의 역사를 살펴보면, 인간은 수많은 사상과 이념에 입각
하여 자기의 입장을 다양한 방식으로 표현해 왔다. 그러한 표현
방식은 집단적인 차원에서 이루지기도 했고, 개인적인 차원에서
이루어지기도 했다.
　선언(宣言)이란 '국가나 집단이 대내외적으로 자기의 방침, 의
견, 주장 따위를 공식적으로 널리 표방하는 행위'이다. 선언은 인
류의 역사가 발전함에 따라 점차 집단적인 차원에서 보다 많은 사
회 구성원을 자신과 동일한 입장에 동참할 수 있도록 이끌어 내는

수단으로서 역할을 담당해 왔다.

　그러한 반면에 연설(演說)이란 '개인이 대중을 대상으로 삼아 자신의 주장이나 견해를 피력하는 행위'이다. 연설도 자기의 입장을 피력함으로써 보다 많은 사회 구성원을 자신과 동일한 입장에 동참할 수 있도록 이끌어 내는 수단이란 점에서는 그 의도가 선언과 다를 바 없다.

　하지만 선언이 특정한 집단이 공유하고 있는 사상과 이념에 입각하여 집단의 의지를 반영하고 있는 반면에, 연설은 비록 특정한 개인이 특정한 집단을 대표하는 지위에 있더라도 자신의 사상과 이념에 입각하여 개인의 의지를 반영하고 있다는 점에서 선언과는 명백히 성격을 달리한다.

　또한 선언이나 연설은 특정한 시대의 행동 규범을 마련하는

토대로서 역할을 담당한다. 특정한 선언이나 연설을 통해 밝혀진 방침이 일반적으로 다수로부터 지지를 받는 경우, 그것은 규범화되고 국가적 차원에서 제도화되어 헌법과 법률 등으로 발전된다. 또한 국제적 차원에서는 법적 구속력을 지닌 협약이나 국제 법규로 발전된다.

나무만 보지 말고
숲 전체를 조망하는 지혜를 가져라!

선언과 연설은 특정한 시대의 정신을 반영하고 있다. 그것은 특정한 시대에 살고 있는 사회 구성원들이 현실적으로 당면한 문제에 대한 인식에 기초하여 그 문제를 해결하기 위해 노력하는 과

정에서 나온 산물이기 때문이다. 그 과정에서 사상과 이념, 방침을 둘러싸고 개인적 혹은 집단적 차원에서 치열한 투쟁이 벌어지기도 하고, 때로는 목숨을 건 투쟁으로 나타나기도 한다.

　그러한 관점에서 《세계를 바꾼 연설과 선언》에 담긴 각각의 시대정신과 문제의식을 잘 살펴보도록 노력해야 한다. 또한 선언문과 연설문이 발표된 시대가 각각 다를 뿐만 아니라 주제가 다양하기 때문에, 각각의 자료에 대한 단편적인 지식을 얻는 차원에만 머무른다면 독자에게 커다란 도움을 주지 못할 것이다. 그렇다고 해서 이 책에서는 독자에게 상세한 해설을 제시하지 않았다. '하나하나의 구슬을 꿰는 지혜'는 오로지 독자의 몫으로 남아 있다.

　이 책에는 인류 역사상 무수하게 존재하는 선언문과 연설문 가운데서 오늘날 우리가 안고 있는 당면 과제를 시급히 해결하기

위해 반드시 살펴보아야 할 주요 자료를 중심으로 엄선하여 실었다. 선언문과 연설문을 각각의 주제별로 구분한 다음에 그 주제마다 발표된 시대별로 구분하여 정리했다. 앞서 언급했듯이, 그러한 구분 기준에 너무 구애받지 말고 각각의 자료가 지닌 특성을 잘 파악함과 동시에 상호간의 전체적 연관성을 살펴보아야 한다.

　　오늘날, 개별적인 집단이나 국가의 차원을 뛰어넘어 지역적 차원이나 세계적 차원에서 모든 문제가 다루어질 수밖에 없을 정도로 급속하게 세계화가 진행되고 있는 현실 속에서, 우리 모두는 더 이상 국내 문제에만 매달릴 수 없는 입장에 서 있다. 이미 우리는 모든 분야에서 글로벌 스탠더드(global standard)를 요구받고 있다. 세계 무대에서 특히 국제 연합을 중심으로 다양한 사안을 둘러싸고 진행되는 중대한 결정과 후속 조치에 대해 적극적으로 참여하

여 인류 발전에 기여할 수 있도록 인식 지평을 넓혀야 한다. 이 책
이 그와 같은 역할을 담당하는 데 작으나마 도움이 되길 바란다.

　　끝으로 출간을 위해 물심양면으로 애써 주신 서해문집 여러
분께 거듭 감사의 마음을 올린다.

엮어 옮긴이　이종훈

차례

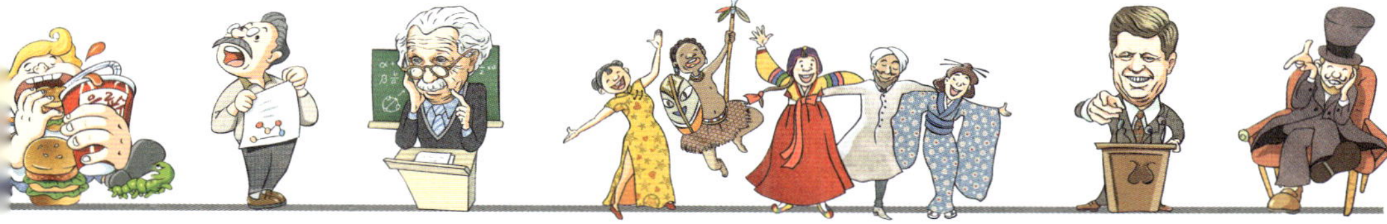

인권

권리장전 | 미국 독립 선언 | 프랑스 인권 선언 | 노예 해방 선언
필라델피아 선언 | 세계 인권 선언 | 간디에 대한 자와할랄 네루의 추도사
국제 연합 아동 권리 선언 | 마틴 루터 킹 목사의 워싱턴 대행진 연설
레드스타킹 선언 | 장애인 권리 선언 | 고문 금지 선언

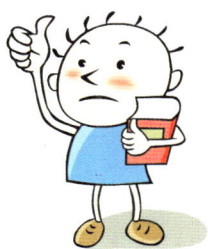

Bill of Rights

권리장전 **1689**

〈권리 장전〉은 명예혁명의 결과로 이루어진 인권 선언으로서, 영국 헌법의 기초가 되는 중요한 법률 문서 중 하나이다.

1642년 크롬웰을 중심으로 한 영국의 의회파는 전제적인 찰스 1세에 맞서 청교도 혁명을 일으켰다. 오랜 내전을 거쳐 1649년 의회파는 마침내 국왕을 처형하고 공화국을 선언하였다. 크롬웰이 죽은 후 1660년 왕정 복고에 성공한 찰스 2세는 의회와의 충돌을 피했으나, 뒤이어 제임스 2세는 전제정치를 감행했다. 결국 1688년 명예혁명이 일어나 제임스 2세는 프랑스로 쫓겨났고, 의회는 제임스 2세의 딸 메리와 남편인 신교도 오렌지 공 윌리엄을 공동 추대했다. 이들도 '권리 선언'을 수락하고 왕위에 올랐다. 1689년 의회는 의회의 권리를 확보하기 위한 〈권리 장전〉을 요구하여 통과시켰다.

〈권리 장전〉은 국왕과 의회가 주권을 둘러싸고 거의 100여 년에 가까운 시간 동안 대립해 온 역사에 일획을 그은 사건이었다. 또한 입헌 군주제를 확립함으로써 영국의 절대 왕정을 종식시켰다는 점에서 영국 헌정사상 커다란 의미를 지닐 뿐만 아니라, 〈미국 독립 선언〉과 〈프랑스 인권 선언〉에도 큰 영향을 끼쳤다.

웨스트민스터에 소집된 성직귀족 상원의원과 세습귀족 상원의원과 하원의원은, 법률적이면서도 완전하고 자유롭게 우리 국민의 모든 신분을 대표하여, 1688년 2월 13일에 윌리엄과 메리라는 이름과 오렌지 공과 그 공작부인이라는 칭호로 알려져 있는 두 폐하에게, 앞서 언급한 상원의원과 하원의원에 의해 작성된 다음과 같은 내용이 담긴 선언문을 전달했다.

선왕 제임스 2세는 자신이 등용했던 사악한 몇몇 고문관과 재판관과 각료의 조언을 받아들여, 신교와 우리 나라의 법률과 자유를 파괴하고 말살하려고 온갖 노력을 다했다.

1 의회의 동의 없이 법률과 법률 집행을 무기력하게 만들고 정지시키는 권한을 행사하는 전횡을 일삼았다.

2 앞서 언급한 전횡적 권한에 동조하지 않게 해 달라고 정중하게 청원했다는 이유로 훌륭한 몇몇 고위 성직자들을 감옥에 가둔 다음에 기소했다.

3 종무 위원회 재판소를 설립하기 위해 국새가 날인된 위임장을 발행하고 집행하도록 명령했다.

4 대권을 빙자하여 의회가 승인한 내용과 달리 기간을 연장하고 편법을 써서 왕권을 행사하기 위한 돈을 거두어들였다.

5 의회의 동의 없이 평화시에 상비군을 징집하여 유지하고 법을 어기면서까지 병사들을 주둔시켰다.

웨스트민스터
(Westminster)
영국 그레이터런던을 구성하는 행정구로 특권 도시. 1870년 스트랜드가에 있는 법원이 완공되기 전까지 웨스트민스터 홀은 영국의 주요 법정이었다.

1688년 2월 13일
당시에 영국은 구력을 사용하고 있었으므로 그레고리력 기준으로 보면 1689년에 해당된다. 영국은 엘리자베스 1세 시대에 달력 개정을 심각하게 고려하다가 1752년에 이르러 그레고리력으로 바꾸었다.

1615년 영국 의회에서 의장이 회의를 주재하는 광경을 새긴 인장.

6 구교도가 법을 어기면서 무장을 하고 고용되었던 때와 같은 시기에 신교를 믿는 선량한 몇몇 신민들을 무장해제했다.

7 의원 선출의 자유를 침해했다.

8 의회에서만 심의할 수 있는 사안을 왕실 재판소에서 기소함과 동시에 자의적이고 불법적으로 여러 가지 절차를 진행했다.

9 최근에 편파적이고 부패하고 자격 조건이 맞지 않은 인물이 배심원으로 발탁되어 심리를 진행했고, 특히 토지 자유 보유권자가 아닌 여러 인물이 대역죄를 심리하는 배심원을 맡았다.

10 신민의 자유를 보장할 목적에서 제정된 법률의 혜택을 누리지 못하게 하려고 형사 사건으로 수감된 사람에게 지나친 보석금을 요구했다.

11 또한 벌금이 지나치게 부과되었을 뿐만 아니라, 불법적이고 잔혹한 형벌이 가해졌다.

12 유죄 판결을 받기 전에 특정인에게 부과될 벌금이나 몰수가 몇 차례에 걸쳐 인정되거나 보장되었다.

이 모든 사항들은 이미 공포된 우리 나라의 법률과 규칙, 자유와 직접적이고도 완전하게 상반된다.

앞서 언급한 선왕 제임스 2세가 통치를 포기했고 그로 인해 왕위가 궐위되었으므로, 구교를 신봉하는 자의적인 권력으로부터 우리 나라를 해방시키는 영광스러운 도구를 전지전능하신 하느님으로부터 기꺼이 물려받은 오렌지 공께서는, 성직귀족 상원의원과 세습귀족 상원의원과 몇몇 주요한 하원의원의 조언에 따라, 다음과 같은 목적에서 신교도인 성직귀족 상원의원과 세습귀족 상원의원에게 공문을 보냈을 뿐만 아니라, 여러 주들과 도시들과 대학들과 자치 도시들과 5곳의 특별 항구에 나머지 공문을 보냈다.

즉 이것은 자신들의 종교와 법률과 자유가 다시는 파괴될 위험에 처하지 않도록 하기 위해 1688년 1월 22일 웨스트민스터에서 소집될 의회에 참석할 수 있는 자격을 지닌 대표자를 선출하기 위한 목적이었다. 그 공문에 따라 선거가 실시되었다.

그 결과, 각각의 공문과 선거에 따라 이제 우리 국민을 완전하고도 자유롭게 대표하여 소집된 성직귀족 상원의원과 세습귀족 상원의원과 하원의원은, 앞서 언급한 목적을 달성하기 위한 최선의 수단을 매우 진지하게 고려한 다음에, 우선적으로 동일한 상황에서 선조들이 일반적으로 했던 바처럼, 과거에 자신들이 지녔던 권리와 자유를 옹호하고 주장하기 위한 목적에서 다음과 같이 선언한다.

✎ 성직귀족 상원의원과 세습귀족 상원의원

영국 의회는 최고의 입법기관으로서 여왕과 상·하원으로 구성된다. 상원은 세습귀족들과 주교로 구성되고, 대법원의 역할을 겸하며 종신직이다. 하원은 선출직으로 명예혁명 이래 지주와 자유직업인, 대상인, 금융가 등 소수의 부르주아 계층으로 구성되었다.

✎ 5곳의 특별 항구
(Cinque Pórts)

중세 영국의 연안 경비에 공헌하여 특권이 부여된 남동 연안의 다섯 항구. 헤이스팅스·뉴롬니·하이드·도버·샌드위치로 구성되었고, 나중에 윈첼시와 라이가 추가되었다.

나는 **메리 2세**(Mary II, 1662년~1694년)! 남편 윌리엄과 나의 아버지 제임스 2세가 친(親)가톨릭 정책을 놓고 싸우게 되자, 남편을 도와 아버지의 왕정을 무너뜨리고 영국의 공동 통치자가 되었어. 남편이 영국에 없을 때에는 내가 정부를 이끌기도 했고, 성직자 임명 문제에 적극적으로 관여했지.

나 **윌리엄 3세**(William III, 1650년~1702년)! 네덜란드의 오렌지 공 빌렘 2세의 아들로 태어났지. 네덜란드에서는 빌렘, 프랑스에 와서는 윌리엄이라 불렸다우. 메리와 결혼하여 공동으로 영국을 통치하며 프로테스탄트의 승리를 다지고 의회 정치의 기초를 닦았어.

1 의회의 동의 없이 왕권에 의해 법률이나 법률 집행을 정지시키는 사이비 권한은 불법이다.

2 최근에 권한을 독점하고 행사했던 바처럼, 왕권에 의해 법률이나 법률 집행을 무기력하게 만드는 사이비 권한은 불법이다.

3 최근에 종무 위원회 재판소를 설립하기 위해 발행된 위임장을 포함하여 그와 유사한 성격을 띤 모든 위임장과 재판소는 불법이며 유해하다.

4 의회의 승인 없이 대권을 빙자하여 의회가 이미 승인했거나 향후에 승인할 내용과 달리 기간을 연장하거나 편법을 써서 왕권을 행사하기 위한 돈을 거두어들이는 행위는 불법이다.

5 모든 신민은 국왕에게 청원할 권리가 있으며, 그러한 청원 사실을 구실로 삼아 수감하고 기소하는 조치는 불법이다.

6 의회의 동의 없이 평화시에 국내에서 상비군을 징집하고 유지하는 조치는 불법이다.

7 신교를 믿는 신민은 상황에 따라 법률이 허용하는 범위 내에서 자기 방어를 위해 무장할 수 있다.

8 의회의 의원을 뽑는 선거는 자유롭게 실시되어야 한다.

9 의회에서 진행된 발언과 토론이나 절차는 재판소나 의회를 벗어난 곳에서 책임을 묻거나 문제를 삼아서는 안 된다.

10 지나친 보석금이 요구되어서는 안 될 뿐만 아니라, 지나친 벌금이 부과되어서도 안 되고, 잔혹하고 상식에서 벗어난 형벌이 가해져서도 안 된다.

11 배심원은 정당한 방법으로 선출되어야 하고, 대역죄로 기소된 자를 심리하는 배심원은 토지의 자유 보유권자이어야 한다.

12 유죄 판결 이전에 특정인에게 부과

흑흑흑.. 나 제임스 2세(James Ⅱ, 1633년~1701년)! 영국의 마지막 가톨릭 교도 왕이야. 청교도 혁명 때에는 의회당에 의해 유폐되기도 했으나, 1685년에 형 찰스 2세의 뒤를 이어 즉위했지. 그 후 가톨릭 복고를 꾀하고 전제 정치를 강화하자 명예혁명이 일어났고, 프랑스로 망명하여 재기를 꿈꾸었으나 보인 강 전투에서 패하고 병사했어.

되는 벌금과 몰수를 인정하고 보장하는 조치는 불법이며 무효이다.

13 모든 요구 사항을 처리하고 법률을 수정·보강·유지하기 위해, 의회는 자주 소집되어야 한다.

또한 앞서 언급한 상원의원과 하원의원은 앞서 언급한 조항 일체를 권리와 자유로서 요구하고 주장하며, 앞서 언급한 조항 중에서 앞으로 사람들에게 해악을 끼칠 수 있는 선언이나 판결이나 행위나 절차는 절대로 중요시되거나 전범이 되어서는 안 된다.

앞서 언급한 상원의원과 하원의원은 자신들의 권리를 요구하면서, 오렌지 공께서 발표한 선언이 완전한 해결책을 제시해 준 유일한 수단이라는 점에 매우 고무되었다.

따라서 오렌지 공께서 지금까지 추진해 온 해방이라는 과업을 완수하여, 앞서 언급한 상원의원과 하원의원이 여기서 주장했던 자신들의 권리가 침해되지 않도록 지킬 것이며, 자신들의 종교와 권리와 자유를 침해하려고 하는 모든 시도를 막아 낼 것이라고 전적으로 확신하면서 다음과 같이 결의한다.(……)

나에게 생명·자유·행복 추구권을 달라!
미국 독립 선언 1776

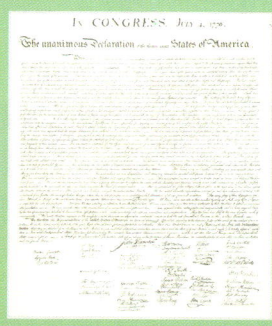

〈미국 독립 선언〉은 영국의 식민지 상태였던 아메리카 합중국이 대내외적으로 독립을 선포한 선언으로서, 미국의 역사적인 문서이다.

1774년 봄, 영국 의회가 보스턴 항구 폐쇄 등을 내용으로 하는 '참을 수 없는 법'을 통과시키자, 식민지였던 아메리카는 이에 격분하여 제1차 대륙회의를 소집하였다. 다음 해에는 영국 본토와 식민지 사이의 갈등이 무력 투쟁 단계로 접어들었고, 1776년에는 대내외적인 여러 요인과 공화제 독립을 호소하는 토마스 페인의 팸플릿 〈상식(Common Sense)〉 등의 영향에 힘입어 새로운 정부 수립을 촉구하는 구체적인 움직임이 일어나게 되었다. 토머스 제퍼슨이 초안을 잡고, 벤저민 프랭클린과 존 애덤스가 수정한 선언문 초안이 본회의에서 심의되었으며, 1776년 7월 4일 식민지 13개 주의 대표들이 필라델피아에서 개최된 대륙 회의에서 〈독립 선언서〉를 만장일치로 채택하였다.

〈독립 선언서〉는 계몽주의의 선구자인 존 로크의 이론에 바탕을 두었는데, 대륙회의가 영국 국왕 조지 3세에 의해 침해당했다고 주장해 온 인간의 자연권과 계약에 의한 통치 원칙을 밝히고 있다. 발표될 당시에는 별 관심을 끌지 못한 선언이지만, 현재 미국에서는 연방 헌법 다음으로 존중받고 있으며, 원본은 워싱턴 국립 문서국에 전시되어 있다.

인류 역사의 과정에서 어떤 민족이 다른 민족과 정치적 유대 관계를 해소하고, 자연법과 창조주의 법칙에 따라 세계의 열강들 사이에서 독립적이고 대등한 지위를 확보할 필요성을 자각하면서, 인류에 대한 평가를 엄숙하게 존중하는 한 독립이 실현되지 않을 수 없는 대의명분을 세상에 널리 선언할 수밖에 없다.

우리들은 다음과 같은 사실을 자명한 진리로 인정한다. 즉, 모든 인간은 평등하게 태어났고, 창조주는 양도할 수 없는 일정한 권리를 인간에게 부여했으며, 생명권과 자유권과 행복 추구권은 이러한 권리에 속한다.

이 권리를 보장하기 위해 인간에 의해 정부가 조직되었으며, 정당한 정부 권력은 피치자의 동의로부터 나온다. 어떤 형태의 정부라도 이러한 목적을 훼손하는 경우, 그러한 정부를 언제든지 변혁하고 해체하여 인민의 안전과 행복을 가장 효과적으로 보장할 수 있는 원칙에 입각하여, 권력을 갖춘 새로운 정부를 조직할 수 있는 권리가 바로 인민에게 있다.

잠시만 신중하게 생각해 보더라도, 오랫동안 권력을 유지해 온 정부를 경솔하고도 일시적인 대의명분 때문에 변혁해서는 안 된다는 점은 매우 분명한 사실이다. 모든 역사적 경험을 살펴보면 알 수 있듯이, 인류는 자신에게 익숙한 정부 형태를 곧장 해체하려고 나서기보다 악폐를 참을 수 있는 한도까지 인내하는 성향이 훨씬 강하다. 하지만 오랫동안 학대와 착취를 지속적으로 일삼아

왔던 세력이 변함없이 동일한 목적을 추구하면서 인민을 절대적 전제 정치의 지배에 예속시키려는 의도를 분명히 드러냈을 때, 그런 정부를 타도하고 인민의 향후 안전을 보장하기 위해 새로운 보호 수단을 마련하는 것이야말로 인민의 권리이자 의무이다.

이처럼 식민지들은 그러한 고통을 감내해 왔는데, 바야흐로 낡은 정부 체제를 변혁해야 할 필요성이 바로 눈앞에 닥쳐 있다.

현재 국왕이 대영 제국을 통치해 온 역사는 악행과 착취가 되풀이되어 온 역사이며, 으리의 연방에 절대적 전제 정치 체제를 수립하고자 하는 데 직접적인 목적이 있다. 이러한 진상을 입증하기 위해, 다음과 같은 사실을 세계에 숨김없이 밝히는 바이다.

국왕은 공익 실현에 가장 도움이 될 뿐만 아니라 없어서는 안 되는 법률에 대한 동의를 거부했다.

나 **토마스 페인**(Thomas Paine, 1737년~1809년)은 정치적인 문제를 다룬 소책자 〈상식〉과 〈위기〉를 써서 미국 독립 전쟁에 중요한 영향을 미친 사람이야. 열심히 써야지~

국왕은 자신의 동의를 얻지 못하는 경우, 아무리 절실하게 요구되는 중요한 법률이라 할지라도 시행해서는 안 된다고 식민지 총독에게 명령했다. 이러한 방식으로 국왕의 동의를 얻지 못한 법률안들이 완전히 무시되어 버렸다.

인민이 입법부의 의원을 선출할 권리, 즉 인민에게는 더할 나위 없이 소중하지만 오직 전제 군주에게만 공포의 대상이 되는 권리를 포기하지 않을 경우, 국왕은 대규모 선거구에 거주하는 인민의 주거 시설에 관한 그 밖의 법률들의 시행을 거부했다.

국왕은 인민을 괴롭혀 마침내 자신의 조치에 따르게 하려는 목적에서, 공공 문서 보관소로부터 멀리 떨어져 있어 불편하고, 상식적으로 납득할 수 없는 장소에 입법부의 상원과 하원을 동시에 소집했다.

국왕이 인민의 권리를 침해한 데 대해 하원이 단호하게 항의하자, 국왕은 수차례에 걸쳐 하원을 해산했다.

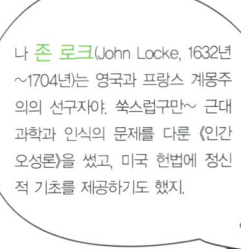

나 **존 로크**(John Locke, 1632년~1704년)는 영국과 프랑스 계몽주의의 선구자야. 쑥스럽구만~ 근대 과학과 인식의 문제를 다룬 《인간오성론》을 썼고, 미국 헌법에 정신적 기초를 제공하기도 했지.

국왕은 그런 방식으로 하원을 해산하고 나서 오랫동안 의회 구성을 거부했다. 하지만 완전히 폐지될 수 없는 성격을 띠는 입법권이 결국에는 일반 인민에게 되돌아옴으로써 인민이 권리를 행사할 수 있게 되었고, 그런 사태들이 벌어지는 동안에 그와 관련된 주는 내우외환을 겪으면서 매우 위험스러운 상황을 맞이했다.

국왕은 이러한 주들의 인구를 억제하려고 온갖 수단을 동원했다. 그 목적을 달성하기 위해 외국인 귀화법의 시행을 가로막았고, 외국인의 이주를 촉진하는 나머지 법률들도 거부했으며, 토지를 새롭게 전용하는 행위에 대해 까다로운 여러 조건들을 달았다.

국왕은 사법권 수립에 관한 법률에 동의하지 않음으로써 재판을 가로막았다. 또한 국왕은 판사의 임기, 보수의 액수와 지급에 관해 오로지 자신의 뜻에 따라 결정했다.

국왕은 수많은 직책을 신설한 다음에 수많은 관리들을 파견해서 인민을 억압하고 인민의 재산을 수탈했다.

국왕은 평화로운 시기에도 우리 입법부의 동의 없이 상비군

〈독립 선언 1776년 7월 4일〉
존 트럼벌(John Trumbull).

을 주둔시켰다. 그리고 국왕은 그 군대가 시민의 권한으로부터 독립된 채 군림하도록 악영향을 끼쳤다.

국왕은 다른 기관과 결탁하여 우리의 헌법과 다르고 우리의 법률에 의해 인정되지 않는 사법권에 우리를 예속시키려 했고, 겉모습만 그럴싸하게 갖춘 사이비 의회가 제정한 다음과 같은 법률에 동의했다.

대규모의 군대를 우리 땅에 주둔시키고,

군대가 이러한 주들에 거주하는 주민을 살해하더라도 기만적 재판을 진행할 뿐 살인자들을 처벌하지 않고,

세계의 모든 지역과 우리 사이의 무역을 차단하고,

우리의 동의 없이 조세를 부과하고,

수많은 재판에서 우리가 배심원의 심리를 받을 수 있는 혜택을 박탈하고,

우리를 본국으로 소환하여 거짓으로 꾸며 낸 범죄를 핑계 삼아 재판을 진행하고,

우리와 인접한 식민지에서 영국 법률이 정한 자유스러운 제도를 철폐하고 전제적인 정부를 수립한 다음에, 또다시 이 정부를 본보기로 삼아 이러한 식민지에서 동일한 전제 정치를 펼칠 수 있는 적당한 도구로 이용하기 위한 목적에서 영토를 확장하고,

우리에게 보장된 특권을 박탈하고, 가장 귀중한 우리의 법률을 폐지하고, 우리의 정부 형태를 근본적으로 바꾸고,

우리의 입법부의 기능을 정지시킨 채, 어떠한 경우라도 우리를 대신해서 법률을 제정할 수 있는 권한이 자신들에게 있다고 선언하는 법률들이다.

국왕은 우리를 보호하지 않겠다고 선언하고 나서 우리와 전쟁을 벌임으로써, 이제 식민지 통치권을 상실했다.

국왕은 우리의 바다에서 약탈을 자행하면서 해안을 습격하고, 도시를 불사르고, 우리 인민의 생명을 빼앗았다.

국왕은 가장 야만적인 시대에도 그 유례를 찾아 볼 수 없고, 문명국가의 원수로서도 도저히 어울리지 않는 잔혹하고도 배신적인 행위가 판치는 상황을 이미 조성했고, 죽음과 폐허와 폭정으로 얼룩진 과업을 완수하기 위해 이 순간에도 대규모의 외국 용병 부대를 실어나르고 있다.

국왕은 공해상에서 포로로 붙잡힌 우리의 동포 시민들에게 조국을 배신하고 무기를 들도록 강요하거나, 자신들의 친구와 형제를 죽이는 사형 집행자가 되도록 강요하거나, 그렇지 않으면 자신들 스스로 자결하도록 강요했다.

나 **조지 3세**(George Ⅲ, 1738년~1820년)는 조지 2세의 손자로, 1760년에 즉위했어. 왕실 비용을 줄인 돈으로 의원을 매수하여 어용당을 만들고 이를 조종해서 국정의 지도력을 강화하는 등 왕권 회복을 꾀하였지. 내가 통치할 때 일어났던 7년전쟁 때문에 영국은 유럽의 주요 열강으로 부상했지만, 아메리카 식민지를 상실하고 말았어.

13주의 문장과 대륙회의에서 각
대표자가 〈독립 선언〉에 넣은 서
명 중 일부.

국왕은 우리 내부에서 내란을 선동했고, 연령과 남녀와 신분을 가리지 않고 무차별하게 살해하는 행위를 전쟁의 규칙으로 삼는 국경 지방의 주민, 즉 잔인무도한 인디언을 자기편으로 끌어들이려고 갖은 수단을 동원했다.

이러한 억압이 판치는 모든 순간에도, 우리는 가장 겸손한 자세로 시정해 달라고 청원했다. 하지만, 수차례에 걸쳐 반복된 우리의 청원에 대해 그 때마다 반복적으로 탄압이 자행되었을 따름이다.

이와 같은 모든 작태의 특성을 살펴볼 때, 폭군과 다를 바 없는 국왕은 자유로운 인민의 통치자로서 적합하지 않다.

또한 우리는 영국의 동포들에게도 주의를 불러일으키는 데 부족함이 없었다. 우리는 영국 의회가 부당하게 사법권을 확대해서 우리를 억압하려고 시도할 때마다 그들에게 거듭 경고했다. 우리는 이 곳으로 이주하여 정착해 온 제반 사정을 그들에게 다시 한 번 상기시켰다. 우리는 그들이 지닌 타고난 정의감과 아량에 호소했다. 또한 혈연적 동질성에 근거한 유대감에 호소하면서, 서로 간의 관계를 단절시킬 수밖에 없는 이러한 탄압 조치를 중지해 달라고 간청했다. 그들은 역시 정의를 부르짖고 혈연적 유대감을 불러일으키는 목소리에 귀를 기울이지 않았다.

따라서 우리는 우리의 독립을 통고함과 동시에, 우리

가 다른 사람들을 대할 때처럼 영국인에 대해서도 전쟁시에는 적으로서 대하고, 평화시에는 친구로서 대하지 않을 수 없는 필연성을 묵묵히 받아들여야 한다.

이에 우리 미연방의 주 대표들은 총회를 열고, 세계 최고의 심판자에게 우리의 올바른 의도를 판단해 달라고 호소하면서, 이 식민지의 선량한 인민의 이름과 권위로써 다음과 같이 엄숙히 공표하고 선언한다.

식민 통치 하의 미연방 주들은 자유롭고 독립된 주들이며, 또한 마땅히 자유롭고 독립된 주들이 되어야 한다. 그 주들은 영국 국왕에게 충성을 바치는 모든 의무로부터 벗어난다. 또한 대영 제국과의 모든 정치적 관계는 완전히 해소되고 또한 단절될 수밖에 없다. 따라서 모든 주들은 자유롭고 독립된 주로서 전쟁을 개시하고, 평화 조약을 체결하고, 동맹 관계를 맺고, 통상 관계를 구축하고, 독립된 주로서 마땅히 할 수 있는 그 밖의 행위와 조치를 취할 수 있는 완전한 권한을 갖는다. 또한 신의 섭리가 우리를 지켜 주리라고 굳게 믿으면서, 우리는 우리의 생명과 재산과 신성한 명예를 걸고 이 선언을 지지하겠다고 서로 굳게 맹세한다.

모 든 인 간 은 평 등 한 권 리 를 갖 는 다

프랑스 인권 선언 1789

〈프랑스 인권 선언〉은 프랑스 혁명이 진행되고 있던 1789년 8월 26일, 국민의회가 국민으로서 누려야 할 권리에 대해 〈인간과 시민의 권리 선언〉이라는 명칭으로 선포한 선언이다.

1789년 제3신분회의 국민의회 선언으로 시작된 프랑스 혁명은 루이 16세가 재정상의 어려움을 타개하고자 삼부회를 소집했고, 구체제의 폐정에 분노한 평민회가 프랑스 전체를 대표하는 국민의회를 구성한 다음에 이 선언을 채택했다.

〈프랑스 인권 선언〉은 근세의 자연법과 계몽사상을 통해 자라난 인간 해방의 이념을 담고 있으며, 근대 시민 사회의 정치이념을 명확히 표현하고 있다. '인간은 자유롭고 평등한 권리를 가지고 태어났다.'는 것을 제1조로, 종교의 자유와 언론의 자유는 법률로서 보호되었고, 소유권은 신성불가침한 지위를 부여받았으며, 공직과 지위는 중산층에도 개방되었다.

라파예트 등이 기초한 이 선언은 구체제의 모순에 대한 시민 계급의 자유 선언이면서, 헌법 제정을 위한 강령으로서의 성격을 띠고 있다. 1791년 프랑스 헌법의 전문으로 채택된 〈프랑스 인권 선언〉은 세계 각국의 헌법과 정치에 커다란 영향을 미쳤다.

국민의회를 구성하는 프랑스 국민의 대표자들은 인권에 대한 무지나 무시나 경멸이 공공의 재난과 정부 부패의 유일한 원인이라고 믿으면서, 다음과 같은 목적에서 인간이 지닌 빼앗길 수 없고 신성한 자연권을 엄숙히 선언하기로 결정했다.

즉 그 목적은 이 선언이 모든 사회 구성원에게 항상 제시됨으로써 그들이 언제나 자신들의 권리와 의무를 떠올릴 수 있도록 하는 데 있다. 또한 입법권과 행정권의 행사가 모든 정치 제도의 목적과 방향에 부합되는지 언제라도 비교할 수 있도록 기준이 마련됨으로써 권력의 행사가 보다 더 존중되도록 기여하는 데 그 목적이 있다.

국민의회

프랑스 역사에 나타났던 여러 의회들을 일컫는다. 1789년 삼부회 대표들이 만든 혁명 의회의 이름이기도 했는데, 공식 이름은 1791년 입법 의회가 만들어지기 전까지 '헌법 제정 국민의회'였다.

삼부회

프랑스 혁명 전에 귀족, 성직자, 평민 대표로 구성된 신분제 의회로, 국왕의 자문 기구로 출범하였다.

또한 마지막으로, 향후에 시민의 요구가 단순하고도 확실한 원칙에 입각해서 제기됨으로써 체제가 유지되고 만인이 행복을 누릴 수 있도록 기여하는 데 그 목적이 있다. 이에 국민의회는 절대적 존재 앞에서 그의 가호를 받으면서 다음과 같이 인간과 시민의 권리를 인정하고 선언한다.

제1조

인간은 자유롭고 평등한 권리를 지니고 태어나서 살아간다. 사회적 차별은 오로지 공공 이익에 근거할 경우에만 허용될 수 있다.

제2조

모든 정치적 결사의 목적은 인간이 지닌 소멸될 수 없는 자연권을 보전하는 데 있다. 이러한 권리로서는 자유권과 재산권과 신체 안전에 대한 권리와 억압에 대한 저항권이다.

자연권
자연법에 따라 인간이 태어나면서부터 지닌 권리.

제3조

모든 주권의 원리는 본질적으로 국민에게 있다. 어떤 단체나 개인도 국민으로부터 직접 나오지 않는 어떤 권력도 행사할 수 없다.

제4조

자유는 타인을 해치지 않는 한 모든 행위를 할 수 있는 자유를 의미한다. 따라서 각자의 자연권 행사는 다른 사회 구성원에게도 동등한 권리를 보장해 주어야 할 경우 말고는 어떤 제약도 받지 않는다. 이러한 제약은 오로지 법에 의해서만 결정될 수 있다.

제5조

법은 사회에 해로운 행위에 한해서만 금지할 수 있다. 법으로 금지되지 않은 어떤 행위도 막아서는 안 되며, 누구도 법으로 규정되지 않은 행위를 하도록 강요받아서는 안 된다.

제6조

법은 일반의지의 표현이다. 모든 시민에게는 직접 또는 대표자를 통해 법의 제정에 참여할 권리가 있다. 법은 보호하는 경우든 처벌하는 경우든 간에 모든 사람들에게 똑같이 적용되어야 한다. 모든 시민은 법률상으로 평등하므로, 자신의 품성이나 능력에 의한 차별 이외에는 아무런 차별 없이 자신의 능력에 따라 모든 명예를 동등하게 누릴 뿐만 아니라 공적인 직위와 직무를 동등하게 갖을 수 있는 자격이 있다.

일반의지

루소의 국가론에 나타나는 중심 개념으로서, 개인적 이기심을 버리고 공적 주체로서 사회 계약의 당사자가 되는 국민 일반의 의지.

제7조

법에 의해 규정된 경우가 아니거나 법에 의해 규정된 형식에

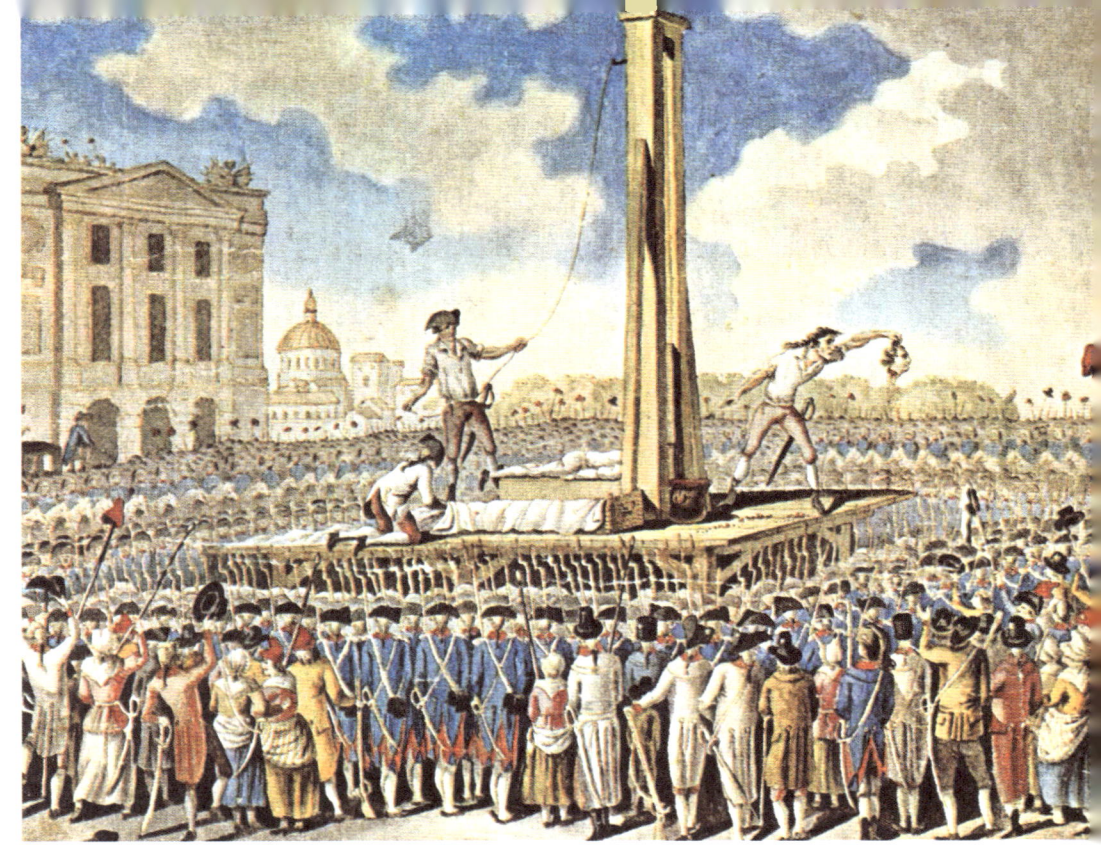

1793년 1월 21일, 단두대에서 처
형당하는 루이 16세.

따르지 않고서 누구도 기소되거나 체포되거나 구금되어서는 안
된다. 누구든 자의적인 명령을 간청하거나 선동하거나 집행하거
나 집행되도록 원인을 제공하는 자는 처벌받아야 한다. 하지만 법
에 의거해 소환되거나 체포된 시민은 누구든지 지체 없이 그 조치
에 따라야 하며, 이에 저항하는 행위는 범죄가 된다.

제8조

법은 엄격하고도 명확하게 처벌에 관한 조항을 규정해 두어
야 하고, 범죄를 저지르기 이전에 제정되어 공포된 법에 의거해서

합법적으로 법의 적용을 받는 경우 이외에는 어느 누구도 처벌을 받아서는 안 된다.

나 루이 16세(Louis ⅩⅥ, 1754년~1793년)는 1789년 프랑스 혁명 이전에 통치한 부르봉 왕가 출신의 왕들 가운데 마지막 왕이야. 1792년 9월 21일에 왕정이 무너졌고, 그 후 왕비인 마리 앙투아네트와 함께 반혁명죄로 처형당했어.

제9조

모든 사람은 유죄 선고를 받기 전까지는 무죄로 추정되므로, 설사 체포할 수밖에 없는 상황일지라도 피의자의 신병 확보에 필요하지 않은 모든 가혹 행위는 법에 의해 엄격히 제한되어야 한다.

제10조

누구도 자신의 발언이 법에 의해 확립된 공공 질서를 어지럽히지 않는 한, 종교적 입장을 포함하여 자신의 견해를 밝히는 행위가 방해받아서는 안 된다.

제11조

사상과 의견의 자유로운 소통은 인간의 가장 소중한 권리 중 하나이다. 따라서 모든 시민은 자유롭게 의견을 말하고 글을 쓰고 출판할 수 있지단, 법에 규정된 경우에는 이러한 자유의 남용에 대해 책임을 져야 한다.

제12조

인권과 시민권의 보장을 위해서 공권력이 필요하다. 따라서 공권력은 모든 사람의 이익을 위해 존재할 뿐 공권력을 위임받은 사람들의 개인적인 이익을 위해 존재하지 않는다.

공권력
국가 또는 공공 단체가 국민에게 명령 혹은 강제하는 권력, 또는 그 권력을 행사하는 국가를 일컫는다. '통치권'이라 표현하기도 하는데, '전제권' 혹은 '포괄적 지배권'으로 오인될 여지가 있으므로 바람직하지 못하다.

제13조

공권력을 유지하고 행정 비용을 조달하기 위해 조세를 부과할 필요가 있다. 조세는 모든 시민들에게 각자의 재산 규모에 따라 공정하게 부과되어야 한다.

제14조

모든 시민에게는 직접 혹은 대표자를 통해 조세의 필요성을 결정하고, 그것을 자유로이 승인하고, 그것의 용도를 확인하고, 조세 부과율과 조세의 산출 방식과 징수 방법과 조세의 징수 기간을 결정할 권리가 있다.

나 **라파예트**(marquis de Lafayette, 1757년~1834년)는 프랑스의 귀족으로, 미국 독립전쟁 때 영국에 대항하여 아메리카 편에서 싸웠어. 그 후 프랑스의 혁명적 부르주아들과 손을 잡고 프랑스 혁명 초기에 영향력을 발휘했지.

제15조

사회는 모든 공직자에게 그 행정 업무에 관한 보고를 요구할 권리가 있다.

제16조

법의 준수가 보장되지 않거나, 권력 분립이 확정되지 않은 사회는 결코 헌법을 갖추지 못한다.

제17조

소유권은 신성불가침의 권리이므로, 법에서 규정한 공공의 필요성에 의해 명백히 요구되는 경우 이외에는 누구도 소유권을 박탈할 수 없다. 또한 그러한 경우라 해도 소유자가 사전에 정당하게 보상을 받는다는 조건을 갖추어야 한다.

권력 분립

권력 분립의 개념은 몽테스키외(Montesquieu, 1689년~1755년)에서 유래한 것으로, 국가의 권력을 각각 다른 기관에 분담하여 서로 견제하게 함으로써 국민의 자유와 권리를 보장하려는 제도이다. 오늘날 입법·행정·사법을 서로 다른 3개의 기관에 분산시켜 삼권을 분립하는 것이 통례인데, 이는 권력의 남용을 막고 권리를 보장하기 위한 자유주의적 조직 원리라 할 수 있다.

노 예 해 방 을 위 한 진 정 한 외 침 인 가 ?

노예 해방 선언 1863

〈노예 해방 선언〉은 1863년 미국 대통령 링컨이 연방 정부에 대항하던 남부 연합 정부의 노예들에 대해 해방을 선포한 선언이다.

남부의 주들이 연방에서 탈퇴하고 남북전쟁이 시작되자, 북부인들은 남부에 노예제를 계속 허용하는 것이 더 이상 정치적으로 유익하지 못하다고 판단하였다. 또한 서부의 준주(準州)들이 주(州)의 자격을 얻어 언젠가 연방으로 들어올 것을 대비해 노예제 확장을 저지하기 위한 방법을 강구하고 있었다. 남북전쟁이 진행되고 있던 1862년 7월 22일 〈노예 해방 선언〉 초안이 각료들에게 처음으로 발표되었고, 1863년 1월 1일에 정식으로 선포되었다.

하지만 이 선언이 선포되었던 당시에는 단 한 명의 노예도 해방되지 못했다. 남부 지역에서 북군의 점령 지역이 확대됨에 따라 북군의 사령관이 그 지역 내의 노예를 해방시킬 수 있는 권한을 부여받은 것에 불과했던 것이다. 결국 1865년 1월에 북부의 연방 의회가 노예 제도를 전면적으로 금지하는 수정 헌법을 통과한 다음, 1865년 12월에 각각의 주로부터 비준을 받음으로써 전면적인 노예 해방이 가능해졌다.

이후 〈노예 해방 선언〉은 미국의 건국이념인 자유와 평등 개념에 생명을 불어넣었고, 미국 내에서뿐만 아니라 국제적으로도 지속적인 영향을 미쳤다.

현재 미국에 반대하여 반란 상태에 처한 모든 주 또는 주의 일부 지역에서 노예 상태를 유지하고 있는 모든 사람들은 1863년 1월 1일 이후로 영원히 노예 상태로부터 해방될 것이다. 육해군 당국을 포함하여 미국 행정부는 그러한 사람들의 자유를 인정하고 지킬 것이며, 그들이 진정한 자유를 얻고자 최선의 노력을 기울일 때 그들을 억압하는 어떠한 조치도 취하지 않을 것이다.

미국 행정부는 앞서 언급한 1월 1일을 기준일로 삼아 미국에 맞서 여전히 반란 상태에 처한 주들과 주의 일부 지역이 있다면, 포고문을 발표하여 그 지역을 지정할 것이다.

또한 그 날을 기준일로 삼아 그러한 주에 거주하는 유권자의 과반수 이상이 참여한 투표 절차를 통해 선출된 대표자를 미국 의회에 진심으로 파견하는 어떤 주나 주민이 있을 경우, 그 사실을 뒤엎을 만큼 강력한 다른 증거가 제시되지 않는 한, 그러한 주와 주민은 미국에 맞서 반란 상태에 처해 있지 않다고 최종적으로 입증될 것이다.

나 링컨(Abraham Lincoln, 1809년~1865년)은 미국의 제16대 대통령이야. 남북전쟁에 승리하였고, 노예 해방을 위해 힘쓰기도 했지만, 연방을 유지하기 위해서는 노예제 폐지 문제를 덮어 둘 수도 있다고 생각했어.

남북 전쟁(1861~1865)
미국 역사에서 연방 정부와, 연방에서 분리할 권리를 주장했던 남부 11개 주 사이에 일어난 4년간의 전쟁.

따라서 미국 대통령으로서 나, 에이브러햄 링컨은 이제 미국 정부의 권위에 맞선 실제적 무장 반란이 발생하는 경우, 미국 육해군의 총사령관으로서 부여받은 권한에 의거하여 이 반란을 진압하기 위한 적절하고도 필요한 조치로서, 1863년 1월 1일 현재부터 향후 100일 동안을 포고 기간으로 결정한다는 나의 방침에 따라, 미국에 맞서 반란 상태에 처한 주들과 주의 일부 지역을 다음과 같이 지정하는 바이다.

아칸소 주, 텍사스 주, 루이지애나 주(세인트버나드, 플라크마인즈, 제퍼슨, 세인트존, 세인트찰스, 세인트제임스어센션, 어섬프션, 테레본느, 라포르쉐,

세인트마리, 세인트마틴, 올리언스 지역은 제외, 뉴올리언스는 포함.), 미시시피 주. 앨라배마 주 플로리다 주, 조지아 주, 사우스캐롤라이나 주, 노스캐롤라이나 주, 버지니아 주(웨스트버지니아로 지정된 48개 카운티, 또한 버클리, 아코마크, 노샘프턴, 엘리자베스시티, 요크, 프린세스앤, 노퍽 지역은 카운티는 제외. 노퍽과 포츠머스 지역은 포함.), 또한 이 포고문에 포함되지 않은 지역은 당분간 확실히 제외된 지역으로 간주한다.

또한 권한의 효력을 발생시킴과 동시에 앞서 언급한 목적을 실현하기 위해, 반란이 진행 중인 주로 이미 지정된 지역에서 노예 상태에 처해 있는 모든 사람은 이제 노예 상태로부터 해방되었음을 선포한다. 또한 육해군 당국을 포함하여 미국 행정부는 그들의 자유를 인정하고 지키겠다고 선포한다.

한 노예 무역 회사가 노예의 가슴을 찍었던 낙인. 모든 노예는 노예선에 실리기 전에 그를 구입한 회사의 낙인이 찍혔다.

이에 나는 이 선언에 따라 노예 상태로부터 해방된 사람이 자신을 방어하는 수단으로서 사용하는 경우 이외에 절대로 폭력적 수단에 의지해서는 안 된다는 명령을 선포한다. 또한 조건이 허용하는 한, 그들이 적정한 임금을 받기 위해 열심히 노동할 것을 권장한다.

또한 나는 그들 중에서 적당한 요건을 갖춘 자는 미국 군대에 입대하여 요새나 진지나 주둔지를 포함하여 여러 지역에 배치되거나 모든 종류의 군함에도 배치될 것임을 선언한다.

정의로운 행위라고 진심으로 믿으면서, 헌법에 의해 보장된 이 선언에 대해, 또한 군사적 조치의 필요성에 대해, 인류의 신중한 판단이 내려짐과 동시에 전지전능하신 하느님의 은총이 함께하기를 기원한다.

노 동 은 상 품 이 아 니 다 !

필라델피아 선언 1944

〈필라델피아 선언〉은 1944년 5월 10일 미국의 필라델피아에서 개최되었던 국제 노동 기구 (ILO) 총회에서 채택된 선언으로서, 국제 노동 기구의 목표와 목적, 회원국의 정책에 지침이 되는 모든 원칙을 담고 있다.

이에 앞선 1919년 프랑스 베르사유 궁전에서 조인된 베르사유 조약은 제1차 세계대전의 전후 처리를 위하여 연합국과 관련국, 그리고 독일 사이에서 체결된 평화협정으로, 이 중 평화조약 제13편에 게재된 노동에 관한 일반 원칙을 보면 각국의 노동입법이 지향해야 할 이념과 노동 자 보호에 대한 기준을 제시하고 있다. 베르사유 조약에 근거를 두고 설립된 국제 노동 기구 의 목적은 노동자의 노동 조건 개선과 지위를 향상시키는 것이었다.

각국의 노동 입법을 개선시키는 데 크게 이바지한 베르사유 조약의 9원칙은 국제 노동 기구 헌장의 전문 말미에 부가되었는데, 1946년 몬트리올에서 열린 국제 노동 기구 제29회 총회에 서는 9원칙을 헌장 전문에서 삭제하고, 그 대신 1944년의 〈필라델피아 선언〉을 부록으로 첨 가했다. 1948년부터는 제29차 국제 연합 총회에서 채택된 국제 노동 기구 헌장에 입각하여 총회가 운영됨에 따라 국제 연합의 전문 기구로 출범하였다.

우리 나라는 1991년 12월에 152번째 회원국으로 가입하였다.

✎
베르사유 조약
제1차 세계 대전의 전후 처리를 위하여 31개 연합국과 독일이 맺은 평화 협정. 1919년 6월 28일 베르사유 궁전에서 조인되었으며, 1920년 1월 10일 효력을 발휘하기 시작했다.

제26차 국제 노동 기구 총회가 1944년 5월 10일에 필라델피아에서 개최되어, 국제 노동 기구의 목표와 목적, 회원국의 정책을 촉구하는 모든 원칙에 관한 선언을 채택한다.

제1부

총회는 국제 노동 기구가 근거하고 있는 기본 원칙을 특히 다음과 같이 재확인한다.

1 노동은 상품이 아니다

2 표현의 자유와 결사의 자유는 지속적 진보를 실현하기 위한 필수적 요소이다.

3 빈곤에 시달리는 지역이 한 곳이라도 있을 경우에 모든 지역의 번영은 위협받는다.

4 빈곤을 극복하기 위해서는 각국이 국내 활동을 지속적으로 활발하게 펼쳐 나가야 함과 동시에, 노동자와 고용주의 대표자가 정부의 대표자와 동등한 지위를 인정받는 조건 속에서 공공복지를 증진하기 위한 자유로운 논의와 민주적 의사 결정에 대한 그들의 참여가 보장되는 국제 활동이 지속적이고 일관성 있게 전개되어야 한다.

✎
공공복지
사회 구성원 전체에 두루 관계되는 복지를 일컫는다. 노인과 청소년, 아동, 여성, 장애인 복지 등이 그 예이다.

46

제2부

오직 사회 정의에 기반을 두는 경우에만 항구적 평화가 확실
히 보장될 수 있다고 국제 노동 기구 헌장에 언급되어 있는 진리
가 경험적으로 완전히 입증되었다고 믿으면서, 총회는 다음과 같
이 재확인한다.

1 모든 인간에게는 인종이나 신념, 성별에 관계 없이 자유와 존엄
성이 보장될 뿐만 아니라, 경제적 안정과 기회 균등이 보장되는
조건 속에서 물질적 복지뿐만 아니라 정신적 발달을 추구할 권
리가 있다.

2 이러한 권리가 보장될 수 있는 조건을 창출하는 것이 국내 정책과 국제 정책의 핵심 목표로 수립되어야 한다.

3 국내적이고 국제적인 모든 정책과 조치, 특히 경제적이고 재정적인 성격을 띠는 정책과 조치는 이러한 관점에서 판단되어야 하고, 이 기본 목표의 달성을 가로막지 않고 촉진하는 경우에만 채택되어야 한다.

4 국제 노동 기구에게는 이 기본 목표의 관점에서 경제적이고 재정적인 모든 국제 정책과 조치를 검토하고 고려해야 할 의무가 있다.

5 위임된 과제를 이행할 때, 국제 노동 기구는 경제적이고 재정적인 모든 관련 요인을 고려하여, 결의안과 수정안에 적절하다고 판단되는 모든 조항을 삽입할 수 있다.

제3부

총회는 세계의 모든 국가가 계획을 이행할 수 있도록 국제 노동 기구가 다음과 같이 엄중한 임무를 떠맡아야 한다고 인정한다.

1 완전 고용과 생활수준의 향상.

2 노동자가 자신의 기술과 능력을 최대한 발휘하여 스스로 만족감을 얻을 수 있고, 공공복지에 최대한 기여할 수 있는 직업에 종사할 수 있도록 고용 보장.

3 이 목적의 달성을 위한 수단임과 동시에 모든 관련 사항을 적절

완전 고용
일할 능력이 있고 일하고 싶어 하는 사람이 모두 고용되는 상태를 가리키는 말로, 노동의 수요와 공급이 일치하는 상태를 뜻한다.

하게 보장하기 위한 조치로서, 고용과 안정을 위한 이주 대책을 포함하여 훈련 시설과 전직에 대한 대책 수립.

4 임금과 소득에 관한 정책, 진보의 성과에 대한 공정한 분배를 보장하는 적정 노동 시간과 여타의 노동 조건에 관한 정책, 모든 피고용자의 최저 생활 임금에 관한 정책, 최저 생활수준의 보장에 관한 정책.

5 단체 교섭권에 대한 실질적 인정, 지속적 생산 능률 향상에 대한 경영과 노동의 협력, 사회 경제적 조치를 준비하고 적용하는 과정에 대한 노동자와 고용주의 제휴.

6 최저 생활을 보장할 필요가 있는 모든 사람에게 기초 소득과 포괄적 의료 보호를 제공하는 사회 보장 대책의 확대.

7 모든 직종에 종사하는 노동자의 생명과 건강에 대한 적절한 보호 조치.

8 아동 복지와 모성 보호에 대한 대책.

9 적절한 영양 공급에 대한 대책, 오락과 문화를 위한 주거와 시설에 대한 대책.

10 교육과 직업에 대한 동등한 기회 보장.

제4부

생산과 소비를 확대하는 대책을 포함하여, 세계에서 개발이 훨씬 낙후된 지역의 경제 사회적 발전을 촉진하기 위한 목적에서 심각한 경제 불안을 해소하고, 일차 산품의 국제 가격이 한층 안

✎ **최저 생활과 임금**
최저 생활비란 노동력의 재생산에 필요한 최저 한도의 생계비를 말하는데, 근로자의 임금 최저 수준을 보장하여 노동력의 질적 향상과 근로자가 안정적으로 생활할 수 있게 하기 위하여 최저 임금법을 시행한다.

〈파업〉, 휴버트 폰 헤어코머,
1891년 작.
산업혁명으로 수많은 농민이 토
지를 잃고 무산 노동자로 전락
했다. 19세기 말 노동자의 슬픔
과 분노를 보여 준다.

정되도록 보장하고, 국제 무역 규모를 꾸준히 증가시킬 수 있는 실질적 국제 조치와 국내 조치를 취함으로써, 이 선언에 제시된 목표를 달성하는 데 소요되는 세계의 생산 자원을 보다 더 충분하고도 폭넓게 이용할 수 있다고 확신하면서, 총회는 국제 노동 기구가 이처럼 중대한 과업과 모든 국민의 건강과 교육, 복지의 증진에 대해 공동으로 책임질 수 있는 국제 단체와 최대한 협력할 것을 다짐한다.

제5부

총회는 이 선언에서 언급된 모든 원칙이 세계의 모든 국민에게 충분히 적용될 수 있다고 천명함과 동시에, 그러한 원칙의 적용 방식은 각국의 국민이 이룩한 사회 경제적 발달 수준을 신중히 감안하여 결정되어야 하는 한편, 이미 독립 국가를 실현한 민족뿐만 아니라 여전히 종속 상태에 처해 있는 민족에게도 적극적으로 적용하는 것이야말로 모든 문명 세계의 관심사임을 확언한다.

당 신 의   인 권 은   안 녕 하 신 가 요 ?

세계 인권 선언 1948

〈세계 인권 선언〉은 세상의 모든 인간과 국가가 달성해야 할 인권 존중의 기준을 보인 선언이다. 1948년 6월 국제 연합 인권 위원회에 의해 선언문이 완성되었고, 같은 해 12월 10일 파리에서 개최된 제3차 국제 연합 총회에서 만장일치로 채택되었다. 선포될 당시 58개 전체 회원국이 각자 처해 있는 서로 다른 경제 발전 수준과 다양한 이데올로기, 정치 체제, 종교·문화적 배경을 뛰어넘어 세계의 주요 법체계와 종교적이고 철학적인 전통에 내재된 보편적 가치를 담아 내고자 노력했다.

〈세계 인권 선언〉은 개인의 자유와 권리를 상세히 명시하면서 인권과 기본적 자유가 모든 사람과 모든 장소에서 똑같이 적용된다는 사실을 세계 최초로 인정한 선언이다. 오늘날 이 선언은 세계적으로 약 250여 개의 언어로 번역되어 가장 많이 인용되는 인권 문서로 인정되고 있다. 또한 국제 인권법의 토대로서 수많은 국제 조약과 국제 선언의 전범이 되고 있을 뿐만 아니라, 그 이념과 내용이 수많은 국가의 헌법과 법률에 반영되어 있다. 이 선언이 발표된 이후 60여 개가 넘는 국제 인권 규범이 제정되었다.

인류 구성원 모두는 천부의 존엄성과 동등하고도 양도할 수 없는 권리를 지닌다는 인식은 세계의 자유와 정의와 평화의 기초이며,

인권에 대한 무시와 경멸은 인류의 양심을 격분시키는 야만적 행위를 야기했으며, 언론과 신앙의 자유, 공포와 결핍으로부터의 자유를 인류 전체가 누릴 수 있는 세상이 도래하길 모든 사람의 지고한 염원을 담아 천명되어 왔으며,

인간이 폭정과 억압에 맞서 싸우는 최후의 수단으로서 반란에 호소하지 못하게 예방하려면, 인권이 법에 근거한 통치를 통해 반드시 보호되어야 하며,

국가 간의 우호 관계가 더욱더 발전하도록 반드시 노력해야 하며,

국제 연합에 소속된 모든 구성원은 국제 연합 헌장에서 기본적 인권, 인간의 존엄성과 가치, 남녀평등권에 대한 신념을 다시 한 번 확인하면서, 보다 확대된 자유 속에서 사회 진보와 보다 나은 생활수준을 촉진하기로 결의하고,

회원국은 국제 연합과 협력하여 인권과 기본적 자유를 항상 존중하고 준수하도록 적극적으로 노력을 다하겠다고 스스로 서약하면서,

이러한 권리와 자유에 대한 공통된 이해가 이 서약의 완전한 이행을 위해 가장 중요하므로,

이에 국제 연합 총회는,

남녀평등권

남자와 여자가 사회적으로나 법률적으로 성(性)에 따라 차별을 받지 않고 동등하게 권리를 누리는 것.

모든 개인고- 사회단체가 이 선언을 항상 유념하면서 학습과 교육을 통해 이러한 권리와 자유가 한층 더 존중되도록 노력하며, 국내적으로나 국제적으로 진보적인 조치를 취함으로써 이러한 권리와 자유가 회원국의 국민뿐만 아니라 그 지배권 내에 거주하는 사람들 사이에서 보편적이면서도 효과적으로 인식되고 준수될 수 있도록 보장하기 위한 목적에서, 모든 민족과 모든 국가가 이룩해야 할 공통의 기준으로서 다음과 같이 세계 인권 선언을 선포한다.

제1조

모든 인간은 태어날 때부터 자유로우며, 누구에게나 동등한 존엄성과 권리가 있다. 인간은 타고난 이성과 양심을 지니고 있으며, 형제애의 정신에 입각해서 서로 간에 행동해야 한다.

제2조

모든 사람에게는 인종, 피부색, 성별, 언어, 종교, 정치적 입장이나 여타의 견해, 국적이나 사회적 출신, 재산, 출생이나 여타의 신분과 같은 모든 유형의 차별로부터 벗어나서, 이 선언에 규정된 모든 권리와 자유를 누릴 자격이 있다.

더구나 특정한 개인이 속한 국가나 영토의 정치적 지위나 관할권상의 지위나 국제적 지위가 독립국이든 신탁 통치 지역이든 비자치 지역이든 주권에 대한 여타의 제약을 받고 있든 상관 없이, 그러한 지위에 근거하여 차별을 받아서는 안 된다.

제3조

모든 사람에게는 생명권과 신체의 자유와 안전을 요구할 권리가 있다.

제4조

어느 누구도 노예 상태로 예속된 삶을 유지해서는 안 된다. 모든 형태의 노예제도와 노예 매매는 금지되어야 한다.

제5조

어느 누구도 고문을 당하거나, 잔혹하고 비인도적이거나 인간의 존엄성을 해치는 처우 또는 처벌을 받아서는 안 된다.

제6조

모든 사람에게는 법에 앞서 어느 곳에서나 자연인으로서 인정받을 권리가 있다.

제7조

모든 사람은 법에 앞서 평등하며, 어떠한 차별도 없이 동등하게 법의 보호를 받을 권리를 가진다. 모든 사람은 이 선언을 위반한 도든 차별에 반대하고 그러한 차별을 선동하는 모든 행위에 맞서 싸우면서 동등한 보호를 받을 권리를 가진다.

제8조

고든 사람에게는 헌법이나 법률이 부여한 기본적 권리를 침해하는 행위에 대해 심리권을 가진 자국의 사법 재판소에서 실효성 있는 구제를 받을 권리가 있다.

제9조

어느 누구도 자의적으로 체포되거나 구금되거나 추방되어서는 안 된다.

자연인

법이 권리의 주체가 될 수 있는 자격을 인정하는 자연적 생활체로서의 인간. 근대법 이후로는 모든 인간이 출생으로부터 사망에 이르기까지 완전한 권리 능력을 평등하게 인정받는다.

구금

검사가 형사 사건에 관하여 법원에 재판을 청구하여 피고인 또는 피의자를 교도소나 구치소에 감금하는 일.

제10조

모든 사람은 자신의 권리와 의무에 대한 결정과 자신에게 불리한 모든 형사상의 책임에 대한 결정이 내려질 때, 독립적이고 공평한 사법 재판소에서 공정한 공개 심리를 완전히 평등하게 받을 권리를 가진다.

제11조

1 형사범으로 혐의를 받고 있는 피의자는 자신의 변호에 필요한 모든 피보증인이 보장된 공개 심리에서 법률에 따라 유죄가 입증될 때까지 무죄로 추정될 권리를 가진다.
2 어느 누구도 행위를 했던 시점에 국내법이나 국제법에 따라 범죄를 구성하지 않는 작위 여부를 이유로 형사범으로 인정되어서는 안 된다. 또한 범죄 행위가 저질러진 시점에 적용될 수 있었던 형벌보다 무거운 형벌이 부과되어서는 안 된다.

제12조

어느 누구도 자신의 사생활이나 가족이나 가정이나 통신에 대해 자의적인 간섭을 받거나 자신의 명예와 명성에 대한 비난을 받아서는 안 된다. 모든 사람에게는 그러한 간섭이나 비난에 대해 법의 보호를 받을 권리가 있다.

제13조

1 모든 사람에게는 자국 내에서 이동하고 거주할 수 있는 자유를 요구할 권리가 있다.

2 모든 사람에게는 자국을 포함하여 어떠한 나라든지 떠났다가 자국으로 되돌아올 수 있도록 요구할 권리가 있다.

제14조

1 모든 사람에게는 박해를 피해 다른 나라에 망명을 요청하고 망명 생활을 할 수 있도록 요구할 권리가 있다.

2 이러한 권리는 정말로 비정치적 범죄나 국제 연합의 목적과 원칙에 위배되는 행위로 인해 기소된 경우에는 주장될 수 없다.

망명
혁명 또는 그 밖의 정치적 탄압이나 종교적·민족적 압박을 피하기 위해 외국에 몸을 옮겨 보호를 요청하는 행위.

제15조

1 모든 사람에게는 국적을 요구할 권리가 있다.

2 어느 누구도 자의적으로 자신의 국적을 박탈당해서는 안 되며, 자신의 국적을 변경할 권리가 부정되어서는 안 된다.

국적
국민이 되는 자격 혹은 국민으로서의 신분을 말한다. 우리 나라는 헌법 제2조 "국민이 되는 요건은 법률로 정한다."에 의거해 국적법이 제정되어 시행되고 있다. 국적법은 단일국적주의, 부모의 혈통에 의한 속인주의, 부부 동일 국적주의를 원칙으로 하고 있다.

제16조

1 성인 남녀에게는 인종이나 국적이나 종교에 따른 어떠한 제약에도 구애받지 않고 결혼하여 가정을 이룰 수 있도록 요구할 권리가 있다. 그들은 결혼 생활 동안과 이혼시에 결혼에 관한 권리와 동등한 권리를 가진다.

2 결혼은 장차 배우자가 되길 바라는 사람의 자유롭고 완전한 동의 하에서만 성립된다.

3 가족은 자연적이고 기초적인 단위의 사회 집단이며, 사회와 국가에 의해 보호받을 권리를 가진다.

제17조

1 모든 사람에게는 단독으로 재산을 소유할 뿐만 아니라 남과 공동으로 재산을 소유할 수 있도록 요구할 권리가 있다.

2 어느 누구도 자의적으로 자신의 재산을 박탈당해서는 안 된다.

제18조

모든 사람에게는 사상과 양심과 종교의 자유를 요구할 권리가 있다. 이러한 권리는 자신의 종교나 신념을 바꿀 수 있는 자유를 포함함과 동시에, 가르침과 의식과 예배를 진행할 때 자신의 종교나 신념을 혼자서나 남과 공동으로 또한 공개적으로나 비밀리에 표방할 수 있는 자유를 포함한다.

제19조

모든 사람에게는 의사와 표현의 자유를 요구할 권리가 있다. 이러한 권리는 간섭 없이 의견을 가질 자유를 포함함과 동시에,

국경에 관계 없이 모든 매체를 통해 정보와 이념을 추구하고 획득하고 전달하는 자유를 포함한다.

제20조

1 모든 사람에게는 평화적 집회와 결사의 자유를 요구할 권리가 있다.

2 어느 누구도 어떤 결사에 참여하도록 강요받아서는 안 된다.

제21조

1 모든 사람에게는 직접 또는 자유로이 선출된 대표를 통해 자국의 정부에 참여할 수 있도록 요구할 권리가 있다.

2 모든 사람은 자국에서 동등한 공무 담임권을 가진다.

3 국민의 의지가 정부 권력의 기반이 되어야 한다. 이러한 의지는 보통 선거권과 평등 선거권에 따라 비밀 투표나 그에 상응하는 자유로운 투표 절차에 의해 정기적으로 실시되는 참된 선거를 통해 표현된다.

제22조

　　모든 사람에게는 사회의 일원으로서 사회 보장을 요구할 권리가 있으며, 국가적 노력과 국제적 협력을 통해, 또한 각국의 조직과 자원에 따라 자신의 존엄성과 자신의 인격의 자유로운 발전에 필수불가결한 경제적이고 사회적이고 문화적인 권리들을 실현

선거

선거는 한 사회가 조직을 구성하고 공식적 결정을 내리는 수단 중 하나로, 근대 민주주의가 발달함에 따라 국민의 대표 기관인 의회를 구성하기 위하여 필수불가결하고 중요한 수단이 되었다.

할 자격이 있다.

제23조

1 모든 사람에게는 노동, 자유로운 직업 선택, 적절하고 알맞은 노동 조건, 실업에 대한 보호를 요구할 권리가 있다.

2 모든 사람에게는 아무런 차별 없이 동일한 노동에 대해 동등한 보수를 요구할 권리가 있다.

3 노동을 하는 모든 사람에게는 자신과 가족에게 인간의 존엄한 존재 가치를 보장하고, 필요한 경우에 여타의 사회적 보호 수단에 의해 보완되는 적절하고 알맞은 보수를 요구할 권리가 있다.

4 모든 사람에게는 자신의 이익을 보호하기 위해 노동조합을 조직하고 참여할 수 있도록 요구할 권리가 있다.

제24조

모든 사람에게는 노동 시간의 합리적 제한과 정기적인 유급 휴가를 포함하여 휴식과 여가를 요구할 권리가 있다.

✎ 사회 복지
국민의 생활 안정과 복리 향상을 추구하는 광범한 사회적 시책의 총체.

제25조

1 모든 사람에게는 의식주와 의료와 필요한 사회 복지를 포함하여 자신과 가족의 건강과 복지에 적합한 생활수준을 요구할 권리가 있으며, 실업이나 질병이나 장애나 배우자의 사망이나 노령이나 불가항력적인 여타의 상황 속에서 겪는 생계 곤란을 당

한 경우에 사회 보장을 요구할 권리가 있다.

2 어머니와 아동에게는 특별한 보호와 지원을 요구할 권리가 있다. 모든 아동은 적출이든 서출이든 관계 없이 사회적으로 동등하게 보호를 받아야 한다.

제26조

1 모든 사람에게는 교육을 요구할 권리가 있다. 교육은 최소한 기본적이고 기초적인 단계에서 무상으로 실시되어야 한다. 초등 교육은 의무적으로 실시되어야 한다. 기술 교육과 직업 교육을 일반적으로 받을 수 있어야 하며, 능력에 따라 누구나 동등하게 고등 교육을 받을 수 있어야 한다.

2 교육은 인격을 완전하게 발달시킴과 동시에 인권과 기본적 자유에 대한 존경심을 강화하는 방향에서 실시되어야 한다. 교육은 모든 국가나 인종이나 종교 집단 사이에 이해와 관용과 우의를 증진해야 하며, 평화 유지를 위한 국제 연합의 활동을 촉진해야 한다.

3 부모에게는 자녀에게 제공되는 교육의 종류를 선택할 수 있도록 요구할 우선권이 있다.

제27조

1 모든 사람에게는 사회의 문화생활에 자유롭게 참여할 수 있도록 요구할 권리가 있으며, 예술을 향유하고 과학의 발전과 그

혜택을 공유할 수 있도록 요구할 권리가 있다.

2 모든 사람에게는 자신이 창작한 과학적 산물이나 문학적 산물이나 예술적 산물로부터 발생하는 정신적이고 물질적인 이익의 보호를 요구할 권리가 있다.

제28조

모든 사람에게는 이 선언에서 규정된 권리와 자유가 완전히 실현될 수 있는 사회적이고 국제적 질서를 요구할 권리가 있다.

제29조

1 모든 사람에게는 자신의 인격이 오로지 자유롭고도 완전하게 발달할 수 있는 사회를 이룩할 의무가 있다.

2 자신의 권리와 자유를 행사함에 있어, 모든 사람은 다른 사람의 권리와 자유를 마땅히 인정하고 존중하기 위한 목적과, 민주 사회의 도덕과 공공질서와 일반적 복지에 대한 정당한 요구 조건에 부응하기 위한 목적에서만 법에 따라 정해진 제한을 받을 따름이다.

3 이러한 권리와 자유는 어떠한 경우라도 국제 연합의 목적과 원칙에 위배되어 행사될 수 없다.

제30조

이 선언에 명시된 어떤 조항도 국가나 집단이나 개인이 여기

서 규정된 어떤 권리와 자유를 파괴할 목적으로 어떤 활동에 가담
하거나 어떤 행위를 할 수 있는 권리가 있다는 의미로 해석되어서
는 안 된다.

우리는 비록 미약하나 우리 마음 속의 불꽃으로 다시 한 번 이 땅을 환하게 밝힙시다

간디에 대한
자와할랄 네루의 추도사 **1948**

인도의 위대한 민족 운동 지도자이자 사상가인 마하트마 간디가 1948년 1월 30일 뉴델리의 힌두사원에서 반이슬람 극우파에 속하는 광신자의 흉탄에 피살되자, 1948년 2월 2일 자와할랄 네루는 그를 애도하는 추모사를 발표하였다.

간디는 인도의 뛰어난 문학가인 타고르가 마하트마(Mahatma), 즉 위대한 영혼이라고 칭송한 인물로, 그는 인도뿐 아니라 아시아와 아프리카의 식민지 민족들에게 등불 같은 존재였다. 그는 아힝사(ahimsā)를 중심으로 하는 간디주의를 형성하였고, 진리를 구현하기 위해 실천하는 지도자였다. 또한 간디가 전개했던 인종 차별과 억압에 대한 투쟁인 사티아그라하(satya-graha)는 인도 독립운동의 모형이 되었을 뿐만 아니라, 남아프리카 등에도 직접적으로 영향을 미쳤다.

네루는 간디의 죽음에 대해 애도하며 신성한 영혼을 지닌 인간으로서 평생을 헌신적으로 살아온 간디의 삶을 높이 평가하였다.

위대한 인물이 세상을 떠나셨습니다. 우리의 삶을 따스하게 감싸안아 주시면서 밝게 비추어 주셨던 태양이 사라져 버렸습니다.

이제 우리는 추위와 어둠 속에서 떨고 있습니다. 하지만, 그분은 우리를 그대로 내버려 두시지 않을 겁니다. 마침내 우리는 최근 몇 년 동안 그 위대한 인물로부터 가르침을 받아 오면서 그분의 신성한 영혼에 감화를 받아 변화해 왔고, 우리는 그 동안에 그만큼 인격 형성에 도움을 받았습니다. 또한 우리들 중에서 대다수의 사람들은 그 신성한 영혼으로부터 미약하나마 활력을 얻었으며, 그 활력에 힘입어 그분이 제시하신 길을 따라 일정한 수준까지 힘차게 도달할 수 있었습니다.

우리가 그분을 아무리 칭송하고 싶다고 해도 그에 적합한 표현을 찾을 수 없을뿐더러, 우리 스스로를 어느 정도 자화자찬하는 수준에 그칠 수밖에 없

아힘사

'불살생'을 뜻하며 힌두교에서 이상으로 삼는 인도의 기본적 사상으로서, 간디가 독립운동을 벌일 때 '비폭력'의 뜻으로 사용하였다.

나 **간디**(Mohandas Karamchand Gandhi, 1869년~1948년)는 비폭력주의를 제창했고, 20세기 인도의 위대한 민족주의 지도자로 불리지.

나 **자와할랄 네루**(Jawaharlal Nehru, 1889년~1964년)는 독립국 인도의 초대 총리로, 의회정치를 실시했고 중립을 추구한 외교정책을 펼쳤지. 간디의 비폭력·불복종의 원리를 완전히 따른 것은 아니지만, 간디가 '밑바닥을 흔드는 급소 중의 급소를 발견하는 천재성'을 가진 점과 언제나 인도 농민 대중의 입장에 섰던 점을 높이 평가했어.

습니다. 위대한 인물과 유명 인사는 자신의 모습을 청동이나 대리석으로 본뜬 기념물을 세우지만, 그분이 평생 동안 지녀 오신 신성한 영혼은 수백만 명의 가슴 속에 새겨진 채 극미하지는 않지만 다소나마 우리의 삶의 일부가 되었습니다.

그분은 호화 주택이 즐비한 지역이나 상류층이 사는 지역이나 번듯한 회의 석상이 아니라, 인도에서 가장 고통 받는 천민들이 살고 있는 모든 촌락과 가옥을 방문하시면서 인도 곳곳에 그런 방식으로 영향을 끼치셨습니다. 그분에 대한 기억은 수백만 명의 가슴 속에 살아남아 있을 뿐만 아니라 앞으로도 영원히 살아남아 있을 것입니다.

지금 이 자리에서 그분에게 겸허한 자세를 취하는 것 말고, 우리가 그분에 대해 무슨 말씀을 드릴 수 있겠습니까? 우리는 그분을 칭송할 입장이 아닐뿐더러 그분의 뜻을 제대로 충분히 따를 수도 없습니다. 그분이 우리에게 노동과 노력과 희생정신을 요구하셨을 때, 그러한 요구 사항에 대해 말로만 떠들어 대는 행위는 그분에게 누를 끼칠 따름입니다. 지난 30년 동안, 그분은 우리 나라에서 희생정신의 수준을 한층 널리 고양시키셨는데, 이는 다른 나라에서도 유례가 없었던 일입니다.

그러한 점에서 그분의 삶은 성공적이었습니다. 그분은 부드러운 표정으로 항상 온화한 미소를 잃지 않으시면서 남에게 상처를 주는 말씀을 하지 않으셨지만, 마침내 그분에게 엄청난 고통을 안겨 주는 사태가 벌어졌습니다. 그분은 자신이 교육하셨던 현재 서대들의 태만으로 인해 고통을 당하셨을 뿐만 아니라, 우리가 그분께서 제시한 노선으로부터 이탈했기 때문에 그분은 고통을 당하실 수밖에 없었습니다. 결국 그분을 숭배하는 다른 인도인과 다를 바 없는 어느 숭배자의 손에 의해 그분은 쓰러지셨습니다.

오랜 세월이 지난 후, 역사는 우리가 살았던 이 시대에 대해 평가할 것입니다. 성공과 실패에 대해 평가할 것입니다. 우리가 그 점에 대해 정확한 평가를 내리면서 무슨 일이 일어났고 무슨 일이 일어나지 않았는지 이해하기에 아직은 때가 너무 이릅니다.

과거에 위대한 인물이 살아계셨는데, 지금은 사라지셨다는 사실만 우리는 알 수 있을 따름입니다. 한순간 눈앞이 깜깜했는데, 이제는 앞길이 그다지 어둡지 않다는 사실만 우리는 알 수 있을 따름입니다. 왜냐하면 우리의 가슴 속을 들여다보면, 그분이 그 곳에 지피신 불꽃이 여전히 활활 타오르고 있음을 우리는 발견하기 때문입니다. 또한 살아 움직이고 있는 그 불꽃이 존재하는 한 이 땅은 암흑으로 뒤덮일 수 없을 것입니다. 또한 우리가 그분을 기억하면서 그분의 길을 따르고자 노력함으로써, 우리는 비록 미약하지만 그분이 우리에게 지펴 주셨던 불꽃으로 다시 한 번 이 땅을 환하게 밝힐 수 있어야 합니다.

나 타고르(Rabindranath Tagore, 1861년 ~1941년)는 시인이자 사상가로, 인도 문학의 정수를 서양에 소개하고 서양 문학의 정수를 인도에 소개하는 데 공헌을 했어. 1913년 《기탄잘리》의 영역본으로 노벨 문학상을 받았지.

그분은 아마도 인도의 역사를 상징하는 위대한 인물이었을 뿐만 아니라, 우리가 맞이할 인도의 미래를 상징하는 위대한 인물이 되실 것이라고 저는 믿습니다. 우리는 과거와 미래 사이에 놓인 현재의 위태로운 벼랑 끝에 서서 온갖 형태의 위기 상황에 직면해 있습니다. 우리가 이상을 상실해 버린 채 중대한 일에 대해 빈말만 늘어놓고 실천에 옮기지 않는 까닭에, 삶이 정상적 궤도를 이탈했을 경우에 우리는 흔히 신념이 결여되고 좌절감을 느끼고 마음과 영혼이 무기력해지는 상태를 겪게 되는데, 이러한 사태야말로 가장 커다란 위기 상황입니다. 하지만 저는 이러한 위기 상황이 아주 조만간에 끝장날 것이라고 믿습니다.

그분은 가셨습니다. 인도 전역에 허탈감과 절망감만 남아 있습니다. 우리 모두는 그러한 정서를 느끼고 있는데, 저는 우리가 언제 그러한 감정으로부터 벗어나게 될지 모르겠습니다. 또한 우리 세대가 이처럼 위대한 인물과 함께 지냈다는 뿌듯한 감사의 마음이 그러한 감정과 더불어 일어납니다.

앞으로 수백 년이나 수천 년이 지난 시대의 사람들은 이처럼 신과 다름없는 분이 이 땅에 살아 있었다고 우리 세대를 기억할 것이고, 비록 소수일지라도 그분의 길을 따르면서 그분의 발자취가 남아 있는 성스러운 땅을 걸을 수 있었던 우리를 생각할 것입니다. 우리 모두 그분의 뜻을 기리고 따르도록 합시다.

아 동 은 보 호 받 아 야 한 다 !

국제 연합
아동 권리 선언 1959

이 선언은 아동의 권리와 자유를 보장하기 위한 목적으로 1959년에 선포된 선언으로서, 1924년 국제연맹이 채택한 〈제네바 아동 권리 선언〉과 구별하여 〈국제 연합 아동 권리 선언〉으로 불린다.

제2차 세계 대전이 진행되는 과정에서 파시즘에 의해 심각하게 인권을 침해당한 후, 인권은 국내 차원에 국한되는 문제가 아니라 국제 차원에서 다루어질 문제로 대두되었다. 그러한 인식에 기초하여 국제 연합은 인권 보편화 작업의 일환으로서 〈세계 인권 선언〉을 작성하였고, 그와 더불어 〈제네바 아동 권리 선언〉의 이념을 계승하여 아동 인권에 관한 문서화를 진행하였다. 그 성과로 1945년 국제 노동 기구 제27회 총회에서 아동과 청년노동자의 보호에 관한 결의가 채택되었고, 1946년에 국제 연합 교육 과학 문화 기구(UNESCO)와 국제 연합 아동 기금(UNICEF) 등 아동 관련 국제기구가 발족되었다. 1950년 국제 연합 사회 위원회에서 아동 권리 선언 안이 작성되었는데, 〈세계 인권 선언〉의 보편성을 침해하지 않을지 한동안 논란을 빚다가, 1959년에 11월 20일 국제 연합 제14차 총회에서 만장일치로 채택되었다.

그 후, 국제 연합은 1979년을 세계 아동의 해로 지정하였고, 1989년 11월 20일 국제 연합 총회에서 아동 권리에 관한 국제 연합 협약을 채택하였다.

우리 나라는 1991년 11월 20일에 그 협약을 비준했다.

　　　　　　　　국제 연합은 국제 연합 헌장에서 기본적 인권과 인간의 존엄성과 인간의 가치에 대한 믿음을 재확인했으며, 한층 더 확대된 자유 속에서 사회 진보를 촉진하고 생활수준을 보다 더 향상시키기로 결의했다.

　　국제 연합은 〈세계 인권 선언〉에서 모든 사람에게는 인종, 피부색, 성별, 언어, 종교, 정치적 입장이나 여타의 견해, 국적이나 사회적 출신, 재산, 출생이나 여타의 신분과 같은 모든 유형의 차별 등으로부터 벗어나, 이 선언에 규정된 모든 권리와 자유를 누릴 자격이 있다고 선언했다.

　　아동은 신체적으로나 정신적으로 성숙하지 못한 상태이기 때문에 태어나기 이전뿐만 아니라 태어난 이후에도 적절한 법적 보호를 포함하여 특별한 보호와 관리를 받아야 한다.

　　그와 같이 특별한 보호의 필요성은 1924년에 채택된 〈제네바 아동 권리 선언〉에서 언급되었고, 〈세계 인권 선언〉과 아동 복지와 관계된 특별 기구와 국제 단체의 규약에서 인정되었다.

　　인류에게는 아동에게 최선을 다해야 할 의무가 있다.

　　따라서 이제 총회는, 아동이 어린 시절을 행복하게 지내면서 여기서 언급되는 권리와 자유를 누림으로써 자신뿐만 아니라 사회에 이바지할 수 있도록 보장하고자 하는 목적에서 이처럼 〈아동 권리 선언〉을 발표함과 동시에, 이러한 권리를 인정하고 다음과 같은 원칙에 따라 발전적으로 마련된 법률적 조치를 포함한 모든 조치를 준수하기 위해 최선을 다할 것을 부모와 남녀 개개인과 자

지식 두배!

아동복지

빈곤으로 인한 고통이나 정상적인 부모의 보호 혹은 관심의 결핍으로 인해 고통 받는 아동들의 육체적 · 사회적 · 심리적 복지에 관련된 봉사 활동과 제도를 가리킨다. 즉 아동이 행복한 삶을 영위할 수 있도록 도와 주는 모든 전문적 활동이라 할 수 있다.

원 봉사 단체와 지방 정부와 중앙 정부에게 각각 요청한다.

원칙1

아동은 이 선언에서 언급되는 모든 권리를 누려야 한다. 아무런 예외 조건 없이 모든 아동에게는 자신이나 가족이 속한 인종, 피부색, 성별, 언어, 종교, 정치적 입장이나 여타의 견해, 국적이나 사회적 출신, 재산, 출생이나 여타의 신분과 같은 모든 유형의 차별 등으로부터 벗어나서 이러한 권리를 누릴 자격이 보장되어야 한다.

원칙2

아동은 특별히 보호받아야 하고, 자유와 존엄성이 보장되는 조건 속에서 건전하고 정상적인 방식으로 신체적 · 정서적 · 윤리적 · 정신적 · 사회적 측면에서 성장할 수 있도록 법률을 포함한 모든 수단에 의해 모든 기회와 편의가 모든 아동에게 제공되어야 한다. 이러한 목적으로 법률을 제정하는 경우, 아동의 이익이 최대한 보장될 수 있는지 가장 우선적으로 고려해야 한다.

원칙3

아동에게는 태어나면서부터 이름과 국적을 취득할 권리가 보장되어야 한다.

원칙4

아동은 사회 보장 제도의 혜택을 누려야 한다. 아동에게는 건강하게 성장하고 발달할 권리가 보장되어야 한다. 이 목적을 실현하기 위해 아동과 어머니는 모두 다 출생 전후의 적절한 보살핌을 포함하여 특별한 관리와 보호를 받아야 한다. 아동에게는 적절한 영양 섭취와 주거 시설과 오락과 의료 서비스를 제공받을 수 있는 권리가 보장되어야 한다.

원칙5

신체적 장애나 정신적 장애나 사회적 장애를 지닌 아동은 그의 특정한 상태에 따라 특별한 처우와 교육과 보호를 받아야 한다.

원칙6

아동의 인격이 완전하고도 조화롭게 발달될 수 있으려면 사랑과 이해가 필요하다. 아동은 가능한 한 부모의 책임 하에 보호를 받으면서 사랑이 넘치고 정신적으로나 물질적으로 안정된 환경 속에서 성장해야 한다. 나이 어린 아동은 예외적 상황을 제외하고 그의 어머니와 격리되어서는 안 된다. 사회와 공공 기관에게는 가족이 없는 아동과 적절한 생계 수단이 없는 아동에게 특별한 보호 조치를 취해야 할 의무가 있다. 대가족에 속하는 아동의 생계비에 대해 정부 보조금과 기타 형태의 지원금이 지급될 필요가 있다.

프랑스의 계몽주의 사상가 루소 (Rousseau, 1712년~1778년)는 《에밀》에서 소극적 교육을 주장하였는데, 그것은 아동의 자연스러운 발달을 위해 바람직한 환경을 마련해 주고 아동이 자유롭게 활동할 수 있도록 해 주는 것이다.

원칙7

아동에게는 최소한 기초 단계의 의무 교육을 자유롭게 받을 권리가 있다. 아동은 일반교양을 강화하고 기회균등의 원칙에 입각하여 자신의 능력과 독자적 판단력과 사회 윤리적 책임 의식을 함양하고 쓸모 있는 사회 구성원으로 성장할 수 있는 교육을 받아야 한다.

아동의 이익을 최대한 보장하려면 교육과 학습 지도를 책임질 수 있는 지침이 마련되어야 한다. 그 책임은 누구보다도 아동의 부모에게 있다.

아동에게는 놀이와 오락을 즐길 수 있는 충분한 기회가 제공되어야 한다. 놀이와 오락은 교육과 똑같은 목적에서 관리되어야 한다. 사회와 공공 기관은 이 권리가 한층 더 잘 보장될 수 있도록 최선의 노력을 기울여야 한다.

원칙8

아동은 모든 상황 속에서 가장 먼저 보호와 구조를 받아야 한다.

원칙9

아동은 모든 형태의 무관심과 잔혹 행위와 착취 행위로부터 보호되어야 한다. 아동은 어떤 형태로든지 매매의 대상이 되어서는 안 된다.

의무 교육

국가에서 제정한 법률에 따라 일정한 연령에 이른 아동이 의무적으로 받아야 하는 보통 교육을 말한다. 1794년 프로이센의 보통법에 규정되었고 루터가 그 주창자였던 것으로 알려져 있으며, 우리 나라는 1949년 교육법이 공포됨에 따라 출범되었다.

원칙9

'어린이 헌장'에 따르면, "어린이는 학대를 받거나 버림을 받아서는 안 되고, 나쁜 일과 짐이 되는 노동에 이용되지 말아야 하며, 해로운 사회 환경으로부터 보호받아야 한다."고 규정하고 있다. 이것은 어린이가 일체의 폭력으로부터 보호받아야 함을 포괄적으로 명시한 것이다.

74

파키스탄의 어떤 세 자매는 하루 종일 앉아서 4~5개의 축구공을 만든다.

　　아동은 최소 적령기 이전에 고용이 허용되어서는 안 된다.
아동은 어떤 경우라도 건강이나 교육에 손해를 끼치거나 신체적
발달이나 정서적 발달이나 도덕적 발달을 가로막을 수 있는 어떤
직업이나 고용 형태에 종사하도록 강요받거나 허용되어서는 안
된다.

원칙10

아동은 인종 차별과 종교적 차별을 포함하여 모든 형태의 차별을 조장하는 행위로부터 보호받아야 한다. 아동은 자신의 마음속에 이해와 관용과 친선과 평화와 보편적 형제애가 충만하고, 자신의 활동력과 재능을 자신의 동료를 돕는 데 쏟아 부어야 한다는 점을 충분히 자각할 수 있도록 가르침을 받아야 한다.

I Have a Dream

나 에 게 는   꿈 이   있 습 니 다 !

마틴 루터 킹 목사의
워싱턴 대행진 연설 1963

1963년 8월23일 노예 해방 100주년을 기념하여 워싱턴에서 열린 평화 대행진에서, 미국의 흑인 해방 운동 지도자 마틴 루터 킹 목사가 '나에게는 꿈이 있습니다(I Have a Dream)'라는 제목으로 했던 연설이다.

마틴 루터 킹 목사는 흑인에 대한 인종 차별 문제의 심각성을 일깨우는 데 중요한 역할을 한 인물로, 간디의 사상에 깊은 영향을 받았다. 1955년에는 시내버스 이용의 흑인 차별 대우에 반대해 5만 명의 흑인 시민이 벌인 몽고메리 버스 승차 거부 운동을 지도하여 승리로 이끌었다. 또한 워싱턴 평화 대행진의 지도자로 활약하는 등 미국 인권 운동의 발전을 앞당기는 데 큰 공헌을 했다. 1968년 4월 멤피스 시에서 흑인 청소부 파업을 지원하던 도중에 암살당했다.

나 **마틴 루터 킹**(Martin Luther King, Jr., 1929년~1968년)은 미국의 흑인 해방 운동의 지도자이자, 민권 운동을 이끈 침례교 목사야. 비폭력주의에 입각하여 흑인이 백인과 동등한 시민권을 얻어 내기 위한 '공민권 운동'의 지도자로 활약했지. 1964년에는 이러한 공로가 인정되어 노벨평화상을 받았고, 1986년 미국 의회는 나를 기리기 위하여 1월 셋째 주 월요일을 국경일로 지정했어.

지식 두배

비폭력주의
평화주의의 한 형태로 부정과 압제, 폭력에 대응하기 위해 폭력을 사용하지 않고 저항하는 사상.

백 년 전, 지금도 우리에게 상징적 영향을 미치고 있는 한 위대한 미국인이 〈노예 해방 선언〉에 서명했습니다. 이 중대한 선언은 정의를 말살하는 화염에 휩싸여 있었던 수백만 명에 달하는 흑인 노예들에게 희망을 주는 위대한 등불로 다가왔습니다. 그 선언은 노예로서 살아온 기나긴 암흑 상태를 끝장내는 기쁨에 찬 여명으로 다가왔습니다.

그러나 그로부터 백 년이 지난 오늘날, 흑인이 여전히 자유롭지 못한 비극적 현실 속에 처해 있음을 직시해야 합니다. 이미 백 년이란 세월이 지났음에도 불구하고, 흑인은 여전히 격리와 차별을 일삼는 속박과 굴레 속에서 무기력한 삶을 살아가고 있습니다. 이미 백 년이란 세월이 지났음에도 불구하고, 흑인은 마치 거대한 바다 한복판에 홀로 고립된 채 떠 있는 섬처럼 엄청난 물질적 풍요로부터 소외된 채 빈곤 속에서 살아가고 있습니다. 이미 백 년이란 세월이 지났음에도 불구하고, 흑인은 여전히 미국 사회의 후미진 뒷골목에서 고달픈 삶을 살아가면서, 자신의 처지가 마치 자신의 고국에서 추방당한 자와 다름없다고 생각합니다.

따라서 오늘 우리는 이 끔찍한 상황을 생생하게 폭로하기 위해 이 자리에 모였습니다.

어떤 의미어서, 우리는 보증 수표를 현금으로 바꾸기 위해 우리 나라의 수도에 모였습니다. 우리 나라의 건국자들이 헌법과 독립 선언서의 조항을 기초했었던 당시에, 그분들은 모든 미국인들이 상속받도록 되어 있는 약속 어음에 서명했습니다. 모든 인간에게는 생명과 자유와 행복 추구에 대한 빼앗길 수 없는 권리가 보장되어야 한다는 약속이 그 약속 어음에 명시되어 있었습니다.

유색 인종 출신의 시민에 관한 한, 오늘날 미국은 그 약속 어음에 명시되어 있는 의무 사항을 제대로 이행하지 않고 있다는 사실이 너무도 분명합니다. 미국은 이 신성한 의무를 존중하지 않은 채 흑인에게 부드 수표를 발행했습니다. 즉, 이 부도 수표는 잔액 부족 상태라고 확인된 채 되돌아왔습니다.

하지만, 우리는 정의라는 은행이 파산했다고 믿지 않습니다. 우리는 이 나라가 보유하고 있는 기회라는 금고에 잔액이 부족한 상태라고 믿지 않습니다. 따라서 우리는 이제 이 보증 수표, 즉 우리가 요구하자마자 곧바로 자유를 실컷 누리면서 정의를 보장받을 수 있는 수표를 현금으로 바꾸기 위해 이 곳에 왔습니다.

또한 우리는 미국이 그 약속을 지금 당장 이행하지 않으면 안 된다는 절박함을 일깨우기 위해 이 신성한 자리에 모였습니다. 냉정해지자고 쓸데없이 호소하는 말이나 점진주의라는 진정제로 회

유색 인종
백색 인종 이외의 인종을 통틀어 이르는 말인데, 인류의 생물학상 분류 개념인 인종을 피부의 색깔만으로 구별하는 것은 무리가 있으므로 과학적 용어로서 통용되기 어렵다고 할 수 있다.

유될 수 있는 국면이 아닙니다. 지금이야말로 곧바로 민주주의에 대한 약속이 실현되어야 할 때입니다. 지금이야말로 곧바로 어둡고 황량한 계곡과 같은 인종 차별에서 벗어나 인종 간의 정의가 실현되는 희망찬 길로 들어설 때입니다. 지금이야말로 곧바로 하느님의 모든 자손들에게 기회의 문을 활짝 열어 줄 때입니다. 지금이야말로 곧바로 우리 나라가 모래와 같은 인종 편견에서 벗어나 단단한 바위와 같은 형제애로 하나가 될 때입니다.

지금 이 순간의 절박성을 간과하고, 흑인의 결의를 과소평가한다면, 우리 나라는 존립이 위태로워질 수 있습니다. 흑인의 정당한 요구가 제기되고 있는 이번 여름의 무더위는 시원한 바람이 부는 가을과 같은 자유와 평등이 보장될 때까지 계속될 것입니다. 1963년은 끝이 아니라 시작입니다. 흑인의 요구가 정당하다고 인정하지만 이제는 그 정도 수준에서 그만두기를 바라는 사람들은 나라가 예전처럼 평온한 상태로 되돌아올 것이라고 어리석은 판단을 내릴 것입니다.

흑인에게 시민으로서 누려야 할 권리가 보장되었을 때에만, 미국은 안정되고 평온한 상태를 보장받을 수 있을 것입니다. 정의가 실현되는 광명의 새날이 오지 않는다면, 폭동의 소용돌이가 우리 나라의 기반을 끊임없이 뒤흔들 것입니다.

하지만 저는 정의의 궁전으로 향하는 격동의 출발점에 서 있는 여러분께 반드시 말씀드려야 할 중요한 사항이 있습니다. 우리는 합법적 지위를 보장받는 과정에서 잘못된 행동을 저질러 범죄자로 전락되어서는 안 됩니다.

　슬픔과 증오로 가득 차 있는 잔을 들이킴으로써 우리의 자유를 향한 갈증을 해소하려고 하지 맙시다. 높은 수준의 존엄성과 규율에 입각하여 우리의 투쟁을 영원히 펼쳐 나가야 합니다. 우리의 생산적 저항 활동이 폭력 행위로 변질되어서는 안 됩니다. 거듭해서 강조하지만, 우리는 육체의 힘과 영혼의 힘이 서로 맞닿는 위엄 있는 수준까지 도달해야 합니다.

　흑인 사회를 온통 뒤덮고 있는 놀랍고도 새로운 투쟁 정신이 모든 백인으로부터 불신을 받지 않게 해야 합니다. 오늘 우리의 수많은 백인 형제들이 이 자리에 참석한 사실이 입증하듯이, 그들은 자신들의 운명과 우리의 운명이 서로 묶여 있고, 자신들의 자유가 우리의 자유와 불가분의 관계에 있음을 깨닫고 있습니다. 우리끼리만 걸어갈 수 없습니다.

　또한 앞으로 나아갈 때, 우리는 더욱더 전진하겠다고 맹세해야 합니다. 우리는 되돌아갈 수 없습니다. "언제쯤이면 만족할 수 있습니까?"라고 인권 운동가에게 묻는 분이 있습니다. 이루 말할 수 없을 정도로 공포를 불러일으키는 경찰 폭력에게 흑인이 희생당하는 현실이 지속되는 한, 우리는 만족할 수 없습니다.

　여행하다가 피로에 지친 흑인이 자신의 몸을 이끌고 고속도로 근처의 모텔이나 시내의 호텔에 투숙할 수 없는 한, 우리는 만족할 수 없습니다. 이사할 곳을 찾는 흑인이 고작해야 좁은 흑인 거주 지역에서 좀더 넓은 흑인 거주 지역으로 옮겨갈 수밖에 없는 한, 우리는 만족할 수 없습니다. 미시시피 주에 거주하는 흑인이 투표권을 행사할 수 없고, 뉴욕에 거주하는 흑인이 투표할 대상이 마땅치 않다고 생각하는 한, 우리는 만족할 수 없습니다.

안 됩니다. 절대로 안 됩니다. 우리는 만족하지 않습니다. 정의가 강물처럼 흐르고, 올바른 도리가 힘찬 흐름이 될 때까지 우리는 만족할 수 없습니다.

저는 여러분 중에서 커다란 시련과 고난을 겪었던 분들이 여기에 참석하셨다는 사실에 대해 깊은 관심을 갖고 있습니다. 여러분 중에는 비좁은 감옥 생활에서 금방 벗어나신 분들도 계십니다. 어떤 분들은 자유를 추구하다가 도리어 폭풍우와 같은 온갖 박해에 시달리고, 거센 바람과 같이 무자비한 경찰 폭력에 몸을 가눌 수 없었던 지역에서 오시기도 했습니다. 여러분은 산고를 겪은 베테랑이십니다. 부당하게 당하는 고난 끝에 보람이 있으리라는 신념으로 계속해서 활동해 나가십시오.

미시시피로 돌아가십시오. 앨라배마로 돌아가십시오. 사우스캐롤라이나로 돌아가십시오. 조지아로 돌아가십시오. 루이지애나로 돌아가십시오. 우리의 현대 도시에 자리 잡고 있는 빈민가와 흑인 거주 지역으로 돌아가십시오. 어떻게든지 이 상황이 변화될 수 있고, 변화될 것이라는 점을 명심하십시오.

이제 절망의 계곡에서 헤매지 맙시다. 저는 오늘 저의 벗인 여러분께 이 순간의 고난과 좌절에도 불구하고 저에게는 여전히 꿈이 있다는 사실을 말씀드립니다. 그 꿈은 미국의 건국이념에 깊

린치(lynch)로 처형되는 흑인
걸어가는 부녀와 한쪽에서 구경
하는 아이들의 무심한 눈빛에서
이 시대에 린치가 성행했음을
보여 준다. 1935년 미국.

이 뿌리박힌 꿈입니다.

저에게는 꿈이 있습니다. 언젠가 이 나라가 떨쳐 일어나 진정한 의미의 국가 기념을 실천하리라는 꿈, 즉 모든 인간은 평등하게 태어났다는 진리를 우리 모두가 자명한 진실로 받아들이는 날이 오리라는 꿈입니다.

저에게는 꿈이 있습니다. 조지아의 붉은 언덕 위에서 과거에 노예로 살았던 부모의 후손과 그 노예의 주인이 낳은 후손이 식탁에 함께 둘러앉아 형제애를 나누는 날이 언젠가 오리라는 꿈입니다.

저에게는 꿈이 있습니다. 삭막한 사막으로 뒤덮인 채 불의와 억압의 열기에 신음하던 미시시피 주조차도 자유와 정의가 실현되는 오아시스로 탈바꿈되리라는 꿈입니다.

저에게는 꿈이 있습니다. 저의 네 자식들이 피부색이 아니라 인격에 따라 평가받는 나라에서 살게 되는 날이 언젠가 오리라는 꿈입니다.

지금 저에게는 꿈이 있습니다!

저에게는 꿈이 있습니다. 주지사가 연방 정부의 정책 개입과 연방법 실시를 거부한다는 말만 늘어놓는 앨라배마 주에서도, 흑인 소년, 소녀가 백인 소년, 소녀와 서로 손잡고 형제 자매처럼 함께 걸어 다닐 수 있는 상황으로 언젠가 탈바꿈되리라는 꿈입니다.

지금 저에게는 꿈이 있습니다! 모든 계곡이 높이 솟아오르고, 모든 언덕과 산이 낮아지고, 울퉁불퉁한 땅이 평지로 변하고, 꼬부라진 길이 곧은 길로 바뀌고, 하느님의 영광이 나타나 모든 생물이 그 광경을 함께 지켜보리라는 꿈입니다.

이것이 바로 우리의 희망입니다. 이것이 바로 제가 남부로 돌아갈 때 지녀야 할 신념입니다. 이러한 신념만 있다면, 우리는 절망의 산을 깎아 내어 희망의 돌을 만들어 낼 수 있을 것입니다. 이러한 신념만 있다면, 우리는 귀에 거슬리는 불협화음에 휩싸여 있는 우리 나라를 아름다운 교향곡의 선율처럼 형제애가 넘쳐나는 나라로 변화시킬 수 있을 것입니다. 이러한 신념만 있다면, 언젠가는 우리가 자유로워지리라고 믿으면서, 우리는 함께 일하고, 함께 기도하고, 함께 투쟁하고, 함께 감옥에 가고, 함께 자유를 위해 싸울 수 있을 것입니다.

바로 그 날은 하느님의 모든 자손이 다음과 같은 노랫말의 의미를 되새기면서 노래를 부를 수 있는 날이 될 것입니다.

"당신은 나의 조국, 자유가 넘치는 향기로운 땅, 나 그대를 위해 노래하리. 나의 조상이 묻힌 땅, 순례자가 칭송하는 땅이어, 모든 산허리에 자유가 울려 퍼지게 하리!"

또한 미국이 위대한 국가가 되려면, 이것이 반드시 실현되어야 합니다. 따라서 뉴햄프셔의 거대한 산꼭대기에서 자유가 울려 퍼지게 합시다. 뉴욕의 거대한 산맥에서 자유가 울려 퍼지게 합시다. 자유가 펜실베이니아의 높다란 앨러게니 산맥에서 울려 퍼지게 합시다. 콜로라도의 눈 덮인 로키 산맥에서 자유가 울려 퍼지게 합시다. 캘리포니아의 굽이진 산봉우리에서도 자유가 울려 퍼지게 합시다!

하지만, 거기서 멈추지 맙시다.

조지아의 스톤마운틴에서도 자유가 울려 퍼지게 합시다.

테네시의 룩아웃마운틴에서도 자유가 울려 퍼지게 합시다.

미시시피의 모든 언덕에서도 자유가 울려 퍼지게 합시다. 모든 산허리로부터 자유가 울려 퍼지게 합시다!

자유가 울려 퍼지게 한다면, 모든 마을과 부락, 모든 주와 도시에서 자유가 울려 퍼지게 한다면, 우리는 하느님의 모든 자손, 흑인과 백인, 유태인과 이교도, 개신교 신자와 가톨릭 신자가 서로 손잡고 옛 흑인 영가를 함께 부르는 그 날을 훨씬 더 앞당길 수 있을 것입니다.

"마침내 자유를! 마침내 자유를! 전지전능하신 하느님이시여. 마침내 우리가 자유를 얻었습니다!"

흑인 영가

미국의 흑인들이 부르는 종교적인 민요로, 흑인 특유의 리듬감에 미국 프로테스탄트 찬송가의 영향을 받아 이루어졌다. 구약성서에서 따온 내용들이 많고, 노예 생활의 암울한 현실에서 벗어나 신앙과 상상의 세계로 도피하려는 소망을 담고 있다.

여 성 을 억 압 하 는 모 든 것 을 거 부 한 다 !

레드스타킹 선언 1969

〈레드스타킹 선언〉은 1969년 7월 7일 여성 해방 운동 단체 레드스타킹(Redstockings)이 여성 해방과 여성의 의식 개발 등을 주요 내용으로 발표한 선언이다.

기존의 남성 우위 문화에 근본적인 문제를 제기한 여성 인권 선언으로서, 여성을 억압하는 모든 경제적·인종적·교육적·신분적 특권도 거부한다고 선언하고 있다. 또한 어떤 것이 혁신적이고 어떤 것이 혁명인가를 묻지 않고, 오로지 어떤 것이 여성들을 위해 좋을 것인가를 묻는 한편, 여성 스스로가 다른 여성들에 대해 가질 수 있는 편견들을 똑바로 인지하고, 이 편견을 제거하는 데 힘쓸 것을 강조하였다.

여성 해방을 위한 투쟁에 앞장설 것을 다짐하고 있는 〈레드스타킹 선언〉은 여성의 인권과 참다운 해방을 위한 선언이라는 평가를 받고 있다.

1 개별적이고 실험적 수준의 정치 투쟁이 수세기에 걸쳐 전개되어 온 결과, 여성은 남성 우월주의로부터 벗어나 최후의 해방을 맞이하기 위해 단결한다. 레드스타킹은 이러한 단결을 실현하여 우리의 자유를 쟁취하는 데 헌신한다.

2 여성은 피억압 계층에 속한다. 우리에 대한 억압은 총체적 성격을 띠면서 우리 생활의 모든 측면에 영향을 미친다. 우리는 성적 대상, 양육자, 가정부, 천대받는 노동자로서 착취당한다. 우리는 열등한 존재로 취급받고, 우리의 유일한 목적은 남성의 생활을 향상시키는 데 있다. 우리의 인간성은 무시된다. 우리는 물리적 폭력의 위협 앞에서 지시된 행동을 강요받는다.

우리는 서로 고립된 채 우리의 억압자와 매우 가까이 살아왔기 때문에, 우리의 개인적 고통을 일종의 정치적 상황으로 인식하지 못했다. 그러한 까닭에 여성과 자신의 남편 사이의 관계는 두 사람의 독특한 개성 사이에 서로 작용하는 문제이고, 개별적으로 해결될 수 있다는 환상이 생겨난다. 사실상 그러한 모든 관계는 계층 관계이고, 개별적 차원의 남녀 갈등은 집단적 방식으로만 해결될 수 있는 정치적 갈등이다.

3 우리는 우리를 억압하는 장본인을 남성이라고 생각한다. 남성 우월주의는 가장 오래 되었을 뿐만 아니라 가장 기본적인 지배 형태이다. 기타 모든 형태의 착취와 억압 — 인종주의, 자본주

✎
레드스타킹
슐라미스 파이어스톤과 엘렌 윌리스가 1969년에 결성한 급진주의 페미니스트 조직으로, 레드스타킹스라는 명칭은 혁명의 상징인 붉은색과 지식인 모임 블루스타킹을 통합한 조어이다. 1970년 정식 해산하였으나, 1981년 여성 해방 운동을 위해 다양한 문제를 취급하는 급진주의적 싱크탱크가 될 것을 표방하며 다시 조직되었다.

의, 제국주의 등 — 은 남성 우월주의가 확장된 산물이다.

즉 남성은 여성을 지배하고, 소수가 나머지 다수를 지배한다. 역사상 모든 권력 구조는 남성 지배적이고 남성 우위의 성격을 띠었다. 남성은 모든 정치·경제·문화 제도를 지배해 왔고, 그러한 지배력을 물리적 힘으로 뒷받침해 왔다. 남성은 자신의 권력을 이용하여 여성이 열등한 지위에 머물도록 지배해 왔다. 모든 남성은 남성 우월주의를 이용하여 경제적 측면이나 성적 측면, 심리적 측면에서 혜택을 누린다. 모든 남성은 여성을 억압해 왔다.

억압에 대한 책임 소재를 남성으로부터 제도나 여성 자신에게 전가하려는 시도가 진행되어 왔다. 우리는 이러한 주장을 책임 회피라고 규탄한다. 제도 자체만으로는 억압하지 못한다. 즉 제도는 오로지 억압자의 도구에 불과할 따름이다.

책임을 제도 탓으로 돌릴 경우, 마치 남성과 여성이 모두 다 똑같이 피해자인 양 오해가 발생하면서, 남성이 종속 관계에 있는 여성으로부터 이득을 얻는다는 사실이 은폐되고, 남성이 억압자가 될 수밖에 없다는 구실이 생겨나게 된다. 다른 한편, 만약 어떤 남성이 다른 남성으로부터 여성의 처지와 다를 바 없이 처우를 받는다면, 그는 자신의 우월한 지위를 거리낌 없이 단념한다.

또한 우리는 여성이 자신에 대한 억압 상태를 용납하거나 그 억

인도에서는 '데바다시'라는 관습 때문에 아직도 매년 수많은 소녀들이 신에게 바쳐지고 있다.

압에 대한 책임을 자신 탓으로 돌리는 입장을 거부한다. 여성의 굴종은 세뇌나 어리석음이나 정신 장애로 인해 생겨난 결과가 아니라, 남성에 의해 매일같이 지속적으로 반복되는 억압으로 인해 생겨난 결과이다. 우리는 스스로를 변화시키기보다는 남성을 변화시킬 필요가 있다.

무엇보다도 여성을 가장 헐뜯는 책임 회피적 입장은 여성이 남성을 억압할 수 있다는 견해이다. 이러한 환상은 개별적 관계를 정치적 의미로부터 분리하여 생각하는 입장과, 남성이 자신의 특권에 대한 모든 정당한 도전을 박해로 인식하는 경향에 근거한다.

5 우리는 우리의 개인적 경험과 그 경험에 대한 우리의 느낌을 토대로 삼아 우리와 똑같은 처지에 처해 있는 상황을 분석한다. 우리는 온통 남성 지상주의 문화의 산물에 불과한 기존의 이데올로기에 의존할 수 없다. 우리는 모든 개념에 의문을 제기하면서 우리의 경험에 의해 검증되지 않은 사실은 절대로 받아들이지 않는다.

우리의 주요 당면 과제는 서로 간에 경험을 교류하면서 우리의 모든 제도가 근거하고 있는 성차별적 토대를 공개적으로 폭로함으로써, 여성 계층 의식을 개발하는 것이다. 의식을 강화시키는 것이야말로 개인적 차원에서 해결책을 찾으면서 남녀 관계가 순전히 사사로운 문제라고 그릇된 판단을 내리는 처방이 아니라, 여성 해방을 위한 우리의 계획이 우리 생활의 구체적 현실에 뿌리박고 있다는 사실을 보장할 수 있는 유일한 방법이다. 계층의식을 강화할 수 있는 첫 번째 요구 조건은 개인적 차원이나 공식적 차원에서 우리 자신과 나머지 여성들에게 솔직해지는 것이다.

6 우리는 모든 여성과 일체감을 갖는다. 우리는 가장 가난한 여성과 가장 야만적 방식으로 착취를 당하는 여성의 이익을 대변하

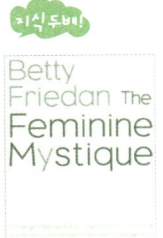

지식 두배

Betty Friedan The Feminine Mystique
with an introduction by Anna Quindlen

1963년에 출간된 베티 프리단의 《여성의 신비》는 2세대 여성 해방 운동을 열어젖혔다고 평가받고 있는 책이다. 프리단은 이 책에서 '개인적인 것이 정치적인 것'이라는 2세대 여성운동의 슬로건을 내세우며, 미국 중산층 가정을 '편안한 포로수용소'라고 고발하였다. 또한 고정된 성역할을 상대화하고 여성의 사회적 활동을 강화하는 것이 실질적 성평등을 실현하는 길이며, 여성과 사회의 위기를 해결하는 방법이라고 주장했다. 이 책이 출간된 이후 페미니즘과 관련된 이론적 논의가 폭발했고, 전미여성조직(NOW)을 비롯해 많은 여성 운동 단체들이 생겨났다.

기 위해 최선을 다해야 한다.

우리는 다른 여성들과 우리를 갈라놓는 경제적 · 인종적 · 교육적 · 신분적 특권을 모두 다 거부한다. 우리는 여타의 여성들에 대해 지닐 수도 있는 모든 편견을 인정하고 과감히 척결하기로 결의한다.

우리는 조직 내부의 민주주의를 이루어 내기 위해 헌신한다. 우리의 운동에 합류하는 모든 여성이 참여하여 책임을 지고 자신의 정치적 잠재력을 개발하는 동등한 기회를 가질 수 있도록 모든 필요 조치를 취할 것이다.

7 우리는 모든 여성 자매가 우리와 더불어 단결하여 투쟁에 나설 것을 요구한다.

우리는 모든 남성이 스스로 누리고 있는 남성의 특권을 포기하고, 우리 여성의 인간성과 남성 자신의 인간성을 실현하기 위해 여성 해방을 지지해 줄 것을 요구한다.

우리는 여성 해방을 위한 투쟁 과정에서 자신의 억압자와 맞서 싸우는 여성들과 항상 함께할 것이다. 우리는 오로지 여성을 위해 도움이 되는 일이라면, 그 일이 혁명적인지 개혁적인지 따지지 않고 무엇이든 실천할 것이다.

즉자적으로 개별 투쟁을 전개하던 시대는 지났다. 이제야말로 우리는 전면 투쟁에 나서야 할 때이다.

The Declaration of the Rights of Disabled Persons

모든 장애인에게는 인간으로서의 존엄성을 존중받아야 할 천부적 권리가 있다

장애인 권리 선언 1975

〈장애인 권리 선언〉은 국제 연합 헌장과 〈세계 인권 선언〉의 정신에 입각하여 심신 장애인의
권리를 보호하고 존중하자는 취지를 담고 있는 선언으로서, 1975년 12월 9일 국제 연합 총회
에서 만장일치로 채택되었다.

〈장애인 권리 선언〉은 국제 연합 헌장을 통해 선언된 인권과 기본적 자유, 평화에 관한 원칙,
인간의 존엄성과 가치에 관한 원칙, 사회 정의에 관한 원칙 등에 대한 신념을 다시 한 번 확
인하면서, 장애인이 다양한 활동 분야에서 최대한 자신의 능력을 개발할 수 있도록 도와 주
고, 가능한 한 정상적인 생활 속에서 자신의 이상을 실현할 수 있도록 촉진해야 한다는 점을
강조하고 있다.

이 선언 외에 장애인 인권에 관한 국제 규정으로는 〈정신지체인 권리 선언〉(1971년), 세계 장
애인의 해(1981년), 장애인에 관한 세계 행동 계획(1982년), 국제 연합 장애인의 해 10년(1983
년~1992년), 장애인의 기회 평등화에 관한 기본 규칙(1993년) 등이 있고, 우리 나라에서는
1998년에 한국 장애인 인권 헌장이 선포되었다.

총회는, 국제 연합 헌장을 준수하는 회원국이 보다 향상된 생활수준과 완전 고용과 경제 사회적 진보와 발전의 조건을 측진하기 위해 국제 연합과 협력하여 공동 조치나 개별 조치를 취하겠다는 서약을 염두에 두면서,

국제 연합 헌장을 통해 선언된 인권과 기본적 자유, 평화에 관한 원칙, 인간의 존엄성과 가치에 관한 원칙, 사회 정의에 관한 원칙 등에 대한 신념을 다시 한 번 확인하면서,

〈세계 인권 선언〉과 인권에 관한 국제 협약과 〈국제 연합 아동 권리 선언〉과 〈정신지체인 권리 선언〉에서 밝힌 모든 원칙뿐만 아니라, 사회 진보를 위해 국제 노동 기구(ILO)와 국제 연합 교육 과학 문화 기구(UNESCO)와 세계 보건 기구(WHO)와 국제 연합 아동 기금(UNICEF)과 기타 관련 기구의 조직 규약이나 협약이나 권고나 결의에서 이미 정해 놓은 모든 기준을 상기하면서,

또한 1975년 5월 6일에 채택된 장애 방지와 장애인 재활에 관한 국제 연합 경제 사회 이사회(ECOSOC) 결의안을 상기하면서,

〈사회 진보와 발전에 관한 선언〉이 심신 장애인의 권리를 보호하고 복지와 재활을 보장해야 할 필요성을 선언했던 사실을 강조하면서,

심신 장애를 예방해야 하고, 장애인이 최대한으로 다양한 활동 분야에서 자신의 능력을 개발할 수 있도록 도와 주어야 하고, 장애인이 가능한 한 정상적인 생활 속에서 자신의 이상을 실현할 수 있도록 촉진해야 한다는 점을 염두에 두면서,

지식 도우미

장애인 복지의 개념
몸과 마음의 손상으로 인해 사회 생활에 곤란을 겪고 있는 사람에 대하여 의료·교육·직업·심리·사회적 재활 서비스를 제공하는 것. 또한 사회적 인식의 개선과 물리적 환경을 조성하여 모든 분야에서 사회 생활이 보장되고, 장애인들이 심리적으로 안정된 삶을 영위할 수 있도록 돕는 국가와 사회의 조직적 노력의 총체라고 할 수 있다.

특정 국가는 현재의 발전 수준으로 인하여 이러한 목적을 실현하기 위한 활동을 제한적으로 펼칠 수밖에 없다는 점을 인식하면서,

〈장애인 권리 선언〉을 공표하면서, 이 선언이 이러한 권리의 보호를 위한 공통 원리와 준거 틀로서 활용될 수 있도록 보장하기 위한 목적에서 국내적 차원과 국제적 차원에서 조치를 취할 것을 요청한다.

1 '장애인' 이라는 개념은 선천적으로나 후천적으로나 신체적 능력이나 정신적 능력에 결함이 발생함으로써, 자신 스스로 개인 생활이나 사회생활을 정상적으로 영위할 수 있는 필요조건을 전혀 갖출 수 없거나 부분적으로 갖출 수밖에 없는 모든 사람을 의미한다.

2 모든 장애인은 이 선언에 명시된 모든 권리를 누려야 한다. 이러한 권리는 인종, 피부색, 성별, 언어, 종교, 정치적 입장이나 여타의 견해, 국적이나 사회적 신분, 빈부, 출생, 장애인이나 그 가족이 처한 상황 등에 따라 어떤 차별도 받지 않고 예외 없이 모든 장애인에게 인정되어야 한다.

3 모든 장애인에게는 인간으로서 존엄성을 존중받아야 할 천부적 권리가 있다. 모든 장애인에게는 장애의 원인과 특징과 정도에 관계 없이 동일한 연령의 일반 시민과 마찬가지로 기본적 권리, 즉 무엇보다도 먼저 품위 있는 생활을 정상적으로 최대한

누릴 수 있는 권리가 있다.

4 모든 장애인에게는 다른 사람과 마찬가지로 시민적 권리와 정치적 권리가 있다. 하지만 〈정신지체인 권리 선언〉 7조에는 정신 장애인에게 그러한 권리를 제한하거나 억제할 수 있다는 조항이 존재한다.

5 모든 장애인에게는 최대한 자립을 돕기 위해 마련된 모든 수단을 이용할 권리가 있다.

6 모든 장애인에게는 보장구를 포함하여 의료와 심리 치료와 기

보장구
장애인들의 활동을 도와 주는 기구.

능 치료를 받을 뿐만 아니라, 의료 재활과 사회 재활, 교육, 직업 훈련과 재활, 개호, 상담, 취업 알선, 장애인의 능력과 기술을 최대한 향상시켜서 그들의 사회 통합이나 재통합 과정을 촉진하는 다양한 서비스 등을 받을 수 있는 권리가 있다.

7 모든 장애인에게는 경제·사회적 생활 보장과 품위 있는 생활 수준을 누릴 수 있는 권리가 있다. 모든 장애인에게는 각자 능력에 따라 고용을 보장받거나 유익하고 생산적이고 보수가 보장되는 직종에 종사하면서 노동조합에 가입할 수 있는 권리가 있다.

8 모든 장애인에게는 경제·사회적 계획 수립의 모든 단계에서 자신의 특수한 필요조건이 반영되도록 요구할 수 있는 권리가 있다.

9 모든 장애인에게는 가족이나 수양부모와 함께 살면서 사회 활동과 생산 활동이나 오락 활동에 참여할 수 있는 권리가 있다. 주거에 관한 한 모든 장애인은 건강 상태나 건강 개선을 위해 불가피한 경우를 제외하고 어떤 차별 대우도 받아서는 안 된다. 장애인이 불가피하게 특수 시설에 수용되는 경우, 그 곳의 환경과 생활 조건은 가능한 한 그와 연령이 똑같은 일반인이 정상적으로 누리는 생활 조건과 유사해야 한다.

10 모든 장애인은 모든 형태의 착취, 모든 형태의 규제, 차별적이고 모욕적이고 천박한 성격을 띠는 모든 처우로부터 보호되어야 한다.

11 모든 장애인기 자신의 인격과 재산을 보호하기 위해 법률 지원이 필요한 경우, 그러한 지원을 적절하게 제공받을 수 있어야 한다. 장애인에 대한 사법 소송이 제기된 경우, 그들의 심신 상태를 충분히 고려하여 법적 절차가 적용되어야 한다.

12 모든 장애인 단체는 장애인의 권리에 관한 모든 사안에 대해 유익한 조언을 제공할 수 있다.

13 모든 장애인과 그 가족과 사회는 모든 적절한 방법을 통해 이 선언에 포함된 권리에 대해 충분히 파악하고 있어야 한다.

반 인 륜 적   고 문 은   영 원 히   사 라 져 야   한 다 !

고문 금지 선언 1975

〈고문 금지 선언〉의 정식 명칭은 〈고문과 그 밖의 잔혹하거나 비인도적이거나 또는 굴욕적인 형태의 처우나 처벌의 방지에 관한 선언〉으로, 1975년 12월 9일 국제 연합 총회에 의해 만장 일치로 채택되었다.

12개 조항으로 이루어진 〈고문 금지 선언〉은 1975년에 열린 제5차 국제 연합 범죄 방지 회의의 보고를 기초로 하고 있다. 어떤 국가나 그 밖의 권력 주체도 평화시는 물론 비상사태와 전시일 때에도, 정보를 입수하거나 자백을 받기 위해 처벌 혹은 협박과 같은 수단을 써서 직·간접적으로 육체적·정신적 피해를 고의로 가하는 일은 용납할 수 없다고 규정하고 있다. 하지만 〈고문 금지 선언〉은 일종의 지침일 뿐, 그 자체는 법적 구속력이 없다.

우리 나라는 1995년 2월 8일부터 이 협약의 적용을 받는 국가가 되었다.

제1조

1 이 선언의 목적을 분명하게 밝히기 위해 용어를 정의하자면, '고문'이라 함은 특정인이나 제3자로부터 정보나 자백을 얻어 내려는 목적에서, 특정인이 범죄를 저질렀거나 범죄 혐의를 받고 있는 행위에 대해 처벌하거나 그 특정인이나 다른 사람을 협박하면서, 공두원이 직접적으로 그 특정인에게 고의로 극심한 신체적 고통이나 정신적인 고통을 가하거나 공무원으로부터 교사를 받은 사람이 그런 방식으로 고통을 가하는 모든 행위를 말한다.

다만 수감자의 처우에 관한 최저 기준 규정에 따른 합법적 제재 조치에 근거를 두거나 그로 인해 발생되거나 수반되는 고통은 고문에 포함되지 않는다.

2 고문은 잔혹하거나 비인도적이거나 굴욕적인 처우나 처벌로서 고의로 괴롭히는 성격을 띤다.

제2조

고문 행위 또는 잔혹하거나 비인도적이거나 굴욕적인 여타의 처우 행위나 처벌 행위는 인간의 존엄성을 무시하는 행위이고, 국제 연합 헌장의 목적을 부인하는 행위일 뿐만 아니라 〈세계 인권 선언〉에 명시된 인권과 기본적 자유를 침해하는 행위로서 비난받아 마땅하다.

지식 두비

프랑스의 소설가 알베르 카뮈(Albert Camus)는 다음과 같은 말을 남겼다. "고문이라는 수단을 통해 30개의 폭탄을 제거했다고 가정하자. 그 대가로 당장 몇몇 사람들을 구할 수 있을지는 모르지만, 동시에 다른 방식으로 다른 곳에서 활동할 새로운 50명의 테러리스트를 만들어 냄으로써 수많은 무고한 사람들의 죽음을 불러올 것이다."

이집트에서는 전쟁 포로를 노예로 삼았고, 정보를 얻어 내기 위해 채찍으로 구타를 하기도 했다.

제3조

모든 국가는 고문 또는 잔혹하거나 비인도적이거나 굴욕적인 여타의 처우나 처벌을 용납하거나 묵인해서는 안 된다. 전쟁 상태나 전쟁 위협이나 국내의 정치 불안이나 여타의 긴급 사태와 같이 예외적인 상황을 구실로 삼아 고문 또는 잔혹하거나 비인도적이거나 굴욕적인 여타의 처우나 처벌이 정당화되어서는 안 된다.

제4조

모든 국가는 이 선언의 조항에 따라 고문과 잔혹하거나 비인도적이거나 굴욕적인 여타의 처우나 처벌이 각국의 관할권 범위 내에서 발생되지 않도록 효과적인 조치를 취해야 한다.

제5조

고문과 잔혹하거나 비인도적이거나 굴욕적인 여타의 처우나 처벌이 발생하지 않도록 충분하게 배려하기 위한 목적에서, 법 집행 요원뿐만 아니라 자유를 박탈당한 사람에 대한 책임을 맡고 있는 여타의 공무원에게 훈련을 실시해야 한다. 또한 이러한 방지 조치는 수감자에 대한 보호와 관리를 맡고 있는 사람의 의무와 역할에 관해 규정한 일반 규칙이나 지침 안에 사안별로 적절하게 반영되어야 한다.

제6조

모든 국가는 고문 또는 잔혹하거나 비인도적이거나 굴욕적인 여타의 처우나 처벌의 사례가 절대로 발생하지 않도록 방지하기 위한 목적에서, 자국의 관할권 범위 내에서 자유를 박탈당한 사람에 대한 보호와 관리를 위한 제도뿐만 아니라 체계적인 재심 제도를 활용하는 심문 방법과 소송 절차를 유지해야 한다.

제7조

모든 국가는 제1조에서 정의한 모든 형태의 고문 행위가 자국의 형법상으로 범죄 행위를 구성한다는 점을 보장해야 한다. 고문을 자행하려고 직접 참여하거나 공모하거나 교사하거나 미수로

교 사 敎唆
남을 꾀거나 부추겨서 나쁜 짓을 하게 함.

그친 행위에 대해서도 동일하
게 적용해야 한다.

제8조

고문 또는 잔혹하거나 비
인도적이거나 굴욕적인 여타
의 처우나 처벌을 공무원에게
직접적으로 당했거나 공무원
으로부터 교사를 받은 사람에
게 당했다고 주장하는 모든 사
람에게는 당사국의 주무 기관
에 고소하여 자신의 사건에 대
해 공정하게 수사를 받을 권리
가 있다.

제9조

제1조에서 정의한 고문
행위가 자행되었다고 믿을 만
한 타당한 근거가 발견될 경우
에는, 비록 공식적인 고소가 제기되지 않았더라도 당사국의 주무
기관은 즉각적으로 공정한 수사를 진행해야 한다.

16세기 영국에서는 불경죄를 저
지른 자들에게 뜨겁게 달군 쇠
로 왼손에 낙인을 찍곤 했는데,
도둑은 'T', 사기꾼은 'R', 살
인자에게는 'M'자 흉터가 새겨
졌다.

제10조

제8조와 제9조에서 규정한 수사 과정에 의해 제1조에서 정의한 고문 행위가 자행되었다고 입증되는 경우, 국내법에 따라 범죄 혐의자나 범죄자를 상대로 형사상의 소송 절차가 진행되어야 한다. 다른 형태의 잔혹하거나 비인도적이거나 굴욕적인 처우나 처벌을 자행한 혐의에 대한 근거가 충분하다고 판단되는 경우, 범죄 혐의자와 범죄자에 대한 형사상의 조치나 징계 조치나 여타의 적절한 소송 절차를 진행해야 한다.

제11조

고문 행위 또는 잔혹하거나 비인도적이거나 굴욕적인 여타의 처우나 처벌 행위가 공무원에 의해 직접적으로 자행되었거나 공무원으로부터 교사를 받은 사람에 의해 저질러졌다는 사실이 밝혀진 경우, 피해자는 국내법에 따라 배상과 보상을 받아야 한다.

제12조

고문 또는 잔혹하거나 비인도적이거나 굴욕적인 여타의 처우나 처벌의 결과로서 이루어졌다고 확인된 모든 진술은 당사자나 소송 절차에 연루된 다른 사람에게 불리한 증거로 채택되어서는 안 된다.

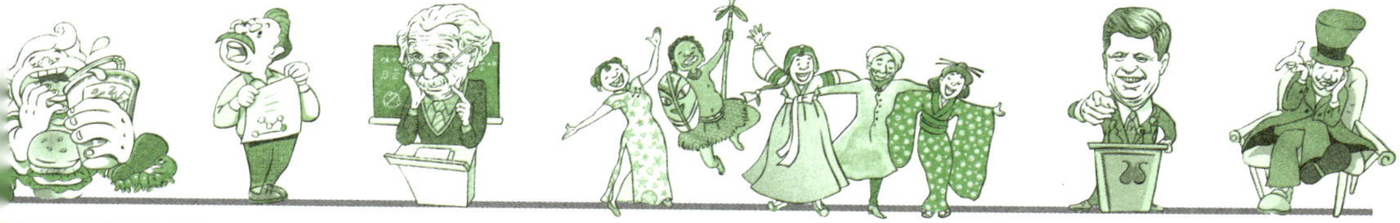

종교·역사

십계명 | 펠로폰네소스 전쟁 전사자에 대한 페리클레스의 추도 연설
브루투스 연설 & 안토니우스 연설 | 마르틴 루터의 95개조 의견서
에이브러햄 링컨의 게티즈버그 연설

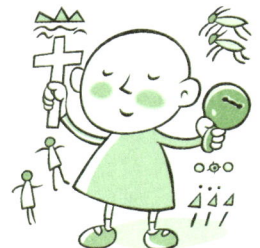

Ten Commandments

하나님이 이스라엘 백성에게 내려준 10개의 계율

십계명 BC 13세기

《십계명》은 BC 13세기 고대 이스라엘 민족의 지도자였던 모세가 시나이 산에서 하느님으로 부터 받은 10개조의 계율로서, '모세의 십계'라고도 불린다.

십계명은 유대 교와 기독교의 근본 원리를 간결하고 집약적으로 표현하였다. 또한 모세에 의해 이집트에서 탈출한 이스라엘 민족이 가나안의 토착민들과 대결하는 과정에서 자신들의 고유한 전통을 보존하는 데 중요한 역할을 하였으며, 후대 이스라엘의 모든 율법의 기초가 되었다.

원래 십계명은 두 장의 석판에 새겨져 있었다고 알려져 있는데, 구약 성서의 《출애굽기》 20장과 《신명기》 5장에 비슷한 내용이 기록되어 있다. 십계명이 새겨진 석판은 '언약의 궤'에 넣어져 예루살렘 성전에 보관되어 있다.

1 너희는 내 앞에서 다른 신들을 섬기지 못한다.

2 너희는 너희가 섬기려고 위로 하늘에 있는 것이나, 아래로 땅에 있는 것이나, 땅 아래 물 속에 있는 어떤 것이든지, 그 모양을 본떠서 우상을 만들지 못한다.

너희는 그것들에게 절하거나, 그것들을 섬기지 못한다. 나, 주 너희의 하나님은 질투하는 하나님이다. 나를 미워하는 사람에게는, 그 죄 값으로 본인뿐만 아니라 삼사 대 자손에게까지 벌을 내린다.

그러나 나를 사랑하고 나의 계명을 지키는 사람에게는, 수천 대 자손에 이르기까지 한결같은 사랑을 베푼다.

3 너희는 주 너희 하나님의 이름을 함부로 부르지 못한다. 주는 자기의 이름을 함부로 부르는 자를 죄 없다고 하지 않는다.

4 안식일을 기억하여 그 날을 거룩하게 지켜라.

너희는 엿새 동안 모든 일을 힘써 하여라. 그러나 이렛날은 주 너희 하나님의 안식일이니, 너희는 어떤 일도 해서는 안 된다. 너희나, 너희의 아들이나 딸'이나, 너희의 남종이나 여종만이 아니라, 너희 집짐승이나, 너희의 집에 머무르는 나그네라도, 일을 해서는 안 된다.

내가 엿새 동안 하늘과 땅과 바다

가나안
성서에 나오는 옛 나라로, 최근 요르단의 팔레스타인 서쪽 전역의 명칭으로 밝혀졌다.

예루살렘 성전
고대 이스라엘 백성이 야훼신을 예배하기 위하여 세운 신전.

안식일
(Sabbath)
유대 인들이 금요일 해질 무렵부터 토요일 어두워질 때까지 휴식하며 거룩하게 지키던 날로, 예수가 일요일 아침에 부활했다는 데서 유래한다.

〈다윗이 언약의 궤를 옮기다〉

와 그 안에 있는 모든 것을 만들고 이렛날에는 쉬었기 때문이다. 그러므로 나, 주가 안식일을 복 주고, 그 날을 거룩하게 하였다.

5 너희 부모를 공경하여라. 그래야 너희는 주 너희 하나님이 너희에게 준 땅에서 오래도록 살 것이다.

6 살인하지 못한다.

7 간음하지 못한다.

8 도둑질하지 못한다.

9 너희 이웃에게 불리한 거짓 증언을 하지 못한다.

10 너희 이웃의 집을 탐내지 못한다. 너희 이웃의 아내나 남종이나 여종이나 소나 나귀나 할 것 없이, 너희 이웃의 소유는 어떤 것도 탐내지 못한다.

나 모세(Moses, ?~?)는 BC 13세기경에 히브리 민중을 이집트의 노예 상태로부터 해방시킨 이스라엘의 종교적 지도자란다.

아테네가 산 자와 죽은 자의 모든 후손들에게 보상할 것이다

펠로폰네소스 전쟁 전사자에 대한 페리클레스의 추도 연설 BC 400년경

고대 아테네의 정치가였던 페리클레스가 펠로폰네소스 전쟁 초기 전투에서 전사한 아테네 병사들의 장례식에 참석하여 연설한 추도문이다.

페리클레스는 이 추도 연설에서 전사자들을 추도하며 아테네 도시 국가를 찬양하는 기회로 삼았다. 하지만 페리클레스가 정확하게 다음과 같은 연설 내용을 언급했다고 볼 수는 없다. 이 글은 투키디데스(Thucydides)가 작성한 것으로, 고대 시대의 역사가는 자신이 알고 있는 바에 근거하여 비유적 표현 방식으로 내용을 기록하는 관례를 따랐기 때문이다. 그러나 수많은 아테네 인의 입장을 반영하고 있는 점만은 틀림없다고 할 수 있다.

이 연설은 민주주의를 최고의 이상으로 인정했다는 긍정적 평가와, 아테네의 동맹국들이 전절머리를 낼 정도로 증오했던 호전적 패권 국가를 페리클레스가 노골적으로 옹호하며 전쟁을 선동했다는 부정적 평가를 동시에 받았다.

여기서 저보다 먼저 연설했던 대다수의 분들은 다른 방식으로 치러지는 우리의 장례 절차에 이런 방식으로 추도사 절차를 추가한 정책 입안자를 비난했습니다. 그분들은 전쟁터에서 희생당한 전사자를 각자 개별적으로 치러지는 장례식을 통해 추모하는 방식이 바람직하다고 생각하는 것 같습니다.

하지만 저는 여러분께서 지금 참여하고 있는 이 장례식처럼 공식적 행사로서 치러지는 장례식을 통해 용감하게 싸우다가 희생당한 전사자를 추모하는 방식이 훨씬 더 바람직하다고 생각합니다. 비난받는 경우에는 아무리 변명해도 소용없지만, 칭찬받는 경우에는 말 한마디에 따라 좌우되기 마련입니다. 너무 말을 적게 해도 문제가 되고 너무 말을 많이 해도 문제가 되긴 마찬가지인데다가, 심지어는 적당하게 말을 한다고 해도 진실성이 의심받는 경우가 많기 때문입니다.

죽은 자의 친구로서 상황을 잘 아는 사람은 어떤 전달자의 말이 자신이 알고 있는 내용이나 자신이 품고 있는 기대에 미치지 못한다고 생각하는 경향이 있습니다. 상황을 잘 모르는 사람은 자신이 알지 못하는 어떤 사실을 듣게 되는 경우에, 시기할 뿐만 아니라 과장된 사실이라고 의심

나 페리클레스(Perikles, BC 495년~BC 429년)는 아테네의 정치가로, BC 5세기 후반 아테네 민주주의와 제국을 발전시켜 아테네를 그리스의 정치 · 문화적 중심지로 만들었지. BC 447년에 착공된 아크로폴리스의 건설도 나의 큰 업적이라 할 수 있어.

하는 경향이 있습니다. 인간은 자신에게 전달된 사실이 자신의 능력과 똑같거나 거의 비슷한 수준인 경우에는 남에 대한 칭찬을 묵인하지만, 자신에게 전달된 사실이 자신의 능력을 뛰어넘는 경우에는 질투심을 일으키면서 의심하기 시작합니다.

하지만 우리의 선열이 그러한 관습을 인정했기 때문에, 저는 준수해야 합니다. 또한 제 말씀을 경청하시는 여러분의 기대와 믿음을 저버리지 않기 위해 제 힘이 닿는 한 최선의 노력을 기울이겠습니다.

(……)

우리 정부의 형태는 다른 국가의 제도와 경쟁 관계에 있지 않습니다. 우리 정부는 이웃 나라의 제도를 모방하지 않습니다. 오히려 이웃 나라에게 본보기가 되고 있습니다. 우리의 정치 체제는 민주주의에 해당되는데, 그 까닭은 권력이 소수가 아니라 다수로부터 나오기 때문입니다.

사적인 분쟁을 해결하는 과정에서 누구나 동등하게 법의 적용을 받습니다만, 특정한 시민을 공무원에 발탁할 때 출신 성분이 아니라 실제 업무 능력을 중요하게 고려하는 경우처럼 능력의 우위는 인정됩니다. 또한 국가에 봉사하고자 하는 사람이라면 누구라도 가난 때문에 자신의 뜻을 이루지 못하는 일은 없습니다.

공공 생활이 누구에게나 자유롭게 보장되고, 일상생활에서

펠로폰네소스 전쟁
(Peloponnesian War)
민주 정치를 대표하는 아테네와 과두 정치를 대표하는 스파르타가 각자 동맹을 맺은 도시 국가들을 거느리고 BC 431년부터 BC 404년까지 싸운 전쟁으로, 스파르타의 승리로 끝났으나 이 전쟁을 계기로 고대 그리스는 쇠퇴의 길로 접어 들었다.

서로가 불신하지 않습니다. 또한 우리의 이웃이 각자 나름대로 살아간다고 해도 그에게 화를 내지 않습니다. 비록 직접적으로 피해를 주지는 않지만, 상대방의 감정을 상하게 하는 불쾌한 표정마저도 짓지 않습니다. 우리의 사생활은 아무런 제약 없이 자유롭지만, 공공질서를 존중하는 정신이 지배하고 있습니다.

우리는 권위를 존중함과 동시에 법률, 특히 약자를 보호하기 위해 제정된 법률뿐만 아니라 그러한 법률을 위반하는 사람이 모든 시민으로부터 쏟아지는 비난을 수치스럽게 여기게 하는 관례를 존중함으로써 잘못된 행동을 방지합니다.

또한 일과를 마친 후 지친 마음을 달래 줄 수 있는 모든 종류의 여가를 선용합니다. 우리는 일년 내내 정기적으로 다양한 경연대회를 열고 수많은 제전을 베풉니다. 우리의 가정은 아름답고 우아하게 가꾸어져 있기 때문에, 우리는 매일같이 즐거움을 느끼면서 온갖 슬픔으로부터 벗어날 수 있습니다. 우리의 도시 국가가 번영을 누리고 있는 까닭에 지구상의 훌륭한 온갖 물품들이 우리한테 우입됨으로써, 우리는 외국의 물품들을 실컷 즐길 수 있습니다.

또한 우리의 군사력은 우리의 적대국보다 여러 가지 점에서 앞서 있습니다. 우리의 도시 국가는 세계에 개방되어 있기 때문에 비록 적국에게 군사적으로 유리할 수도 있겠지만, 우리에게는 비밀스러운 정탐을 사전에 막기 위한 외국인 추방 제도가 없습니다. 우리는 술수나 책략에 의존하지 않고 우리 자신의 마음과 노력에 의존합니다. 또한 교육 제도의 경우에 적대국은 아주 어려서부터 용감성을 함양할 수 있도록 항상 고된 훈련을 실시하지만, 우리는 이런 훈련을 실시하지 않고 편안하게 지내도록 내버려 둡니다.

하지만 우리는 그들과 마찬가지로 어떤 위기가 닥쳤을 때 그것을 극복해 나갈 준비가 되어 있습니다. 그 사실을 입증하는 사례가 여기에 있습니다. 라케다이몬 인들이 독자적 힘에 의존하지 않은 채 동맹국을 결성하여 아테네 영토로 침입하였던 적이 있었습니다.

하지만 우리는 독자적 힘으로 해외 원정에 나설 뿐만 아니라,

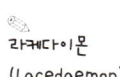

라케다이몬
(Lacedaemon)

스파르타의 별칭. 호메로스의 말에 따르면, 트로이 전쟁 시기까지 펠로폰네소스 반도의 에우로타스 계곡은 하나의 강력한 왕국으로 통합되어 있었다고 한다. 왕국의 수도는 고전 시기의 스파르타시 또는 그 근처에 있었다고 하는데, 이것이 라케다이몬(Lakedaimon)이다.

우리는 비록 외국의 영토에서 싸울지라도 자신의 고국을 지키기 위해 필사적으로 대항하는 적들을 패퇴시켰던 경험이 적지 않습니다. 지금까지 우리와 싸운 경험이 있는 적들은 우리 국가의 전체 병력과 맞닥뜨려 본 적이 없었는데, 그 이유는 우리의 주의력을 분산시켜서 도처에 해군과 육군을 배치해야 하는 사정이 있기 때문입니다.

그럼에도 불구하고 우리와 맞서 싸운 적은 우리 군대의 일부를 패퇴시킨 경우에 마치 우리 군대의 전체 병력을 격파한 것처럼 의기양양하고, 패한 경우에 우리 군대의 전체 병력 때문에 패했다고 변명을 늘어놓습니다.

혹독한 훈련을 받지 않고 자연스럽게 형성된 느긋한 마음가짐과, 법률에 의해 강제되지 않고 자연스러운 생활 속에서 형성된 용기를 지닌 채 위기 상황에 자발적으로 대처해 나가는 우리의 방식이 가장 훌륭하다고 생각합니다. 우리는 고통스러운 미래를 원하지 않기 때문에 위기 상황이 닥쳐오면, 끊임없이 혹독한 훈련을 받아 온 적국과 마찬가지로 우리 자신의 용기를 발휘합니다.

따라서 우리의 도시 국가는 전시나 평시나 다름없이 항상 훌륭한 생활을 꾸려 나갈 수 있습니다. 우리는 취미 생활 속에서 아름다움을 추구하면서, 아무런 도움이 되지 않는 탁상공론에 빠지기보다 토론을 통해 행동 지침을 마련하는 장점을 지니고 있다고 우리 스스로 자부심을 느낍니다.

탁상공론
현실성이 없는 허황한 이론이나 논의

또한 우리는 행동하기 전이나 행동하면서 생각하는 힘을 지니고 있는 반면에, 다른 나라의 사람들은 충분한 사고 과정을 거치지 못한 채 무모하게 덤벼들었다가 걷잡을 수 없이 후회하는 모습을 보입니다. 또한 인생의 쓴맛과 단맛을 가장 확실하게 알고서, 어떤 위기 상황과 마주쳐도 좌절하지 않는 사람이야말로 가장 용감한 정신력을 지닌 사람으로 높이 평가받아야 합니다.

아카이아 코린도스만

메가리스

아르카디아

아르골리스

사로니카만

(올림피아)

이오니아해

아르고스만

펠로폰네소스

메세니아 스파르타

에게해

라코니아

펠로폰네소스 반도

또한 선행을 베푸는 경우에도 우리는 다른 나라의 사람들과는 판이하게 다릅니다. 우리는 남들이 호의를 베풀기 전에 남들에게 먼저 호의를 베풂으로써 우호 관계를 구축합니다. 남보다 앞서 호의를 베푸는 사람은 확고부동한 우정을 쌓을 수 있습니다. 왜냐하면, 남보다 앞서 호의를 베풀 경우, 호의를 베푸는 쪽에 일종의 책임의식이 지속되기 때문입니다. 반면에 호의를 받는 쪽은 마음이 더욱더 냉담해집니다. 왜냐하면, 남으로부터 받은 호의에 보답할 경우, 진심에서 우러나는 감사한 마음으로 호의를 베풀기보다는 단지 빚을 갚으려는 마음이 앞서기 때문입니다. 우리는 이웃에게 친절을 베풀 때, 이해타산에 얽매이지 않고 자유로운 신뢰 관계와 솔직하고도 대범한 정신에 입각하여 선행을 베풉니다.

이 모든 점을 종합적으로 고려하여, 저는 아테네가 그리스의 학교라고 말씀드립니다. 또한 저는 아테네 시민이 각자 최상의 유연성과 품위를 유지하면서 매우 다양한 형태의 활동에 자신 스스로를 적응시킬 수 있는 능력을 지니고 있다고 말씀드립니다.

제가 드리는 이 말씀은 헛되이 겉치레로 드리는 치사가 아니라 참으로 객관적인 사실입니다. 시련기를 맞이한 동시대의 국가들 중에서 오직 아테네만이 떠도는 소문보다 나은 편에 속합니다. 대다수의 나라는 자국을 공격해 온 적국에게 패배를 당하여 자신의 도시국가가 적국의 수중에 장악되어도 전혀 분개할 줄 모릅니다. 그처럼 지배를 당하는 국가는 그러한 종속 상태가 부당하다고 불평하지도 않습니다.

나 호메로스(Homeros, BC 800년~BC 750년)는 BC 9세기 또는 BC 8세기경에 활동한 고대 그리스의 서사시인이지. 내가 쓴 서사시의 걸작 《일리아스(Iliad)》·《오디세이아(Odyssey)》는 서양의 사상과 윤리에 가장 미묘한 영향을 미쳤어.

우리는 다음과 같은 사실을 확실하게 자각해야 합니다. 바로 우리의 힘이 역사상 유례를 찾아볼 수 없을 정도로 위대하기 때문에, 우리는 이처럼 놀라운 오늘날의 업적을 이룩했고 앞으로도 지속적으로 이룩해 나갈 수 있습니다.

우리는 호메로스나 여타의 찬양시인으로부터 그 순간을 찬미하는 시를 읊게 할 필요는 없습니다. 시인의 표현이 그 시대의 진실을 담지 못할 수도 있습니다.

우리는 우리의 용맹을 떨칠 수 있는 길을 개척하기 위해 모든 육지와 바다를 누비고 다녔을 뿐만 아니라, 우정을 기리는 기념비와 적의를 불태우는 기념비를 가는 곳마다 세웠습니다. 우리의 도시 국가를 위해 훌륭하게 싸우다가 희생당한 이 전사자들 덕분에 그러한 업적이 달성될 수 있었습니다. 그들은 조국이 패망할지도 모른다는 생각조차 품지 못했을 것입니다. 살아남은 우리 모두가 조국을 위해 기꺼이 헌신해야 합니다.

(……)

자식과 형제를 잃은 여러분, 저는 그들을 본받으려는 노력이 매우 힘든 일이라고 생각합니다. 모든 사람들이 전사자를 찬양하고 있기 때문에, 비록 여러분이 제아무리 뛰어난 장점을 지니고 있다고 해도, 그들에게 근접할 수조차 없을 뿐만 아니라, 생존해 있는 그들의 경쟁자와 비방자를 피할 수조차 없지만, 어떤 사람이 길을 잃고 헤매고 있는 경우에 순수한 마음에서 우러나오는 호의와 선행으로 그를 도와야 한다고 말씀드립니다.

또한 앞으로 미망인으로서 살아가게 될 분들에게 여성의 미덕에 대해 말씀드린다면, 한마디로 요약하여 이렇습니다. 여성으로서 타고난 나약함을 훨씬 더 드러내지 않으려고 노력하는 자세가 매우 훌륭할 뿐만 아니라, 착하다거나 악하다는 평가를 받으면서 남자들의 입에 오르내리지 말아야 합니다.

저는 정해진 절차에 따라 제 나름대로 적절한 표현을 구사하면서 예정된 추도사를 말씀드렸습니다. 공적에 대한 찬사는 일부만 언급했습니다. 그 공적은 모두 다 전사자들의 몫이기 때문입니다. 또한 전사자의 자녀는 성장할 때까지 우리 모두의 공동 책임하에 양육되어야 합니다. 이러한 조치야말로 그러한 싸움이 끝난 후에 전사들에게 마치 화환을 씌워 주듯이, 아테네가 산 자와 죽은 자의 모든 후손들에게 보답하는 확실한 보상입니다.

매우 훌륭한 시민은 공훈에 대한 최고의 보상 조치로서 국가 공무원으로 발탁됩니다. 자, 이제 여러분께서는 각자 자신의 가족 중에 희생당한 전사자에 대해 따로 추모하는 시간을 충분히 갖은 다음에 이 자리를 떠나기로 합시다.

주　사　위　는　　　　던　져　졌　다

브루투스 연설 &
안토니우스 연설 BC 44

로마 공화정의 정치가이자 장군이었던 카이사르는 BC 59년에 최고 관직인 콘술에 취임하였다. 그 이후 카이사르는 갈리아 전쟁의 승리, 폼페이우스 반란에 대한 평정 등의 과정을 겪으며, 오랜 기간 공화정의 실권을 틀어쥐고 있던 원로원의 지배를 완전히 무너뜨렸다.

이처럼 카이사르의 위세는 하늘을 찌를 정도로 높아 갔고, 그에게는 각종 특권이 부여되었다. 이러한 상황에서 브루투스와 카시우스 롱기누스 등은 카이사르가 왕위를 노리고 있다고 판단하였고, 원로원의 공화정 옹호 세력과 함께 그를 살해하였다. 로마 시민들은 갑작스러운 카이사르의 죽음 앞에 경악과 분노를 금치 못하였고, 갈피를 못 잡고 있는 시민들 앞에 브루투스가 나타나 이유를 설명하며 청중의 마음을 사로잡았다.

한편, 카이사르가 갈리아 원정을 갔을 때부터 그의 오른팔로서 중요한 역할을 해 왔던 안토니우스는 브루투스에 뒤이어 로마 시민에게 추도 연설을 하였다. 안토니우스는 폼페이우스 상 밑에서 미친 듯이 소리치는 군중 앞에서 카이사르의 유언장을 공개하고, 핏자국이 낭자한 카이사르의 주검을 보여 줌으로써 로마 시민의 마음을 반전시켰다. 그는 민심을 선동하여 암살자들이 실권을 장악하지 못하도록 견제함으로써 카이사르를 따랐던 지지 세력의 기반을 확보하는 데 성공했다.

콘술
(Consul)
집정관. 공화 정부 로마의 최고 관직.

갈리아 전쟁
(BC 58년~BC 51년)
카이사르가 북프랑스와 벨기에, 대서양 연안까지 손에 넣고 갈리아 전 지역을 정복한 전쟁. 원래는 갈리아 인들이 부족 간의 내분을 카이사르에게 요청하여 해결하려 한 것이었는데, 결과적으로 카이사르에게 막대한 부를 안겨 주었고, 정치·경제적 실력을 강화하게 되는 계기가 되었다.

브루투스 연설

끝까지 인내심 있게 경청해 주십시오.

사랑하는 로마 시민 여러분! 잠깐 동안 저의 말을 차분하게 경청해 주시길 바랍니다. 저의 인격을 믿으시고 저의 명예를 존중하신다면, 지혜로운 여러분께서는 저의 말을 의심하지 마십시오. 제가 드리는 말의 진위를 보다 냉철하게 판단해 주시기 바랍니다.

만약 여기에 모이신 여러분 중에서 카이사르를 진정으로 사랑하는 분이 있으시다면, 저는 그분에게 이 브루투스도 그에 못지 않게 카이사르를 사랑했다고 말씀드리고자 합니다. 제가 이렇게 말씀을 드리자마자, 그렇다면 왜 카이사르를 죽였냐고 그분은 저를 비난하실 겁니다. 제 답변은 이렇습니다. 제가 카이사르를 그다지 사랑하지 않아서가 아니라, 로마를 훨씬 더 사랑하기 때문에 그렇게 했다고 말입니다.

여러분! 카이사르가 살아 있는 상태에서 모든 로마인이 노예로 살길 원하십니까? 아니면 카이사르가 죽고 나서 모든 로마인이 자유시민으로 살길 원하십니까? 카이사르가 저를 사랑했기

나 **카이사르**(Gaius Julius Caesar, BC 100년~BC 44년)는 서양사에 가장 큰 영향을 남긴 정치가이자 전쟁 영웅으로, '시저'라고도 해. 이집트의 유명한 여왕인 클레오파트라 7세 사이에 아들 카이사리온(프톨레마이오스 15세)을 낳았어. 내가 쓴 《갈리아 전기(戰記)》와 《내란기》는 라틴 문학의 걸작으로 일컬어지고 있지.

에, 저는 그분을 위해 눈물을 흘립니다. 그분이 행운을 얻었을 때 저는 기뻐했고, 그분이 용감한 행동을 보였을 때 저는 그분을 존경했습니다. 하지만, 그분이 야심을 품고 있었던 까닭에, 저는 눈물을 머금고 그분을 죽였던 것입니다. 그분의 사랑 앞에서 감동의 눈물이 흘러나왔고, 그분의 행운 앞에서 기쁨이 넘쳐났고, 그분의 용기 앞에서 존경심이 우러나왔지만, 그분의 야심 앞에서 그분을 죽일 수밖에 없었습니다.

　여러분 중에서 비천한 노예로 살고 싶은 분이 있습니까? 그렇다면 제가 잘못을 저질렀습니다. 여러분 중에서 야만적인 로마인으로 살고 싶은 분이 있습니까? 그렇다면 또한 제가 잘못을 저질렀습니다. 자신의 나라를 사랑하지 않는 비열한 사람이 도대체 어디 있겠습니까? 만일 그런 분이 계신다면 말씀해 주십시오, 저

카이사르를 찌른 사람 중에는 그가 아들처럼 여겼던 브루투스도 있었다. 일설에 따르면 브루투스가 달려오니 카이사르가 이렇게 뇌까렸다고 한다. "아들아, 너도냐?"

는 여러분의 대답을 기다리겠습니다.

한 분도 없으시군요!

그렇다면 여러분 중에서 아무도 제가 했던 행동에 대해 탓하시지 않는 것으로 알겠습니다. 제가 카이사르에게 했던 행동은 바로 여러분을 대표해서 이 브루투스가 감행한 거나 다름없습니다. 카이사르의 죽음에 관한 전말은 카피톨에 기록으로서 보관될 예정입니다. 그분은 어떤 측면에서는 훌륭했기 때문에, 그분의 명예가 더 이상 훼손되어서는 안 됩니다. 그분은 이미 죽음을 당하셨기 때문에, 그분의 죄과에 대해서도 이제 더 이상 문제 삼지 말아야 합니다.

[카이사르의 주검을 운반하는 행렬을 따라 안토니우스가 들어온다.]

안토니우스가 눈물을 흘리면서 카이사르의 시신을 거둔 행렬을 따라 들어옵니다. 안토니우스는 카이사르를 시해하는 과정에 참여하지 않았습니다만, 공화국의 일원으로서 여러분과 더불어 카이사르의 죽음으로부터 얻는 혜택을 누리게 될 것입니다. 저는 눈물을 머금고 로마를 위해 제가 가장 사랑하는 벗을 죽였습니다. 만일 로마가 저의 목숨을 원한다면, 카이사르를 찔렀던 바로 저의 칼이 제 몸에 꽂힌다고 해도 기꺼이 받아들이겠습니다.

카피톨
(Capitol)
고대 로마의 종교적 중심이며 성채였던 곳. '수도'라는 뜻의 'Capitol'은 카피톨리누스(Capitolinus)에서 나온 것이다.

안토니우스 연설

친애하는 로마 시민 여러분!

자, 조용히 진정해 주십시오. 제 말씀을 경청해 주시기 바랍니다. 저는 지금 카이사르가 위대한 분이라고 치켜세울 생각은 추호도 없습니다. 저는 그분의 장례식에 참석했을 따름입니다. 나쁜 일은 당사자가 죽고 나서도 오랫동안 뭇사람 입에 회자되지만, 좋은 일은 흔히 유골과 함께 묻혀 버린 채 세상에 알려지지 않는 법입니다.

카이사르의 경우도 역시 그와 마찬가지라고 생각합니다. 브루투스는 훌륭한 분이신데, 그분께서는 카이사르가 야심을 품었던 분이라고 언급했습니다. 만일 그 말이 사실이라면, 그것이야말로 정말로 중대한 과실입니다. 또한 카이사르가 그 점에 대해 답변할 수 없는 처지가 되어 버린 현실이 안타까울 따름입니다.

브루투스를 포함하여 이번 일에 가담한 분들은 모두 다 훌륭한 분들

나 안토니우스(Marcus Antonius, BC 82년?~BC 30년)는 로마의 장군이야. 카이사르가 암살되자 그의 유언장을 발표하며 민심을 선동하고, 암살자들이 실권을 장악할 길을 봉쇄하는 한편, 카이사르의 세력 기반을 얻는 데 성공했어. 하지만 공화파의 공격을 받아 궁지에 몰리게 되자, 레피두스와 옥타비아누스와 더불어 제2차 3두정치를 성립하였지. 그 후 클레오파트라와 사랑에 빠져, 그녀와 그의 아들에게 광대한 영토를 나누어 주었는데, 결국 원로원의 신임을 잃게 되었어. 악티움 해전에서 옥타비아누스에게 대패하고, 다음 해 알렉산드리아에서 자살하고 말았어.

나 **브루투스**(Marcus Junius Brutus, BC 85년 ~BC 42년)는 로마 공화제의 창시자야. 카이사르 암살 음모에 가담하였으나, 카이사르가 암살당한 후 5개월 만에 안토니우스에 의해 쫓겨나 마케도니아로 가서 안토니우스에 대항할 군대를 일으켰어. 하지만 격파당하고, 공화정 재건의 이상이 무너졌음을 깨닫고 자살하고 말았지.

✎ **루퍼칼 축제일**
루퍼칼은 로마의 팔라티노 언덕 기슭에 자리 잡고 있는 동굴로서 로마 건국 신화에 나오는 로물루스와 레무스 형제가 그 동굴에서 암컷 늑대의 젖을 먹고 자랐다고 한다. 따라서 이를 기념하는 축제가 진행되어 왔다.

입니다. 그런 까닭에 그분들은 제가 카이사르의 장례식에 참석하여 추도사를 발표할 수 있는 기회를 허락해 주셨습니다.

카이사르는 저의 친구로서 언제나 저의 믿음을 저버리지 않았고 무슨 일이든 정의롭게 행동했습니다. 하지만 브루투스의 말씀에 따르면, 카이사르는 야심을 품고 있었다고 합니다. 브루투스는 훌륭한 분입니다. 카이사르는 어떻습니까? 그분은 수많은 포로를 로마로 데려와 속전으로 받은 엄청난 돈을 단 한 푼도 사사로이 쓰지 않은 채 고스란히 국고에 헌납했습니다. 그러한 행동은 과연 야심에서 비롯되었을까요? 카이사르는 가난한 자들이 굶주림에 지쳐 우는 소리를 듣고서 함께 울었습니다. 그러한 그의 모습은 과연 야심에서 비롯되었을까요?

하지만 브루투스는 그분이 야심가라고 말합니다. 브루투스는 훌륭한 분입니다. 여러분은 루퍼칼 축제일에 직접 목격하셨을 것입니다. 제가 로마제국의 왕관을 세 번씩이나 카이사르에게 바쳤지만, 그분은 그 때마다 거절했습니다. 그래도 그분에게 야심이 있었다고 말할 수 있겠습니까. 하지만 그분이 야심가라고 말씀하신 브루투스는 여러분도 아시다시피 의심할 바 없이 훌륭한 분이

124

십니다.

저는 브루투스가 하신 말씀에 대해 반박할 의도는 전혀 없습니다. 다만, 제가 보고 들은 바를 여러분께 진심으로 전할 따름입니다. 여러분 모두는 예전에 카이사르를 무척 사랑했습니다. 그러한 사랑에는 어떤 연유가 있었을 것입니다. 그분이 비참하게 죽음을 맞이하신 마당에 여러분의 눈에서 어떤 까닭으로 눈물이 한 방울도 흘러내리지 않는단 말입니까? 참으로 이처럼 해괴한 일이 도대체 어디에 있겠습니까? 카이사르를 그리워하는 제 마음을 가눌 길이 없어 이제 잠깐 동안 애도의 마음을 표하고 나서 다시 돌아오겠습니다.

[군중 속에서 논란이 벌어진다.]

안토니우스의 말에 상당히 일리가 있다고 봅니다. 사태를 냉정히 살펴보면, 카이사르가 커다란 잘못을 저질렀습니다.

그가 주도권을 장악하고 있나요? 그의 신상에 왠지 좋지 않은 일이 생길 것 같은 불길한 예감이 드네요. 그의 말을 생각해 보세요. 카이사르는 왕관을 거절했다고 말하지 않았소? 따라서 카이사르는 야심가가 아니었음에 틀림없지 않습니까? 그것이 사실이라면 그의 말을 따라야지요. 정말 불쌍하게 되었군요! 눈동자가 빨갛게 충혈이 될 정도로 슬픔에 젖어 있는 안토니우스의 모습을 보십시오. 아마도 안토니우스보다 훌륭한 사람은 로마에 없을 겁

니다. 자, 그의 말을 들어 봅시다.

[안토니우스가 다시 연설을 시작한다.]

어제까지만 해도 그분의 이름만 들어도 세상 사람들이 온통 전율을 느낄 정도로 위풍당당했던 카이사르였건만, 초라하기 그지없는 거지조차도 이제는 그분의 시신 앞에서 예를 올리지 않습니다. 여러분! 만일 제가 여러분의 마음에 분노의 불길을 지펴 폭동이 일어나게 한다면, 저는 브루투스에게 잘못을 저지를 뿐만 아니라, 카이사르에게도 잘못을 저지르는 꼴이 됩니다. 여러분도 아시다시피 두 분 모두 다 존경받는 분들입니다. 저는 그분들에게 잘못을 저지르지 않겠습니다. 그처럼 훌륭한 분들을 욕되게 하는 것보다 차라리 죽은 자를 비난하고, 저 자신과 여러분이 스스로 자책하는 편이 훨씬 낫습니다.

하지만 카이사르가 직접 서명하여 로마 시민에게 보내는 유서가 여기에 있습니다. 저는 우연히 이 유서를 그분의 서재에서 발견했습니다. 마땅히 이 유서를 여러분께 공개해 드려야 하겠지요. 하지만 유감스럽게도 저는 이 유서를 읽지 않겠습니다. 만일 여러분이 이 유서의 내용을 듣게 된다면, 여러분은 카이사르의 시신이 안치되어 있는 곳으로 곧장 달려가서 그분의 시신에 나 있는 칼자국에 입맞춤을 할 것입니다. 그분의 신성한 피를 손수건에 적신 다음에 대를 이어 전해 줄 귀중한 유산으로 삼을 것입니다. 심지어는 한 오라기의 머리카락까지도 서로 차지하려고 할 것입니다.

[군중 속에서 외침이 터져 나온다.]

유서 내용을 들어봅시다! 안토니우스, 그 유서를 주저하지 말고 읽어라! 유서! 유서! 카이사르의 유서 내용을 들어보자!

[안토니우스의 연설이 이어진다.]

친애하는 여러분, 잠시 조용히 해 주십시오. 저는 이 유서를 읽지 않겠습니다. 그 이유는 바로 여러분은 목석이 아니라 감성을 지닌 인간이기 때문입니다. 여러분이 카이사르가 쓴 유서의 내용을 듣게 된다면, 틀림없이 감동을 받아 열광하게 될 뿐만 아니라 이성을 잃을 수도 있습니다. 따라서 카이사르가 여러분을 얼마나 사랑했는지 모르시는 편이 좋습니다. 만일 여러분이 그 깊은 내막을 알게 된다면, 무슨 일이 일어날지 아무도 예측할 수가 없기 때문입니다.

[군중 속에서 외침이 터져 나온다.]

안토니우스, 유서를 읽어라! 듣고 싶다! 카이사르의 유서를 주저하지 말고 읽어라!

[안토니우스의 연설이 이어진다.]

여러분, 진정하십시오. 잠시만 기다려 주십시오. 이 유서에 대해 여러분께 말씀드린 게 제 실수입니다. 이로 인해 칼을 들고 카이사르를 시해한 훌륭한 분들을 욕되게 하는 일이라도 벌어지지 않을까 염려가 됩니다. 저는 바로 그 점을 염려합니다.

[군중 속에서 외침이 터져 나온다.]

훌륭한 분들 좋아하네! 그들은 반역자들이다! 유서! 그들은 악한들이고 살인자들이다! 유서! 유서를 읽어라!

[안토니우스의 연설이 이어진다.]

여러분이 저에게 유서를 읽어 달라고 요구하신다면 그렇게 할 수밖에 없습니다. 그렇다면 여러분께서 카이사르의 시신을 중심으로 둥그렇게 원 모양으로 모여 주십시오. 유서를 남기신 그분을 보여 드리겠습니다. 제가 내려갈까요? 제가 내려가도 좋겠습니까?

[군중 속에서 외침이 터져 나온다.]

내려와라! 내려와도 좋다! 시신을 중심으로 둥그렇게 원 모양으로 모이자! 가장 훌륭한 안토니우스가 설 자리를 마련해 주자!

[안토니우스가 요구한다.]

여러분 너무 밀지 말고 적당한 거리를 유지해 주십시오.

[군중 속에서 외침이 터져 나온다.]

뒤로 물러서자! 공간을 확보하자! 뒤로 물러서자!

[안토니우스의 연설이 이어진다.]

슬픔을 참을 수 없으신 분들은 이제부터 실컷 눈물을 흘리십시오. 여러분은 모두 다 카이사르가 입고 있었던 이 망토를 기억하실 것입니다. 그분은 누르베이 족을 토벌했던 바로 그 여름날 저녁에 자신이 묵고 있던 진중에서 맨 처음으로 이 망토를 입었습니다. 차, 여기를 보십시오. 이것은 바로 카시우스 롱기누스의 칼에 찔린 자국입니다.

질투심에 불타오른 카스카(Servilius Casca)가 난자한 상처를 보십시오. 이 상처는 카이사르가 친자식처럼 사랑했던 브루투스의 칼에 이처럼 처참하게 당한 것입니다. 브루투스가 자신의 가증스러

누르베이 족
BC 1세기에 갈리아 북동부 지역에 위치한 쉘트 강의 동쪽에 살면서 매우 막강한 세력을 뻗쳤던 벨기에 부족 중 하나.

카시우스 롱기누스
(Gaius Cassius Longinus)
로마 공화정 말기의 정치가이자 장군. 브루투스와는 의형제 간이다.

운 칼을 카이사르의 몸에서 뽑아 내자, 그분의 몸에서 선혈이 콸콸 솟구쳐 나와 문 밖까지 흘러나왔던 것입니다. 브루투스가 얼마나 잔인무도한 행위를 저질렀는지 상황이 이해되실 겁니다. 여러분도 아시다시피, 카이사르는 브루투스를 그토록 지극하게 보살펴 주었건만 세상에서 가장 잔인무도한 패륜이 자행되었습니다. 훌륭한 카이사르는 브루투스가 자신에게 칼을 들이대는 모습을 보았을 때, 배반자들의 무기보다 그들의 배은망덕한 모습에 몸서리를 치면서 쓰러졌던 것입니다. 그분의 강철 같은 심장은 산산조각이 나고 말았습니다. 이처럼 위대한 카이사르는 자신의 망토에 얼굴이 가려진 채, 유혈이 낭자한 폼페이우스 상 아래에서 목숨을 잃었던 것입니다.

나 **폼페이우스**(Gnaeus Pompeius Magnus, BC 106년~BC 48년)는 해적 토벌, 미토리다테스 토벌 등 오랜 세월 동안 로마를 괴롭혔던 전쟁에 종지부를 찍은 장군이야. 하지만 카이사르와 대립하여 항쟁하다가 패배를 당했지.

로마 시민 여러분, 이처럼 어처구니없는 일이 도대체 어디에 있겠습니까? 저와 여러분 그리고 우리 모두가 당한 불행이 아닐 수 없습니다. 피로 물든 반역 행위가 우리를 엄습했습니다. 오, 여러분, 이제 애도합시다! 마음 속에서 우러나오는 눈물이야말로 진정한 눈물입니다. 여러분은 피로 물든 카이사르의 옷가지를 바라보기만 해도 눈물을 흘리지 않을 수 없을 것입니다. 자, 여러분, 여기를 보십시오!

여러분도 보시다시피 배반자들에게 당한 그분의 모습입니다.

[군중 속에서 외침이 터져 나온다.]

오, 끔찍한 광경이다! 오, 우리의 영웅 카이사르! 오, 악몽 같은 날! 오, 반역자들! 악당들! 피바다가 따로 없도다! 복수하자! 죽이자! 불태워 버리자! 한 놈도 남겨 두지 말고 모든 반역자들을 처단하자!

[안토니우스가 언급한다.]

로마 시민 여러분, 진정하십시오.

[군중 속에서 외침이 터져 나온다.]

진정하고 훌륭한 안토니우스의 말씀을 들어봅시다. 그를 따릅시다. 목숨을 걸고라도 그를 따릅시다.

[안토니우스의 연설이 이어진다.]

친애하는 여러분, 경솔하고 조급한 행동을 자제해야 합니다. 이러한 사태를 초래한 사람들은 모두 존경받는 분들입니다. 그분들이 어떤 개인적 원한을 품고 그러한 행동을 저질렀는지에 대해 저는 아는 바가 없습니다. 그분들은 현명하고 훌륭하기 때문에,

포룸에서 카이사르의 화장을 위해 마련한 장작더미는 밤새 불 탔다. 군중들은 땔감을 계속 던져 넣었고, 평민들은 배심원의 연단을 뜯어 내어 불 속에 던졌다. 여자들은 장신구와 부적을 집어 넣고 병사들은 훈장과 월계관을 던졌다.

틀림없이 여러분에게 해명할 근거를 갖고 있을 겁니다. 저는 여러분의 마음을 동요시키려고 이 자리에 참석한 것이 아닙니다.

　저는 원래 브루투스처럼 능수능란한 웅변가가 아닙니다. 여러분도 잘 아시다시피 말재주가 형편없는 평범한 사람에 불과합니다. 바로 그 점을 제 친구가 좋아합니다. 또한 그분들도 그 점을 잘 아시고서 제가 카이사르에 대한 추도사를 발표할 수 있는 기회를 기꺼이 허락해 주신 것입니다. 저는 사람들의 피를 용솟음치게 할 만큼 뛰어난 재치나 말주변도 없을 뿐만 아니라, 행동도 어눌

하고 발표력이나 표현력도 형편없습니다.

하지만 저는 사실을 있는 그대로 솔직하게 말씀드릴 따름입니다. 저는 말주변이 형편없기 때문에 여러분이 아시고 있는 바를 그대로 전달해 드리면서, 아직도 피가 마르지 않은 채 곳곳에 상처가 나 있는 카이사르의 시신을 여러분께 보여 드릴 따름입니다.

하지만 만약 저에게 브루투스처럼 능수능란하게 웅변할 수 있는 재주가 있다면, 여러분의 마음속으로 파고 들어가 끓는 피를 용솟음쳐 오르게 하고, 카이사르의 모든 고통을 어루만져 줌으로써 로마의 무심한 돌멩이조차 떨쳐 일어서게 하고 싶은 심정입니다.

[군중 속에서 외침이 터져 나온다.]

우리 모두 떨쳐 일어서자! 브루투스의 집에 불을 지르자! 자, 해치우자! 반역자들을 찾으러 가자!

[안토니우스의 연설이 이어진다.]

로마 시민 여러분, 제가 여러분께 드릴 말씀이 아직 남아 있습니다. 제 말씀을 경청해 주십시오.

여러분, 카이사르는 여러분의 사랑을 마땅히 받을 만큼 대단히 훌륭한 분이라는 사실을 잘 아셔야 합니다. 하지만 안타깝게도

지식두배!

원로원 의원들은 반항적인 군대와 불평불만으로 들끓는 민중을 달래기 위해 카이사르가 원래 세웠던 개혁 계획은 그대로 유지하기로 결정했다. 그리고 카이사르의 시신을 거두어 국장(國葬)을 지내기로 동의했고, 암살자들의 목숨을 살려 주기로 결정했다.

여러분은 그 이유를 아시지 못하고 있습니다. 제가 이제부터 그 이유를 말씀드리겠습니다. 여러분은 제가 말씀드렸던 유서를 잊고 있었습니다. 진짜 카이사르의 유서가 바로 여기에 있습니다! 자, 그 유서 내용을 읽어 드리겠습니다. 경청해 주십시오. 카이사르가 친필로 서명한 유서의 내용은 이렇습니다. 그분은 로마 시민 모두에게 각각 75드라크마씩 드리겠다고 유서에서 약속했습니다.

[군중 속에서 외침이 터져 나온다.]

가장 훌륭한 카이사르! 우리 모두 그분을 죽인 자를 처단하자! 오, 위대한 카이사르!

[안토니우스의 연설이 이어진다.]

자, 진정하시고 제 말씀을 경청해 주십시오!
게다가 그분은 자신의 소유물로서 테베레(Tiber) 강가에 자리잡고 있는 모든 장원과 별장과 새로 조성한 정원을 모두 다 로마 시민에게 기증하여, 여러분의 자손들이 대대로 휴양 장소로 이용할 수 있게 한다고 유서에 기록되어 있습니다. 이것이 바로 카이사르의 진정한 모습입니다! 우리는 이처럼 위대한 영웅을 언제 다시 만날 수 있겠습니까?

✎
드라크마
(drachma)
고대 그리스 로마 시대에 통용되었던 은화 단위.

지식 두비!
카이사르가 사망한 지 몇 년 후, 북쪽 하늘에 혜성이 떠올라 1주일 동안 전국에서 육안으로 관찰할 수 있을 정도로 밝게 빛났다. 아우구스투스가 최고 통치자로 군림할 때였는데, 그는 혜성이 자신을 축하하기 위해 나타났다고 해석했다. 사람들은 이 별이 카이사르가 불멸의 신이 된 것이라고 생각했다. 그 때문에 카이사르의 흉상에 별의 휘장이 덧붙여지게 되었다.

루터가 없었다면 종교 개혁은 늦어졌을지도 모른다!

마르틴 루터의
95개조 의견서 **1517**

성 베드로 대성당의 신축 비용 등을 확보하기 위해 교황이 면죄부 발행을 남발하자, 이를 계기로 마르틴 루터가 1517년 10월 31일 비텐베르크 대학 교회의 정문에 면죄부 판매에 항의하여 내붙인 것이 〈95개조 의견서〉이다.

면죄부는 중세에 가톨릭교회가 신자에게 죄를 면죄하는 대가로 기부를 받고 교황의 이름으로 발행한 속죄 증명서이다. 그런데 중세 말기에 성당 건설 등에 충당할 돈이 필요해지자 면죄부 발행을 남용하여 많은 폐해를 가져왔다. 이 면죄부의 표면적인 목적은 로마의 성 베드로 대성당을 중수하는 것이었는데, 수익금의 절반은 마인츠의 대주교에게 들어가도록 되어 있었다. 그는 빠른 승진으로 고위 성직에 오른 인물로, 그 대가를 지불하기 위해 큰 빚을 지고 있었던 것이다. 〈95개조 의견서〉를 본 마인츠의 대주교는 경악과 분노를 느끼며 1517년 12월 이 문서를 로마로 보냈고, 루터의 성직을 박탈하는 한편 지나친 주장을 일삼는 면죄부 판매자들을 견책하도록 요청했다.

마르틴 루터의 〈95개조 의견서〉는 암울한 중세 교회에 커다란 파문을 일으킴과 동시에 독일에 팽배해 있던 종교 개혁의 움직임을 촉발시킴으로써 종교 개혁의 발단이 되었다.

사제

주교와 신부를 통틀어 이르는 말로, 주교의 아래인 성직자. 의식과 전례를 맡아본다.

나 **마르틴 루터**(Martin Luther, 1483년~1546년)는 독일의 성직자이자 언어학자로, 프로테스탄트 개혁을 촉진시켰지. 나의 사상과 저술에서 비롯된 종교 개혁 운동은 개신교를 낳게 하였고, 경제·사회·정치 사상에 커다란 영향을 끼쳤어.

1. 우리의 주 예수 그리스도께서 "회개하라."(마태복음 4장 17절)고 말씀하셨을 때, 그분께서는 믿는 자의 삶 전체가 회개하는 생활로 이루어지길 바라셨다.

2. 이 말씀은 고백 성사, 즉 고해와 속죄가 사제에 의해 집행되어야 한다는 의미로 받아들일 수 없다.

3. 하지만 이 말씀은 단지 마음으로만 회개하라는 뜻은 아니다. 그처럼 진심으로 행한 회개를 통해 육욕에 대한 금욕적 생활 태도가 몸에 잘 배어나지 않는다면 아무런 소용이 없다.

4. 사람이 자신 스스로를 미워하는 한, 죄에 대한 대가, 즉 마음으로부터 우러나오는 진정한 참회는 우리가 하늘나라에 들어가는 날까지 계속될 것이다.

5. 교황은 자신의 권한이나 교회법에서 정한 규정에 의해 부과된 벌 말고는 어떤 벌도 면제하려고 해서도 안 될 뿐만 아니라 그렇게 할 수도 없다.

6. 교황은 하나님께서 죄를 용서하였다는 사실을 선언하거나 가르치는 경우나, 자신이 재판을 진행하도록 명확하게 정해진 사건에서 죄를 면제하는 경우 말고는

어떤 죄든지 면제할 수 없다. 이러한 경우에도 그의 사면권이 무시되었을 때 그 죄는 확실히 그대로 남는다.

7 하나님께서는 매사에 겸손한 자세를 취하면서 자신의 대리자인 사제에게 순종할 줄 모르는 자에게는 결코 죄를 용서하시지 않는다.

8 고해에 관한 교회법은 살아 있는 자에게만 적용될 따름이고, 임종을 앞둔 자에게는 본래의 교회법에 따라 아무것도 적용되어서는 안 된다.

9 따라서 교황을 통해 역사하시는 성령께서는 교황이 자신의 교령으로 임종을 앞둔 경우와 궁핍한 경우를 항상 예외로 취급하는 한 우리들에게 자비를 베푸신다.

10 임종을 앞둔 자에게 속죄를 구실로 삼아 교회법상의 대가를 요구하는 사제들의 행위는 무지하고도 사악한 짓이다.

11 교회법상의 대가를 속죄의 대가로 바꾸는 가라지의 씨앗들은 분명히 주교들이 잠든 사이에 뿌려졌다.(마태복음 13장 25절)

12 일찍이 교회법상의 대가는 진실한 회개의 증거로서 사면 이후가 아니라 사면 이전에 부과되었다.

주교
한 교구를 관할하는 교직 또는 그 직에 있는 사람. 대주교의 아래이고 사제의 위이다.

13 임종을 앞둔 자는 죽음에 의해 모든 벌로부터 자유로워지며, 교회법과 관련해서 이미 죽은 자와 다를 바 없는 상태이며, 교회법의 구속을 받지 않아도 되는 권리를 갖고 있다.

지옥

기독교의 입장에 따르면, 크나큰 죄를 짓고 죽은 사람들이 구원을 받지 못하고 끝없이 벌을 받는 곳.

연옥

가톨릭의 입장에 따르면, 죽은 사람의 영혼이 천국에 들어가기 전에 남은 죄를 씻기 위해 불로써 단련을 받는 곳.

천국

기독교의 입장에 따르면, 이 세상에서 예수를 믿은 사람이 죽은 후에 갈 수 있는 곳으로서, 영혼이 축복받는 나라.

14 임종을 앞둔 자의 입장에서는 불완전한 신앙심이나 사랑이 필연적으로 커다란 두려움을 초래하기 마련이다. 사랑이 작을수록 두려움은 한층 더 커진다.

15 다른 것은 차치하고 이 두려움이나 공포만으로도 속죄의 대가를 충분히 치르고도 남는 셈이다. 그 상태가 절망적인 공포에 매우 가깝기 때문이다.

16 지옥과 연옥과 천국 사이의 차이점은 각각 절망감에 휩싸인 상태, 두려움에 떠는 상태, 구원에 대한 자신감으로 가득 차 있는 상태 사이의 차이와 같다.

17 연옥에 있는 영혼들의 경우에 공포는 필연적으로 줄어들고 사랑은 커진다.

18 게다가 연옥에 있는 영혼들이 공덕을 벗어난 상태, 즉 사랑이 성장할 수 없는 상태에 있다는 사실은 성서에 의해서도 입증되어 있지 않다.

19 또한 우리가 절대적으로 확신하고 있더라도, 연옥에 있는 영혼들이 최소한 일부라도 자신들의 구원을 확신하고 있다는 사실이 입증되어 있지 않다.

20 따라서 교황이 '모든 벌의 완전한 사면' 이라는 말을 사용하는 경우에, 그 말의 의미는 사실상 '모든 벌' 을 뜻하는 것이 아니라 단지 자신에 의해 부과된 벌만을 뜻하는 것이다.

21 그런 까닭에 교황의 면죄부에 의해 인간이 모든 벌로부터 용서받고 구원받는다고 말하는 면죄부 설교자들은 오류에 빠져

있다.

22 사실상 교황은 연옥에 있는 영혼에게 어떤 벌도 면제해 주지 못한다. 교회법에 따라 현생에서 벌을 받을 수밖에 없다.

23 만일 모든 벌에 대한 사면이 누군가에게 허용된다면, 그것은 틀림없이 가장 완전한 사람, 즉 극소수의 사람에게만 주어질 것이다.

24 이런 까닭에 사람들 대다수는 벌로부터 해방된다면서 분별없이 허풍을 떨어 대는 그런 약속에 의해 필연적으로 사기를 당한다.

25 교황이 일반적으로 연옥에 대해 행사하는 권한은 모든 주교나 사제가 자신이 관할하고 있는 주교 관구나 교구 내에서 특정한 방식으로 행사하는 권한에 해당한다.

26 교황은 천국으로 통하는 열쇠의 힘을 이용하는 것이 아니라, 그들을 위해 기도함으로써 연옥에 있는 영혼들에게 사죄를 허용하는 일을 아주 잘 해낸다.

27 헌금 상자에 던져 넣은 돈이 짤랑 소리를 내자마자 영혼이 연옥에서 벗어난다는 설교는 단지 인간이 지어 낸 이야기일 따름이다.

28 돈이 헌금 상자 안에서 딸랑 소리를 낼 때 탐욕과 허욕이 틀림없이 늘어날 수도 있다. 하지만 교회가 기도를 올리는 경우에 그 결과는 오직 하나님만이 알고 계신다.

29 성 세베리누스와 성 파스칼리스 1세에 관한 전설처럼 예외적

성 세베리누스
(St. Severinus)
482년에 오스트리아와 바바리아 지역에서 활동했던 성직자. 로마 가톨릭교회가 로마 제국에 침범한 여러 이민족에게 선교사를 파견하여 그들을 교화한 다음에 가톨릭으로 개종시켰다.

성 파스칼리스 1세
(St. Pascha, 재위: 812년~824년)
베네딕트 수도회 출신의 교황.

두 가지 선교 방식

돌기둥을 사이로 개신교와 가톨
릭의 서로 다른 선교 태도를 대
비시키고 있는 그림. 왼쪽 개신
교 모임에서는 사람마다 성서를
들고 목사와 신도가 모두 함께
읽고 있다. 이는 부녀자들에게
큰 도움이 되었는데, 이를 통해
글을 배울 수 있기 때문이었다.
반면 오른쪽 가톨릭 성당에서는
신자들이 신부의 강론을 듣기만
한다. 신부도 성서에 근거해 설
교했지만 대부분이 도덕적 윤리
에 관한 것이었고, 또한 하느님
에 대한 신심을 화려한 제단 장
식으로 드러냈다.

인 경우들이 있기 때문에, 연옥에 있는 모든 영혼들이 구원받
기를 원하는지 그렇지 않은지는 아무도 모른다.

30 아무도 자신의 회개가 진실한지 확신하지 못하고, 더구나 모든
죄가 완전한 사면을 받았는지에 대해 전혀 확신하지 못한다.

31 진실로 회개하는 사람이 드문 것처럼 면죄부를 실제로 사는
사람도 드물다. 사실상 그런 사람은 거의 없다.

32 면죄부를 갖고 있기 때문에 자신이 확실하게 구원을 받을 수
있다고 믿는 사람은 그런 내용을 가르치는 사람과 함께 영원
히 저주받을 것이다.

33 교황에 의한 사면을 가리켜서 인간이 하나님과 하나가 되게
하는 더없이 귀중한 하나님의 선물이라고 말하는 사람들을 특
히 경계해야 한다.

34 왜냐하면 면죄부의 은총은 단지 인간이 만든 성찬식을 통해 사죄를 받는 벌하고만 관련되어 있기 때문이다.

35 금전으로 연옥에서 영혼을 구원하려고 하거나 고해 특권을 사려고 하는 사람은 회개할 필요가 없다고 가르치는 사람은 비기독교적인 고리를 설교하는 자이다.

36 진심으로 회개하는 기독교도는 누구나 면죄부가 없더라도 죄와 벌에서 완전히 면제받을 수 있는 권리를 갖고 있다.

37 진정한 기독교도는 죽었든 살아 있든 관계 없이 누구나 면죄부 없이도 하나님께서 주시는 그리스도와 교회의 모든 은총을 받는다.

38 그럼에도 불구하고 교황이 주는 면죄와 축복을 결코 무시해서는 안 된다. 왜냐하면 내가 이미 언급했듯이(제6항 참조), 그것은 신성한 사면에 대한 선언이기 때문이다.

39 면죄부의 혜택과 참다운 회개의 필요성을 동시에 사람들에게 권장하는 행위는 가장 박식한 신학자의 입장에서도 매우 어려운 일이다.

40 진정으로 회개하는 기독교도는 자신의 죄에 대한 벌을 달게 받는다. 하지만 면죄부의 혜택으로 인해 벌에 대한 의식이 해이해져서 벌을 받지 않으려고 한다. 설사 그렇지 않다고 해도 최소한 그런 빌미를 제공한다.

41 교황의 면죄부가 사랑을 실천하는 다른 선행보다 더 중요한 것으로 사람들이 오해하지 않도록 신중하게 설교하지 않으면

안 된다.

42 교황은 면죄부를 사는 행위가 자선 사업에 필적할 만한 일로 여기지고 있지 않다고 기독교도에게 가르쳐야 한다.

43 가난한 자를 도와 주고 필요한 자에게 빌려 주는 행위가 면죄부를 사는 행위보다 훨씬 선한 일이라는 점을 기독교도에게 가르쳐야 한다.

44 사랑은 그것을 실천하는 과정에서 성장하고, 인간은 그것에 의해 훨씬 선량해지기 때문이다. 하지만 인간은 면죄부를 통해 선량해지는 것이 아니라 단지 벌로부터 훨씬 자유로워질 따름이다.

45 도움을 필요로 하는 자를 보고도 못 본 체 지나가 버리면서도 면죄부를 사려고 돈을 바치는 사람은, 교황의 면죄부를 사는 것이 아니라 오히려 하나님의 노여움을 사는 것이라고 기독교도에게 가르쳐야 한다.

46 재산을 필요 이상으로 소유하지 못한 자라면 자신의 가족을 위해 넉넉하게 저축해야 하고, 결코 면죄부 때문에 재산을 낭비해서는 안 된다고 기독교도에게 가르쳐야 한다.

47 면죄부를 사는 행위는 자신의 자유로운 의사에 따라 선택할 사안이지 결코 강요받아서는 안 된다고 기독교도에게 가르쳐야 한다.

48 면죄부를 교부할 때 교황은 돈보다 경건한 기도를 훨씬 절실하게 필요로 한다고 기독교도에게 가르쳐야 한다.

49 교황의 면죄부는 사람들이 그것에 신뢰를 두지 않는 경우에만 유익하지만, 그것으로 인해 사람들이 하나님에 대한 경외심을 상실한다면 개우 해롭다고 기독교도에게 가르쳐야 한다.

50 만일 교황이 면죄부 설교자들의 강매 행위를 안다면, 그는 자신의 양들의 가죽과 살과 뼈로써 성 베드로 대성당이 바실리카 양식으로 세워지기보다는 차라리 그것이 불태워져서 재로 변해 버리는 편을 선택할 것이라고 기독교도에게 가르쳐야 한다.

51 면죄부를 파는 행상인들의 감언이설에 속아 넘어가 돈을 빼앗긴 수많은 사람들에게, 교황은 바실리카 양식의 성 베드로 대성당을 팔아서라도 자신의 돈으로 갚아 주고 싶어 할 것이라고 기독교도에게 가르쳐야 한다.

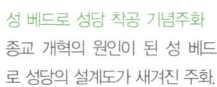

52 설사 면죄부 판매대리인이나, 심지어 교황이 직접 나서서 자신의 영혼을 걸고 그것을 보증한다고 하더라도, 면죄부에 의해 구원받을 것이라고 헛되이 믿어서는 안 된다.

53 면죄부에 대해 설교를 진행하려고 하나님의 말씀에 대한 설교를 교회에서 아예 금지시킨 자들은 그리스도와 교황의 적들에 해당된다.

성 베드로 성당 착공 기념주화
종교 개혁의 원인이 된 성 베드로 성당의 설계도가 새겨진 주화.

54 설교할 때 하나님의 말씀보다 면죄부에 같은 시간이나 훨씬 긴 시간을 할애하는 경우, 그러한 행위는 하나님의 말씀에 대한 모욕 행위이다.

복음

예수의 가르침 또는 예수에 의
한 인간 구원의 길.

성 로렌스

(St. Lawrence)

로마 가톨릭교회의 부제로서 258
년에 로마 황제 발레리안(Vale-
rian)이 기독교를 박해하던 시기
에 희생당한 순교자.

55 매우 사소한 가치를 지닌 면죄부가 한 차례의 종소리나 행렬
이나 의식으로써 축복을 받을 경우, 가장 중요한 가치를 지닌
복음은 백 차례의 종소리이나 행렬이나 의식으로써 찬양되어
야 한다는 것이 바로 교황의 심정임에 틀림없다.

56 교황이 면죄부를 배부하는 교회의 진짜 보배는 기독교도들 사
이에서 충분히 거론되지도 알려져 있지도 않다.

57 면죄부가 현세의 보배가 아니라는 사실은 매우 분명하다. 왜
냐하면 수많은 면죄부 판매상들이 그것을 원활하게 공급하지
않고 오로지 모아 두려고만 하기 때문이다.

58 또한 그것은 그리스도나 성인들의 공덕도 아니다. 왜냐하면
교황이 아니더라도 성인들은 항상 정신적인 사람에게는 은총
을 주고 육체적인 사람에게는 십자가와 죽음과 지옥을 주기
때문이다.

59 성 로렌스는 교회에 다니는 가난한 자들이 교회의 보배라고
말했지만, 그는 자신이 살고 있는 시대에 맞는 어법에 따라 그
렇게 표현했다.

60 그리스도의 공덕으로 주어진 교회의 열쇠가 바로 그 보배라고
말해도 논란의 여지가 없다.

61 왜냐하면 벌을 면제하고 자신에게 맡겨진 사건을 처리할 수
있을 만큼 교황에게는 충분한 권한이 확실하게 보장되어 있기
때문이다.

62 교회의 진짜 보배는 하나님의 영광과 은총으로 가득 찬 가장

거룩한 복음이다.

63 하지만 이 보배는 물론 사람들로부터 매우 따돌림을 당한다. 그 이유는 먼저 된 자를 나중에 된 자로 만들기 때문이다.(마태복음 20장 16절)

64 다른 한편, 던죄부라는 보배는 물론 사람들로부터 매우 사랑을 받는다. 그 이유는 나중에 된 자를 먼저 된 자로 만들기 때문이다.

65 따라서 복음이라는 보배는 일찍이 재산을 소유한 사람들을 낚았던 그물이다.

66 면죄부라는 보배는 오늘날 사람들이 소유한 재산을 낚는 그물이다.

67 면죄부 설교자들이 가장 커다란 은총이라고 갈채를 보내는 면죄부는 이익을 늘리는 경우에만 실제로 그렇게 받아들여진다.

68 하지만 하나님의 은총과 십자가의 경건함에 비하면 면죄부는 참으로 가장 사소한 은총에 불과하다.

69 주교와 사제에게는 대단한 존경심을 지니고서 교황의 면죄부 판매 대리인을 인정해야 할 의무가 있다.

70 하지만 주교와 사제는 그 대리인이 교황의 위임 사항 대신에 자신들의 꿈을 설교하지 않도록 눈을 크게 뜨고 귀를 바짝 기울이면서 한층 더 경계해야 한다.

71 교황의 면죄부에 관한 진실에 맞지 않게 말하는 자는 파문당하고 저주받게 해야 한다.

72 하지만 면죄부 설교자들의 욕망과 방종에 대항하는 자는 축복을 받게 해야 한다.

73 면죄부의 판매를 막무가내로 방해하는 사람에 대해 교황이 정당하게 탄핵하는 경우처럼,

74 면죄부를 구실 삼아 거룩한 사랑과 진리를 방해하는 사람에 대해 교황은 한층 더 엄하게 탄핵할 것이다.

75 불가능한 일을 해내고 하나님의 어머니를 능욕한 인간까지도 교황의 면죄부가 용서할 수 있을 정도로 대단하다고 생각하는 것은 미친 짓이다.

76 역으로, 교황의 면죄부는 죄가 있는 한 아무리 미약한 죄라 할지라도 제거할 수 없다고 우리는 주장한다.

77 설사 성 베드로가 교황이라고 해도 그는 훨씬 커다란 은총을 줄 수 없다고 말하는 것은 성 베드로나 교황에 대한 모독이다.

78 역으로, 현재의 교황이나 다른 어떤 교황이라도 자신의 마음대로 부릴 수 있는 훨씬 커다란 은총, 즉 고린도 전서 12장 28절에 기록된 바처럼 복음, 영적 능력, 치유 능력 등을 갖고 있다고 우리들은 주장한다.

79 교황복의 소매에 장식된 십자가 상이 그리스도의 십자가와 똑같은 가치가 있다고 말하는 것은 모독이다.

80 그런 이야기가 사람들 사이에 유포되는 현실을 허용하고 있는 주교와 교구 사제와 신학자는 이에 대해 해명해야 할 것이다.

81 이처럼 난폭한 면죄부 설교 때문에 제아무리 박식한 사람이라

고린도 전서
바울이 고린도 교회에 처음 보낸 16장(章)으로 된 편지이다. 신약 성경 중 한 편인 이것은 신도로서의 합당한 생활을 권고하고 있다.

도 비방이나 평신도의 신랄한 의구심으로부터 교황에 대한 존
경심을 지켜 내기는 곤란하다.

82 그 실례는 다음과 같다. '만일 교황이 교회 건설에 소요되는
파렴치한 금전을 모으기 위해 수많은 영혼을 구원한다면, 어
찌하여 거룩한 사랑과 그 곳에 있는 영혼들의 절박한 필요를
위해 연옥을 비우지 않는가? 영혼을 구원하는 것은 매우 올바
른 일이지만, 금전을 모으는 것은 매우 하찮은 일이다.'

83 또한, '이미 구원받은 사람을 위한 기도는 부당한 일인데, 죽

은 자의 장례 미사나 기념 미사가 계속되는 이유는 무엇이고, 교황은 그런 목적으로 조성된 기부금을 돌려 주지 않고 기부금 모집을 취소하지 않는 이유가 무엇인가?'

84 또한, '돈 때문에 경건치 않은 자들이 하나님의 사랑을 받는 경건한 영혼을 연옥으로부터 구원하도록 허락하면서, 오히려 경건하고 사랑하는 영혼의 필요 때문에 순수한 사랑을 연옥에서 구해 내지 않는 것이 하나님과 교황의 새로운 경건함이란 말인가?'

85 또한, '회개에 관한 교회법은 사실상 폐지되어 사문화된 이후로 오랫동안 사용되지 않았는데, 이제 면죄부를 배부함으로써 마치 그 교회법이 여전히 살아 움직이면서 효력을 발휘하고 있는 것처럼 상황을 조성하는 이유가 무엇인가?'

86 또한, '오늘날 최고의 갑부인 크라수스의 재산보다도 훨씬 많은 재산을 소유한 교황이 가난한 신자들의 돈 대신에 자신의 돈을 들여서 바실리카 양식의 성 베드로 대성당을 짓지 않는 이유는 무엇인가?'

87 또한, '완전한 회개를 통해 사면과 신의 은총을 충분히 누릴 권리를 이미 갖고 있는 사람들에게 교황은 무엇을 사면하거나 교부한단 말인가?'

88 또한, '교황이 이러한 사면과 신의 은총을 모든 신자들에게 여태껏 하루에 한 번만 주다가 앞으로는 하루에도 백 번씩 준다고 하면 교회는 훨씬 커다란 신의 은총을 받지 않겠는가?'

89 또한, '교황이 면죄부에 의해 돈보다도 영혼의 구원을 추구한다면, 일찍이 교부되었던 똑같은 효력을 지닌 면죄부의 효력을 정지시키는 이유가 무엇인가?'

90 평신도들이 저기한 매우 신랄한 반론에 대해 강제로 억압하면서 타당한 이유를 들어 해결해 나가지 않는다면, 교회와 교황은 적들의 조롱거리가 될 뿐만 아니라, 기독교도를 불행하게 만들 것이다.

91 따라서 면죄부에 대한 설교가 교황의 마음과 의도대로 진행되었다면, 이 모든 사안들은 수월하게 해결되었을 것이다. 사실상 그러한 사안들은 존재하지도 않았을 것이다.

92 그렇다면 평안하지도 않은데 그리스도를 믿는 사람들을 향해 "평안, 평안!"이라고 부르짖는 예언자들은 모두 다 물러가라.

(예레미야서 6장 14절)

93 십자가도 없는데, 그리스도를 믿는 사람들을 향해 "십자가, 십자가"라고 부르짖는 예언자들 모두에게 신의 은총이 함께하길 빈다!

94 기독교도는 벌이나 죽음이나 지옥을 통해 자신들의 선두가 되신 그리스도를 부지런히 따르도록 가르침을 받아야 한다.

95 따라서 잘못된 평안을 지키는 것보다 오히려 수많은 시련을 겪음으로써 하늘나라에 들어갈 수 있다고 확신하라.(사도행전 14장 22절)

예레미야서

구약 성경 가운데 한 권으로, 바빌로니아의 예루살렘 침략기에 행한 예레미야의 활동과 예언을 적은 예언서이다. 신의 사랑과 공의에 의한 구원의 희망을 서술하고 있다.

인 민 의 정 부 , 인 민 에 의 한 정 부 , 인 민 을 위 한 정 부

에이브러햄 링컨의
게티즈버그 연설 **1863**

미국 남북 전쟁이 진행되던 1863년 11월19일, 격전지였던 펜실베이니아 주의 게티즈버그에서 죽은 장병들을 위한 추도식이 열렸다. 대통령 에이브러햄 링컨은 행사에 참석하여 전물한 병사들의 영혼을 위로하며 명연설을 남겼다.

추도식의 주된 행사는 당대 최고의 웅변가였던 에드워드 에버렛이 1시간 동안이나 했던 연설로, 뒤이어 진행된 링컨의 짤막한 연설은 별로 주목을 받지 못할 것으로 예상되었다. 하지만 링컨은 단 2분간의 연설로 행사의 핵심적인 의미를 사람들에게 전달했고, 큰 찬사를 받았다. '링컨의 2분 연설'이라고 알려져 있을 정도로 짧은 연설문이지만, 미국의 건국 정신을 지키기 위해 목숨을 바쳤던 병사들의 뜻을 이어받아 살아남은 자들이 민주주의 이념을 굳건하게 지켜 나가야 한다는 요지를 매우 간결하고도 적절하게 표현한 연설로 평가된다.

지금으로부터 87년 전, 우리 조상들은 자유가 실현됨과 동시에 모든 인간은 천부적으로 평등하다는 원리가 충실하게 지켜지는 새로운 나라를 이 대륙에서 탄생시켰습니다.

우리는 지금 대대적으로 내전 상태에 휩싸인 채, 우리 조상들이 그토록 자유가 실현되길 바라면서, 그토록 소중한 원리가 충실히 지켜지길 원했던 국가가 얼마나 오랫동안 존립할 수 있을지 우려되는 시련을 겪고 있습니다.

오늘 우리는 이 내전으로 인해 격렬한 전투가 벌어졌던 자리에 모였습니다. 우리는 우리 나라를 구하려다가 자신의 목숨마저 희생당한 분들에게 마지막 안식처로서 그 싸움터의 일부를 바치고자 합니다. 우리는 너무도 당연하고도 적절한 조치로서 이렇게 하지 않을 수 없습니다.

하지만 한층 더 엄밀한 의미에서 살펴보면, 이 땅을 바치고 봉헌하고 성지로 만드는 존재는 결코 우리가 아닙니다. 우리가 끼어들 여지도 전혀 없이, 전사자든 생존자든 여기서 싸웠던 용감한 분들이 이미 이 곳을 성스러운 곳으로 탈바꿈시켰습니다.

세상 사람들은 우리가 여기서 하는 말에 대해 그다지 주목하지도 않을뿐더러 오랫동안 기억하지도 못하겠지만, 그분들이 여기서 이루어 냈던 업적만큼은 결코 잊지 못할 것입니다.

이제 우리는 살아남은 자로서 이 곳에서 싸웠던 그분들이 그토록 애타게 이루고자 염원했던 미완의 과업을 달성하기 위해 마땅히 헌신해야 합니다. 우리는 명예롭게 죽어 간 분들이 마지막 신명을 다해 이루고자 했던 대의에 더욱더 헌신할 수 있는 커다란 힘을 그분들로부터 얻고, 그분들의 죽음을 결코 헛되이 하지 않겠다고 다시 한 번 굳게 다짐함으로써, 우리는 이제 우리 앞에 미완으로 남아 있는 위대한 과업을 달성하기 위해 헌신할 수 있습니다.

우리가 그처럼 헌신적인 노력을 기울일 때, 하느님의 가호 속에서 우리 나라는 새롭게 보장된 자유를 누릴 수 있고, 우리 나라는 인민의 정부이면서, 인민에 의한 정부이면서, 인민을 위한 정부로서 결코 지구상에서 사라지지 않을 것입니다.

인민의 정부이면서,
인민에 의한 정부이면서,
인민을 위한 정부
인민은 국가의 단순한 지배 대상이 아니라, 국가를 구성하고 직접 운영하며 국가로부터 혜택을 받는 존재라는 점을 강조한 말이다.

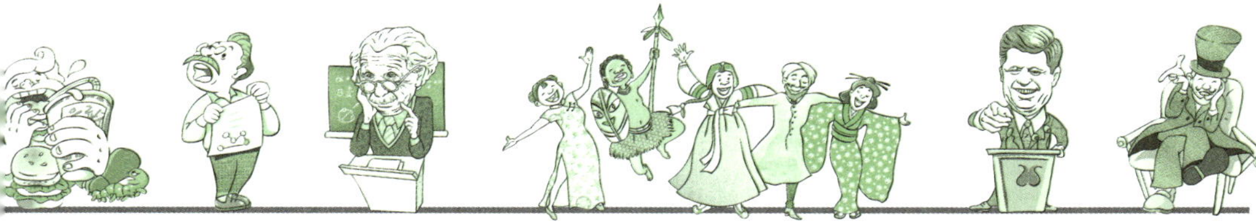

국제·정치

공산당 선언 | 맥마흔 선언 | 밸푸어 선언
윌슨의 14개조 평화 원칙 | 카이로 선언 | 모스크바 선언
모스크바 협정 – 한국에 관한 결정 | 포츠담 선언
케네디의 취임 연설 | 테헤란 선언

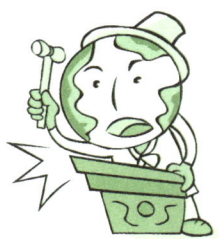

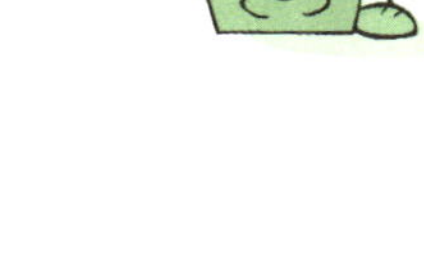

하 나 의 유 령 이 떠 돌 고 있 다 . 공 산 주 의 라 는 유 령 이 !

공산당 선언 1848

〈공산당 선언〉은 카를 마르크스와 프리드리히 엥겔스가 공산주의자 동맹의 이론적이고 실천적인 강령으로 삼기 위해 공동으로 집필한 선언이다.

1848년 2월 런던에서 독일어 판이 발간되고 나서 순식간에 여러 언어로 번역되어 각국에 소개되었다. 비록 분량은 길지 않지만, 이 선언만큼 마르크스주의를 널리 알리고 정확하게 전달한 책은 없을 것이라고 평가된다. 내용은 주요하게 네 부분, 즉 부르주아와 프롤레타리아, 프롤레타리아와 공산주의자, 사회주의와 공산주의의 문헌, 각종 반정부당에 대한 공산주의자의 입장으로 구성되어 있다.

지금까지 존재한 모든 사회의 역사는 계급투쟁의 역사라는 유물론적 역사관에 입각하여 봉건 시대부터 19세기 자본주의에 이르는 역사를 고찰한 뒤, 자본주의는 결국 몰락하여 노동자들의 사회로 대치될 수밖에 없다고 선언하고 있다. 또한 노동 계급의 선봉인 공산주의자들은 사유 재산을 폐지하고 프롤레타리아를 지배 계급의 지위로 끌어올릴 사회 계층으로 규정되었다. '공산주의라는 망령이 유럽을 배회하고 있다.'는 극적인 문장으로 시작되어 '프롤레타리아가 잃을 것은 속박의 사슬밖에 없다. 그들은 세계를 얻을 것이다. 만국의 노동자여 단결하라.'는 말로 끝나는 〈공산당 선언〉은 마르크스주의에 관한 최초의 문헌으로 평가받고 있다.

여기서는 부르주아와 프롤레타리아에 관한 내용만 싣는다.

하나의 유령, 즉 공산주의라는 유령이 유럽을 배회하고 있다. 옛 유럽의 모든 세력들, 즉 교황과 차르, 메테르니히와 기조, 프랑스 급진파와 독일 경찰이 이 유령을 사냥하기 위해 신성 동맹을 맺었다.

권력을 쥐고 있는 자신의 적들로부터 공산당이라는 비난을 받지 않았던 반정부당이 어디 있는가? 훨씬 진보적인 반정부당이나 반동적인 적들에 맞서 거꾸로 공산주의라고 낙인을 찍으면서 비난을 퍼붓지 않았던 반정부당이 어디 있는가?

나는 독일의 사회주의 철학자 엥겔스(Friedrich Engels, 1820년~1895년). 마르크스와 함께 《공산당 선언》을 공동 집필하여 발표했어. 제1인터내셔널 총무위원으로 국제 노동 운동의 발전에 진력했고, 마르크스가 죽은 뒤에는 《자본론》 2, 3권을 편집하기도 했지.

나는 공산주의의 창시자 마르크스(Karl Marx, 1818년~1883년). 엥겔스와 함께 《공산당 선언》과 《자본론》을 집필했어. 자본주의 사회를 통렬히 고발했고 자본주의 생산 과정의 본질, 자본의 유통 과정, 자연과 인간의 물질대사, 잉여가치론 등을 분석 대상으로 삼아 사회 구성체 여러 요소들의 상호 관계를 탐구했지.

두 가지의 결론이 이 사실로부터 나온다.

1 공산주의는 유럽의 모든 세력들로부터 하나의 세력으로 이미 인정받고 있다.

2 이제 공산주의자가 자신의 입장과 목적과 취지를 전 세계 앞에 공개적으로 밝히고, 공산주의의 유령이라는 옛날이야기에 당 자체의 선언으로 바꾸어야 할 때가 되었다.

이러한 목적에서 다양한 국적을 소유한 공산주의자들이 런던에 모여 다음과 같이 선언문을 작성하여, 영어와 불어와 독일어와 이탈리아 어와 플랑드르 어와 덴마크 어로 출간하기로 계획을 수립했다.

1. 부르주아와 프롤레타리아

지금까지 존재해 온 모든 사회의 역사는 계급투쟁의 역사이다. 자유민과 노예, 귀족과 평민, 영주와 농노, 길드 조합원과 직인, 요컨대 변함없이 서로 적대 관계에 있는 억압자와 피억압자는 각 시기마다 사회 전체가 혁명적으로 개조되거나 서로 투쟁하는 계급들 모두가 함께 몰락하는 결과를 초래하는 투쟁을 때론 은밀하게, 때론 공공연하게 끊임없이 벌여 왔다.

일찍이 역사상의 각 시기마다 거의 모든 곳에서 사회가 다양한 질서, 즉 다수의 사회 계층으로 복잡하게 분화된 상태를 발견한다. 고대 로마 시대에는 귀족과 기사와 평민과 노예가 존재했고, 중세에는 봉건 영주와 가신과 길드 조합원과 직인과 도제와 농노가 존재했고, 이 러한 계급들의 경우에 거의 모두가 또다시 하위 계층들로 나뉘어 져 있었다.

봉건 사회가 몰락하면서 발생한 현대 부르주아 사회는 계급 적 적대 관계를 해소하지 못했다. 그것은 낡은 것을 대신해서 새 로운 계급과 새로운 억압 조건과 새로운 투쟁 형태를 확립했을 따 름이다.

하지만 오늘날의 시대, 즉 부르주아지의 시대는 다음과 같은 특징을 보인다. 계급적 적대 관계가 단순화되었다. 사회 전체가 대 단히 적대적인 두 진영, 즉 직접적으로 서로 대립하는 양대 계급인 부르주아지와 프롤레타리아트로 한층 더 분열되어 가고 있다.

중세의 농노로부터 초기 도시의 자유민이 생겨났고, 이 자유 민으로부터 부르주아지의 첫 번째 요소가 발전했다.

아메리카 대륙의 발견과 희망봉의 발견은 성장 중인 부르주 아지에게 신천지를 열어 주었다. 동인도와 중국의 시장, 아메리카 의 식민지화, 식민지 교역, 교환 수단과 상품의 일반적인 증가는 상업, 항해, 공업에 역사상 유례가 없는 충격을 가함으로써 몰락 해 가던 봉건 사회 안에서 혁명적 요소를 급속하게 발전시켰다.

공업 생산이 폐쇄된 길드에 의해 독점된 봉건적 공업 체제는 새로운 시장과 함께 성장하는 수요를 이제 더 이상 충족시킬 수

길드 조합원
길드마스터(Guild-master)는 길 드의 우두머리가 아니라 길드의 정식 조합원을 가리킨다. – 1888 년의 영어 판/엥겔스의 주

희망봉
(Cape of Good Hope)
남아프리카 공화국 케이프 반도 남단에 있는 암석 곶.

없었다. 매뉴팩처가 그것을 대신했다. 길드 조합원은 매뉴팩처를 경영하는 중간 계급에 의해 떠밀려났다. 즉 조직이 서로 다른 길드 사이의 분업은 동일한 작업장에서 각자 진행되는 분업을 따라잡지 못한 채 사라져 버렸다.

한편, 시장은 지속적으로 성장하고 수요는 계속해서 증가했다. 매뉴팩처조차도 이제 더 이상 수요를 충족시킬 수 없게 되었다. 그런 까닭에 증기와 기계가 공업 생산에 혁명을 일으켰다. 현대적 대공업이 매뉴팩처를 대신했다. 공업을 경영하는 백만장자이면서, 모든 군대식 산업 조직의 우두머리에 해당되는 현대적 부르주아들이 매뉴팩처를 경영하는 중간 계급을 대신했다.

현대적 대공업은 아메리카 대륙의 발견 덕분에 개척된 세계 시장을 확고하게 다져 갔다. 세계 시장이 형성됨으로써 무역과 항해와 육상 교통이 엄청나게 발달했다. 이러한 발달에 힘입어 역으로 공업이 한층 더 성장해 갔다. 또한 공업과 무역과 항해와 철도가 확대되어 갈수록 부르주아지는 그만큼 성장해 가면서 자본을 축적했고, 중세의 모든 잔존 계급을 사라지게 했다.

따라서 우리는 현대적 부르주아지 자체가 오랜 발전 과정의 산물이며, 생산 방식과 교환 방식에서 일어난 잇따른 혁명의 산물임을 알 수 있다.

부르주아지가 각 단계별로 성장함에 따라 그 계급의 정치적 지위도 향상되어 갔다. 봉건 귀족의 지배 하에서 피지배 계급에 속했고, 무장한 자치 단체였던 중세의 코뮌, 즉 독일과 이탈리아에서처럼 독립한 도시 공화국이나, 프랑스에서처럼 납세 의무를 지닌 군주국의 제3신분에 속했으며, 그 이후로 매뉴팩처가 확립된 시기에는 봉건 귀족에 맞서 싸우는 견제자로서 반(半)봉건적 질서나 절대 군주제를 옹호함으로써 사실상 막강한 군주제의 주된 토대가 되었던 부르주아지는, 현대적 대공업이 확립되고 세계 시장이 형성된 이후로 현대의 대의제 국가에서 드디어 독점적 정치 지배력을 획득했다. 현대의 국가 권력은 부르주아계급 전체의 공동 업무를 관장하는 위원회에 불과하다.

　　부르주아지는 역사에서 가장 혁명적 역할을 담당했다.

　　부르주아지는 자신이 지배권을 획득한 곳에서는 어디서나 모든 봉건적이고 가부장적이고 목가적인 관계를 끝장냈다. 부르주아지는 '타고난 신분'에 인간을 속박하는 온갖 봉건적 유대관계를 가차 없이 토막 내어 버렸다. 또한 부르주아지 덕분에 사람들 사이에는 적나라한 이기심과 냉혹한 이해타산 말고는 아무런 관계도 남지 않게 되었다. 부르주아지는 종교적 광신, 기사적인 열정, 속물적 감상주의와 같은 가장 성스러운 황홀경으로부터 벗어나 이해타산이라는 차디찬 얼음물 속에 빠져 버렸다. 부르주아지는 인간의 가치를 교환 가치로 전락시켰으며, 포기할 수 없는 수많은 특권적 자유 대신에 오로지 비양심적인 자유, 즉 자유로운 거래만 주장했다. 한마디로 말해 부르주아지는 종교적이고 정치적인 환상에 의해 가려져 있었던 착취형태를 공공연하고 파렴치하고 노골적이고 잔인한 착취 형태로 바꾸어 놓았다.

부르주아지는 지금까지 사람들로부터 존경을 받아 온 명예로운 모든 직업에서 그것의 후광을 제거해 버렸다. 그들은 의사나 법률가나 성직자나 시인이나 학자를 자신이 고용하는 임금 노동자로 전락시켜 버렸다.

부르주아지는 가족끼리 다정다감한 정을 나누는 가족 관계를 오로지 금전만 따지는 관계로 전락시켜 버렸다.

중세에 야만적으로 힘을 과시했던 모습을 이제 반동 세력이 대단히 찬양하고 있는데, 부르주아지는 그런 모습이 가장 심각한 게으름을 적절하게 물리치는 도구로서 어떻게 작용하는지 보여 주었다. 부르주아지는 인간의 활동을 통해 무엇을 이룩할 수 있는지 가장 먼저 보여 주었다. 부르주아지는 이집트의 피라미드와 로마의 수로와 고딕식 성당을 훨씬 능가하는 기적을 이루어 냈다.

파리에 수립되었던 최초의 노동자 계급 주도의 혁명적 자치 정권 파리 코뮌의 시민들이 정부군과 대치하고 있다.

162

부르주아지는 민족 대이동이나 십자군 전쟁과 같은 모든 역사적 사건보다 훨씬 획기적인 원정에 성공했다.

부르주아지는 생산 수단을 끊임없이 혁신할 수밖에 없고, 그에 따라 형성된 생산 관계를 혁신할 수밖에 없고, 그 생산 관계에 따른 임금 노동 전체를 혁신하지 않으면 존재할 수 없다. 반면에 훨씬 오래된 산업에 종사하는 모든 계급들의 생존을 위한 첫 번째 조건은 낡은 생산 양식을 변함없이 그대로 유지하는 것이다. 생산이 지속적으로 혁신되고, 모든 사회적 조건이 끊임없이 혼란을 겪고, 불안과 동요가 항상 지속된다는 점에서 부르주아 시대는 과거의 모든 시대와 다르다. 굳어지고 단단히 냉각되어 버린 모든 관계는 예로부터 오래된 일련의 편견이나 견해와 함께 사라지고, 새롭게 형성된 모든 관계조차도 미처 제자리를 잡기 전에 이미 낡은 관계가 되어 버린다. 굳어져 있는 것들은 모두 다 사라지고, 신성한 것들은 모두 다 능욕을 당한다. 마침내 인간은 자기의 진정한 생활 조건뿐만 아니라 자신의 종족과 자신이 맺고 있는 관계를 냉정한 시각으로 바라볼 수밖에 없다.

자신의 생산물을 팔기 위한 시장을 끊임없이 확대할 필요성 때문에, 부르주아지는 지구 곳곳을 누비면서 돌아다닌다. 부르주아지는 곳곳에 정착하면서, 모든 곳과 거래 관계를 형성하지 않을 수 없다.

부르주아지가 자신의 이익을 위해 세계 시장을 이용함으로써, 모든 나라의 생산과 소비는 범세계적인 성격을 띠게 되었다.

반동 세력에게는 매우 유감스러운 일이었지만, 부르주아지는 산업의 국내적 기반을 그 토대부터 파괴해 버렸다. 오래 전부터 형성되어 온 모든 국내 산업이 이미 파괴되었거나 매일같이 파괴되고 있다. 그러한 국내 산업은 새로운 산업에 의해 떠밀려나는 처지로 전락했는데, 새로운 산업의 도입이 모든 문명국가의 사활적 문제가 되고 있다. 새로운 산업은 이제 더 이상 자국 내의 원료를 가공하지 않고 지구상에서 가장 멀리 떨어져 있는 지역에서 가져 온 원료를 가공하는 특성을 띤다. 또한 새로운 산업에 의해 만들어진 생산물은 자국 내에서뿐만 아니라 세계 각지에서 소비된다. 국산품으로 채워졌던 과거의 수요를 대신해서, 멀리 떨어져 있는 지역과 나라의 생산물이 아니면 충족되지 않는 새로운 수요가 생겨난다. 지역적이고 국내적으로 격리된 채 자급자족에 의존하던 기존 방식 대신에, 국가들이 모든 방면에서 교류하면서 전면적으로 서로 의존하는 관계를 형성한다. 그러한 교류는 물질적 생산이나 지적 생산을 막론하고 모든 방면에서 이루어진다. 개별 국가의 지적 생산물이 공동 자산이 된다. 획일적이고 배타적인 성격을 띠는 국가는 점차 존재하지 않게 되고, 지역적이고 국내적인 차원에 머무는 수많은 문학에서 벗어나 세계적인 차원의 문학이 형성된다.

모든 생산 수단이 급속하게 개선되고 교통수단이 엄청나게 편리해짐에 따라, 부르주아지는 모든 국가, 심지어는 가장 미개한 종족조차도 문명의 혜택을 누릴 수 있게 한다. 저렴한 상품 가격은 야만인들이 외국인에 대해 매우 집요하게 품고 있는 증오심까

지도 굴복시키는 강력한 무기이다. 부르주아지는 멸망을 조건부로 삼으면서 모든 국가가 부르주아적 생산 양식을 도입하도록 강제한다. 부르주아지는 문명을 받아들이도록 강제한다. 예컨대 모두가 스스로 부르주아가 되도록 강제한다. 한마디로 말해, 부르주아지는 자신의 모습을 본뜬 세계를 창조한다.

부르주아지는 농촌을 도시의 지배 하에 종속시켰다. 부르주아지는 거대한 도시를 만들고 나서 농촌 인구에 비해 도시 인구를 크게 증가시킴으로써, 상당수의 인구를 무지몽매한 농촌 생활에서 구제했다. 부르주아지는 농촌을 도시에 종속시켰던 것처럼, 미개국과 반(半)미개국을 문명국에, 농업 국가를 부르주아 국가에, 동양을 서양에 각각 종속시켰다.

부르주아지는 생산 수단과 재산과 인구의 분산 상태를 점차 해소한다. 부르주아지는 인구와 생산 수단을 각각 집중시켰고, 소수의 수중에 부를 집중시켰다. 이로 인해 필연적으로 정치적 중앙 집권화가 초래되었다. 이해관계와 법률과 정치 체제와 세제가 각자 다르게 독립적 성격을 유지하면서 느슨한 관계를 맺고 있었던 지방들이 단일한 정치 체제, 단일한 법률 체계, 단일한 국가의 계급적 이해, 단일한 국경선, 단일한 관세 제도를 유지하는 단일한 국가로 통합되었다.

부르주아지는 불과 100년도 안 되는 지배 기간 동안에 과거의 모든 세대가 이룩했던 생산력을 모두 합친 것보다도 훨씬 강력하면서도 거대한 생산력을 만들어 냈다. 자연력에 대한 인간의 지배, 기계, 공업과 농업에 대한 화학의 이용, 증기선을 이용한 항해, 철도, 전신, 경작지 확보를 위한 모든 대륙의 개간, 운하 개설이나 하천 이용, 폭발적으로 늘어난 인구 등 이러한 생산력이 사회적 노동의 품 안에서 잠들어 있었다는 사실을 일찍이 어떤 시대에도 예측조차 할 수 없었을 것이다!

그 당시의 상황을 살펴보겠다. 생산 수단과 교환 수단은 부르주아지가 쌓아올린 토대로서 봉건 사회 내부에서 발생되었다. 이러한 생산 수단과 교환 수단이 일정한 발전 단계에 이르자, 봉건 사회의 생산 조건과 교환 조건, 공장제 수공업과 농업으로 이루어진 봉건적 질서, 요컨대 봉건적 소유 관계는 이미 발전한 생산력에 이제 더 이상 걸맞지 않았다. 그것은 생산력의 발전을 엄청나게 방해했다. 그것은 분쇄되어야 했고, 마침내 분쇄되고 말았다.

자유 경쟁 체제가 그 자리를 대신해서 들어섰고, 그에 적합한 사회정치제도가 수립되면서 부르주아 계급이 경제적이고 정치적으로 지배하기 시작했다.

이와 유사한 움직임이 우리의 눈앞에서 진행되고 있다. 생산 관계와 교환 관계와 소유 관계로 이루어진 현대 부르주아 사회는 강력한 생산 수단과 교환 수단을 자유자재로 구사하는 사회로서, 그 모습은 마치 자신의 주문으로 불러 낸 지하 세계의 세력을 이제 더 이상 통제할 수 없는 마법사와 유사하다. 지난 수십 년 동안에 걸친 공업과 상업의 역사는 현대의 생산력이 현대의 생산 조건, 즉 부르주아지와 부르주아 지배를 존속시키기 위한 조건에 속하는 소유 관계에 맞서 저항해 온 역사에 불과하다. 주기적으로 되풀이되면서 부르주아 사회 전체의 존립을 각 시기마다 더욱더 위협적으로 위기로 치닫게 하는 상업 공황이 그 점을 충분히 뒷받침해 준다. 이러한 공황이 발생할 경우, 현존하는 대부분의 생산 물뿐만 아니라 과거에 쌓아 온 생산력의 상당 부분마저도 주기적으로 파괴된다. 상업 공황이 발생하면, 과거의 모든 시대에는 터무니없는 일로 여겨졌던 일종의 전염병, 즉 과잉 생산이라는 전염병이 만연한다. 사회는 갑작스럽게 잠시 야만적인 상태로 퇴보한다. 마치 기근이나 파괴적 전면전이 발생한 것처럼 모든 생활 수단이 공급되지 못하고, 공업과 상업이 파괴되어 버린 상태가 된다.

그 이유는 무엇인가? 그 까닭은 너무나 지나치게 문명의 혜택을 누리고 생활 수단이 지나치게 풍부하고, 공업과 상

1970년 11월 13일 열악한 노동 조건에 항거하여 분신 자살한 평화시장 재단사 출신의 노동자 전태일(1948년~1970년).

업이 과도하게 발달해 있기 때문이다. 사회에 의해 좌우되는 생산력은 이제 더 이상 부르주아적 소유 관계의 발전에 기여하지 못하는 방향으로 작용한다. 오히려 생산력이 이러한 소유 관계에 비해 너무 강력해져서, 부르주아적 소유 관계가 생산력의 발전을 억제한다. 또한 생산력이 이러한 질곡을 극복하자마자, 부르주아 사회 전체는 혼란 상태에 빠져들고 부르주아적 소유 관계의 존립을 위태롭게 한다. 부르주아 사회의 조건이 너무나 열악해서 생산력에 의해 만들어진 부를 포용할 수 없다.

부르주아지는 이 공황을 어떤 방법으로 극복하는가? 한편으로는 거대한 생산력을 강제적으로 파괴하고, 다른 한편으로는 새로운 시장을 개척하면서 기존의 시장을 훨씬 철저하게 착취하는 방법을 채택한다. 바꿔 말해서, 그런 방법을 채택함으로써 훨씬 광범위하면서도 파괴적인 공황이 발생할 가능성은 높아지고, 공황을 예방하는 수단도 점차 줄어들게 된다.

부르주아지가 봉건 제도를 무너뜨릴 때 사용했던 무기가 이제는 부르주아지 자신에게 향한다. 그러나 부르주아지는 자신에게 죽음을 가져다 줄 무기를 발전시켰을 뿐만 아니라 그 무기를 자신에게 겨눌 사람들, 즉 프롤레타리아트라는 현대의 노동 계급을 만들어 냈다.

부르주아지, 바꿔 말해서 자본이 발전함에 따라 프롤레타리아트, 즉 현대의 노동 계급도 발전한다. 현대의 노동 계급은 오로지 노동함으로써 생존할 수 있고, 자신의 노동이 자본을 늘려 줄 경우에만 노동할 수 있다. 이 노동자들은 다른 온갖 상품들과 마찬가지로 자신들을 따로따로 팔아야 하는 하나의 상품으로서 어쩔 수 없이 변화무쌍한 경쟁과 변동이 심한 시장에 내맡겨진다.

기계가 광범위하게 이용되고 분업이 확대됨에 따라, 프롤레타리아의 노동은 독특한 특성을 모두 상실해 버림으로써 장인다운 온갖 매력을 잃어버렸다. 프롤레타리아는 기계의 부속물이 된다. 가장 단순하고 단조롭고 배우기 쉬운 요령만 그들에게 요구될 따름이다. 따라서 거의 모든 경우에 노동자에게 지급되는 생산 비용은 자신의 생계를 유지하면서 가족을 부양하는 데 필요한 생활 수단으로 제한된다. 하지만 모든 상품 가격은 상품의 생산 비용과 같으므로 노동력의 가격의 경우에도 마찬가지이다. 그러므로 노동이 단순해질수록 그만큼 임금이 줄어든다. 게다가 기계 이용과 분업이 확대됨에 따라, 노동 시간이 연장되거나 정해진 시간 내에 요구되는 노동량이 증가하거나 기계의 운전 속도가 빨라지는 방식으로 노동 강도가 그만큼 높아진다.

현대의 산업은 가부장적인 장인이 경영하는 소규모 작업장을 산업 자본가가 경영하는 대규모 공장으로 탈바꿈시켰다. 노동자 대중은 공장에 집결하여 군대식으로 편제된다. 노동자 대중은 산업 군대의 병사로서 장교와 하사관으로 이루어진 완전한 위계질서의 명령 체계를 따른다. 그들은 부르주아 계급의 노예이면서 부르주아 국가의 노예일 뿐 아니라, 나날이 시시각각으로 기계와 감시자, 특히 각각의 부르주아 공장주의 노예가 된다. 이러한 독재 체제가 영리를 얻고자 하는 자신의 목적을 실현하는 데 더욱더 노골적으로 기여할수록, 그 체제는 더욱더 인색하고 가증스럽고 잔인한 모습으로 변해 간다.

육체노동의 경우, 기술과 체력을 점차 덜 필요로 하는 성격을 띠어 갈수록, 즉 현대의 산업이 한층 더 발전할수록, 남성의 노동은 여성의 노동으로 대체된다. 성별과 연령별 차이는 이제 더 이상 노동자 계급에게 아무런 사회적 의미도 없다. 오직 연령과 성별에 따라 비용이 적게 들거나 많이 드는 노동 수단으로서 존재할 따름이다.

노동자가 공장주로부터 착취를 당하고 나서 마침내 현금 형태로 임금을 받기가 무섭게, 이번에는 다른 부류의 부르주아지, 즉 지주나 상점 주인이나 고리대금업자 등이 노동자를 못살게 군다.

나 메테르니히(C.W.L. Metternich, 1773년~1859년)는 독일의 정치가이자 수상으로서 19세기 초 유럽을 휩쓸었던 자유주의 운동과 사회주의 운동을 탄압했고 보수 반동의 대명사로 불렸지.

소매상과 가게 주인과 몰락한 소매상과 수공업자와 농민과 같이 훨씬 낮은 계층에 속하는 중간 계급 모두는 점차 프롤레타리아트로 전락한다. 한편으로는 그들의 소규모 자본은 대규모 공업을 경영할 수 있을 만큼 충분하지 못할 뿐만 아니라, 막강한 자본가와 경쟁하는 과정에서 몰락하기 때문이고, 다른 한편으로는 새로운 생산 방식이 출현함으로써 그들이 지닌 전문 기술이 무용지물이 되어 버리기 때문이다. 따라서 프롤레타리아트는 모든 계급에 속하는 인구로부터 보충된다.

　프롤레타리아트는 다양한 발전 단계를 거친다. 부르 주아지에 대한 프롤레타리아트의 투쟁은 그 계급이 형성되는 시점부터 시작된다. 자신들을 직접 착취하는 개별 부르주아에게 맞서, 맨 처음에는 노동자들이 개별적으로 투쟁하고, 그 다음으로는 동일한 공장에 근무하는 노동자들이 투쟁하고, 더 나아가서는 동일한 지역에서 동일한 산업 분야에 속한 노동자들이 투쟁한다. 노동자들은 부르주아적 생산 조건을 직접 공격하지 못하고 생산 수단 자체를 공격한다. 그들은 자신들의 노동과 경쟁 관계를 이루고 있는 수입 상품을 파괴하고, 기계를 파괴하고, 공장을 불태우고, 이미 사라져 버린 중세의 직인 신분을 막무가내로 되찾으려고 한다.

나 기조(F.P.G.Guizot, 1787년~1874년)는 프랑스의 정치가이자 역사가로, 7월 왕정 하에서 수상을 지냈고 부르주아지의 이익을 옹호하는 보수적 정치를 펼쳤어.

　이 단계에서 노동자들은 전국에 흩어진 채 여전히 지리멸렬한 상태의 대중으로서 존재하면서 그들 서로 간에 경쟁하기에 급급하다. 노동자들이 어느 곳에선가 단결하여 훨씬 견고한 조직을 형성한 경우, 그러한 성과는 그들이 능동적으로 단결을 이루어 낸 것이 아니라 부르주아지의 필요에 의해 단결을 이루어 낸 것에 지나지 않는다. 부르주아지는 자신의 정치적 목적을 이루기 위해 프롤레타리아트 전체를 동원할 수밖에 없고, 게다가 여전히 한동안 그렇게 할 수 있다. 따라서 이 단계에서 프롤레타리아는 자신의 적과 싸우는 것이 아니라 자신의 적이 상대하는 적, 즉 절대 군주제의 잔재인 지주로서 산업에 종사하지 않는 부르주아인 프티부르주아와 싸운다. 이런 방식으로 역사적 운동 전체가 부르주아지의 수중에 집중되고, 그렇게 해서 쟁취한 모든 승리는 부르주아지를 위한 승리이다.

그러나 산업이 발전함에 따라 프롤레타리아트는 수적으로 증가할 뿐만 아니라, 훨씬 거대한 집단을 형성하고 자신의 세력이 커져 가면서 그러한 힘을 자각한다. 기계 탓으로 노동 간의 모든 차별성이 사라지고 거의 어디서나 임금이 똑같이 낮은 수준으로 떨어짐에 따라, 프롤레타리아트 내부의 다양한 이해관계와 생활 조건은 점차 똑같아진다. 부르주아들 사이에 경쟁이 격화되어 가고, 이로 인해 발생하는 상업 공황 때문에, 노동자의 임금은 더욱 더 불안정해진다. 기계가 훨씬 빠른 속도로 점차 개선되면서 프롤레타리아트의 생계는 점점 불안정해진다. 개별 노동자와 개별 부르주아 사이의 충돌은 점차 두 계급 사이의 충돌이라는 성격으로 바뀌어 간다. 그런 까닭에 노동자들은 부르주아들에 맞서는 단체, 즉 노동조합을 조직하기 시작한다. 그들은 자신들의 임금 수준을 유지하기 위해 서로 협력한다. 그들은 이처럼 우발적으로 충돌이 벌어지는 상황에 미리 대비할 목적에서 상설 조직을 만든다. 여기 저기서 투쟁이 발생하여 폭동으로 바뀌어 간다.

때로는 노동자들이 승리하는 경우도 있지만, 일시적 승리에 불과하다. 그러한 투쟁의 진정한 성과는 지금 당장 얻어지는 결과에 있지 않고 노동자들의 단결이 한층 더 강화되는 데 있다. 현대의 산업이 이룩해 낸 교통수단의 발달에 힘입어 다양한 지역의 노동자들이 서로 교류하면서 이러한 단결은 강화된다. 바로 이러한 교류를 통해 동일한 성격을 띤 수많은 지역 투쟁이 전국적 규모로 진행되는 하나의 계급투쟁으로 집중된다. 하지만, 모든 계급투쟁은 일종의 정치 투쟁이다. 도로망이 형편없었던 탓에 중세의 자유민이 수세기에 걸쳐 이루어 낼 수 있었던 단결 수준을 현대의 프롤레타리아는 철도가 발달한 덕분에 수년 만에 이루어 낸다.

이처럼 프롤레타리아를 단일한 계급으로 조직화하고, 그 결과로서 단일한 정당으로 조직화하는 일은 노동자들 내부에서 벌어지는 경쟁 때문에 끊임없이 실패한다. 하지만 이러한 조직화는 훨씬 강력하게, 훨씬 굳건하게, 훨씬 위력적으로 계속해서 시도된다. 그러한 과정 속에서 부르주아지 내부가 분열되어 노동자들의 특정한 이익이 법적으로 인정될 수밖에 없다. 그 사례로서 영국에서 '1일 10시간 노동법'이 실현되었다.

대체적으로 낡은 사회의 계급들 사이의 갈등은 여러 방식으로 프롤레타리아트의 발전 과정을 촉진한다. 부르주아지는 끊임없이 투쟁해 왔다. 처음에는 귀족과 투쟁했고, 나중에는 산업 발전에 적대적인 이해관계를 가진 다른 부류의 부르주아지와 투쟁했고, 외국의 부르주아지와 항상 투쟁했다. 이 모든 투쟁 과정에서 부르주아지는 프롤레타리아트에게 호소하면서 도움을 받을 수밖에 없었고, 프롤레타리아트를 정치 무대로 끌어들일 수밖에 없었다. 따라서 부르주아지는 자신이 누려 온 정치적 일반교양의 요소를 프롤레타리아트에게 제공한다. 달리 표현해서 부르주아지는 자신에게 대항할 무기를 프롤레타리아트에게 제공한다.

게다가 우리가 이미 살펴본 바와 같이, 산업이 발전함에 따라 지배 계급 대부분이 프롤레타리아트로 전락하거나 최소한 그들의 생존 조건이 위협받는다. 이들도 계몽과 진보의 새로운 요소를 프롤레타리아트에게 제공한다.

마침내 계급투쟁이 절정기에 이르렀을 때, 지배 계급의 내부, 즉 사실상 낡은 사회 전체의 내부가 해체되는 과정이 아주 격렬하고도 명백한 특성을 띠기 때문에, 지배 계급의 일부가 지배 계급으로부터 이탈하여 혁명 계급, 즉 미래를 자신의 수중에 장악한 계급에 가담한다. 따라서 일찍이 귀족의 일부가 부르주아지 쪽에 가담했듯이, 이제는 부르주아지의 일부가 프롤레타리아트 쪽에 가담한다. 특히 역사적 운동 전반을 이론적으로 이해하는 수준에 도달한 부르주아 이데올로기 신봉자들 중에서 일부가 프롤레타리아트 쪽에 가담한다.

오늘날 부르주아지와 대립하고 있는 모든 계급들 중에서 진정 혁명적인 계급은 오직 프롤레타리아트뿐이다. 나머지 계급들 모두는 현대의 산업이 발전하면서 몰락해 가다가 마침내 소멸하지만, 프롤레타리아트는 현대 산업 자체의 필연적인 산물이다.

하위 중간 계급들, 즉 소규모 생산자, 상점 주인, 장인, 농민 등 이들 모두는 중간 계급의 일부로서 자신들의 존재가 소멸되지 않게 하려고 부르주아지에 맞서 투쟁한다. 따라서 그들은 혁명적 성격을 띠지 않고 보수적 성격을 띤다. 그들은 역사의 수레바퀴를 뒤쪽으로 돌리려고 하기 때문에 오히려 반동적 성격을 띤다. 그들이 프롤레타리아트로 전락될 절박한 상황을 맞이하여 현재의 이익이 아니라 미래의 이익을 옹호할 수밖에 없는 처지에서, 자신들의 입장을 버리고 프롤레타리아트의 입장에 서는 경우에만 그들은 혁명적 자세를 취할 수 있다.

집단
룸펜프롤레타리아트(Lumpen Proletariat)를 가리킨다.

'위험한 계급', 즉 사회의 쓰레기와 다를 바 없이 낡은 사회의 최하층으로 전락한 채 아무런 저항도 못하고 부패되어 가는 집단은 곳곳에서 프롤레타리아 혁명에 의해 운동 속으로 흡수될 수 있다. 하지만 그들의 생활 조건 때문에 그들은 반동적 모략에 매수되는 경우가 훨씬 많다.

프롤레타리아트의 처지를 살펴보면, 사실상 낡은 사회는 이미 전반적으로 수렁에 빠져 버린 상태이다. 프롤레타리아에게는 재산이 없다. 처자식에 대한 그들의 관계는 이제 더 이상 부르주아적 가족 관계와 아무런 공통점이 없다. 현대의 산업 노동, 즉 자본에 대한 현대적 예속으로 인해 영국이나 프랑스나 미국이나 독일이나 가릴 것 없이 어느 국가에서나 프롤레타리아는 국민적 성향을 도두 다 상실해 버렸다. 법률이나 도덕이나 종교나 모두 다 프롤레타리아에게 매우 엄청난 부르주아적 편견에 불과하고, 그

만큼 그 배후에는 부르주아적인 이해관계가 숨겨져 있다.

과거에 지배권을 장악했던 모든 지배 계급들은 사회 전체를 자신들의 독점적 소유를 보장하는 조건에 종속시킴으로써 이미 확보한 자신들의 지위를 굳히고자 했다. 프롤레타리아는 지금까지 유지해 온 자신들의 독점적 소유 양식을 폐지하고, 또한 그렇게 함으로써 지금까지 유지해 온 여타의 모든 독점적 소유 양식마저도 폐지하지 않고서는 사회의 생산력을 장악할 수 없다. 프롤레타리아에게는 보호하고 지켜야 할 자기 소유물이 아무것도 없다. 프롤레타리아는 지금까지 사적 소유를 보호하고 보장해 온 모든 것을 완전히 파괴하지 않으면 안 된다.

과거 일어났던 모든 역사상의 운동은 소수자의 운동이었거나 소수자의 이익을 위한 운동이었다. 프롤레타리아의 운동은 압도적 다수자가 참여하는 의식적이고 자주적 운동일 뿐만 아니라 압도적 다수자의 이익을 위한 운동이다. 프롤레타리아트는 오늘날 우리 사회의 최하층에 속해 있는 바, 공공 조직의 상부 구조 전체를 철저히 해체하지 않고서는 움직일 수도 없을 뿐만 아니라 일어설 수도 없다. 부르주아지에 대한 프롤레타리아트의 투쟁은 비록 내용상으로는 아니지만, 외형상으로 맨 처음에 일국적인 성격을 띤다. 각국의 프롤레타리아트는 마땅히 자국의 부르주아지를 무엇보다도 먼저 일소해야 한다.

우리는 가장 일반적인 프롤레타리아트 발전 단계를 서술하면서, 성격이 다소 분명치 않은 내란이 기존 사회 내부에서 일어나서 폭발적으로 공공연한 혁명으로 발전되고, 그 과정에서 프롤레타리아트가 부르주아지를 폭력으로 타도한 다음에 자신의 지배를 보장할 수 있는 토대를 마련하는 과정까지 고찰했다.

　　우리가 이미 살펴본 바처럼, 지금까지 존재해 온 모든 유형의 사회는 지배 계급과 피지배 계급의 적대 관계에 바탕을 두고 있었다. 하지만 특정 계급이 다른 계급을 지배하려면, 피지배 계급이 적어도 예속적 생활을 유지할 수 있을 만큼 최소한의 조건은 보장되어야 한다. 농노제 하에서 농노는 코뮌의 구성원으로서 생활 조건을 향상시키려고 노력했고, 마찬가지로 봉건적 절대주의의 속박에 묶여 있던 프티부르주아는 부르주아로서 생활 조건을 향상시키려고 시도했다. 그와 반대로 오늘날의 노동자는 산업 발전에 따라 생활수준이 향상되는 것이 아니라 자신의 계급적 생활 조건 이하로 더욱더 열악해지고 있다. 그들은 극빈자로 전락하고, 구호를 필요로 하는 대상자는 인구나 부가 증가하는 속도보다 훨씬 빠르게 늘어

간다. 따라서 부르주아지가 사회의 지배 계급으로서 존재하면서 억압적 법률을 행사하여 자신의 생활 조건을 사회 전체에 강요하는 행위가 이제 현실에 맞지 않다는 점이 분명하게 드러난다. 부르주아지가 지배 능력을 상실한 이유는, 부르주아지가 자신의 지배를 받고 있는 노예들에게 생활 조건을 보장해 줄 능력이 없기 때문이고, 그들로부터 부양을 받기는커녕 오히려 자신이 그들을 부양해야 할 만큼 그들이 딱한 처지에 빠지지 않을 수 없기 때문이다. 사회는 더 이상 부르주아지의 지배 하에서 살아갈 수 없다. 바꿔 말해서, 부르주아지의 존립은 더 이상 사회와 양립할 수 없다.

부르주아계급이 존립하면서 지배하기 위한 필수 조건은 자본 형성과 자본 증식이다. 자본의 존재 조건은 임금 노동이다. 임금 노동은 오로지 노동자 상호간의 경쟁 관계에만 기반을 둔다. 부르주아지가 자신도 모르게 산업 발전을 촉진하지 않을 수 없기 때문에, 노동자들은 상호간의 경쟁으로 인해 고립되기보다 상호간의 교류 관계를 통해 혁명적으로 단결한다. 따라서 현대의 산업이 발전함에 따라, 부르주아지가 생산물을 생산하고 독점적으로 소유하는 기반 자체가 부르주아지가 서 있는 발밑에서부터 무너져 내린다. 부르주아지는 무엇보다도 자신의 무덤을 파는 일꾼을 생산하는 셈이다. 부르주아지의 멸망과 프롤레타리아트의 승리는 모두 다 피할 수 없다.(……)

팔레스타인 지역에 유대 인과 아랍 인을 둘러싼 민족적 대립이 시작되다

맥마흔 선언 1915

제1차 세계 대전이 진행 중이던 1915년 10월, 이집트 주재 영국 고등 판무관 맥마흔이 메카의 셰리프 마호메트의 자손인 후세인과 10차례에 걸친 왕복 서신을 주고받으면서, 전후 아랍 인의 독립 국가 건설을 지지한다고 약속한 선언이다.

영국은 서신을 통해 시리아의 서부를 제외한 오스만 제국의 영토에 독립을 지지할 것을 약속했다. 하지만 1916년 5월 프랑스와 사이크스 피코 협정을 비밀리에 체결하며 아라비아 민족 지역의 분할을 결정하였다. 영국은 이라크와 요르단을, 프랑스는 시리아와 레바논을 세력 범위로 하고, 러시아에게도 터키의 동부 지방을 주며, 팔레스타인은 공동 관리한다는 내용이었다.

그리고 한편으로는 1917년 11월 〈밸푸어 선언〉을 발표하였는데 팔레스타인에 유대 인 국가를 건설하는 것을 지지한다는 것이었다. 이들은 〈맥마흔 선언〉과 상호 모순되는 내용이었다.

이처럼 일관성 없는 영국의 정책으로 인해 싹튼 분쟁의 씨앗이 오늘날에도 끊임없이 중동 지역의 분쟁으로 이어지면서 수많은 아랍 인들의 희생을 발생시키고 있다.

맥마흔이 후세인에게 보낸
네 번째 편지

이슬람력 1333년 10월 29일에 보내 온 당신의 편지를 잘 받았으며, 우정과 정성이 담긴 당신의 편지 덕분에 이루 헤아릴 수 없을 정도로 만족감을 느낍니다.

제가 최근에 보낸 편지를 읽으시고, 당신은 마치 제가 냉담하고도 머뭇거리는 자세로 경계선과 국경선에 관한 문제를 다루고 있는 듯한 인상을 받았다고 하는데, 저는 그 점에 대해 유감스럽게 생각합니다. 사실은 그렇지 않습니다. 하지만 제 입장으로서는 그 문제에 대한 최종적인 결론을 내릴 단계가 아직은 아니라고 봅니다.

그러나 저는 당신이 최근에 보낸 편지를 읽고서, 당신이 이 문제를 매우 중요하고도 긴급한 사안으로 인식하고 있다는 점을 깨달았습니다. 따라서 저는 지체 없이 당신의 편지 내용을 영국 정부에 전달했고, 다음과 같은 답신 내용을 당신에게 전달하게 되어 대단히 기쁩니다. 당신이 매우 흡족하게 받아들일 것이라고 확신합니다.

메르시나와 알렉산드레타 두 지역과, 다마스쿠스와 홈스와 하마와 알레포의 서쪽에 위치한 시리아의 일부 지역은 순수하게 아랍 지역이라고 볼 수 없으므로 요구하고 있는 경계선으로부터

메르시나
(Mersina)
터키 중남부에 있는 항구 도시 메르신(Mersin)의 옛 지명.

알렉산드레타
(Alexandretta)
터키 남동부, 지중해의 이스켄데룬 만에 면한 항만 도시 이스켄데룬(Iskenderun)의 옛 지명.

버제되어야 합니다.

　앞서 언급한 수정 사항을 감안함과 동시에, 아랍의 지도자들과 우리 사이에 체결된 현행 조약들의 권리를 침해하지 않고서 우리는 그 경계선들을 인정합니다.

　영국이 동맹국 프랑스의 이익을 손상하지 않으면서 자유로이 조치할 수 있는 그 국경선 내에 위치한 그 지역들에 관해, 저는 영국 정부로부터 위임을 받아 다음과 같은 내용을 보장하면서 당신의 편지에 대한 답신을 보내드립니다.

1 앞서 언급한 수정 사항에 따라 영국은 메카의 셰리프(Sheriff of Mecca), 후세인이 요구한 경계선들 내에 있는 모든 지역들에서 아랍 국가들의 독립을 인정하고 지지할 각오가 되어 있다.

2 영국은 외부로부터의 모든 침략에 맞서 성지들을 보호할 수 있는 권리를 보장함과 동시에 성지들의 불가침권을 인정한다.

3 조건이 허용할 경우, 영국은 그러한 다양한 영토 내에서 가장 적당한 형태의 정부가 수립되도록 아랍 인들에게 조언하고 도움을 줄 것이다.

4 다른 한편, 아랍 인들은 오로지 영국에게만 조언과 도움을 요청하기로 결정했고, 바람직한 형태의 정부를 구성하기 위해 요구되는 유럽의 고문관과 관리는 영국인이 맡을 것이라는 의미로 해석된다.

5 바그다드 주와 바스라 주와 관련하여, 아랍 인들은 외국의 침략으로부터 이 영토를 지키고, 그 지역 주민의 복지를 증진하고, 우리들 사이의 경제적 이해관계를 보장하기 위한 목적에서, 영국의 확고부동한 지위와 이해관계는 특별한 행정 제도를 필요로 한다고 받아들일 것이다.

저는 다음과 같이 확신합니다. 이 선언이 영국의 호의적인 자세에 대한 모든 의구심을 불식시키시면서 영국과 우의를 다져 온 아랍 인들의 염원을 보장하고, 확고부동하고도 지속적인 동맹 관계를 강화하고, 마침내 아랍 국가들 사이에서 터키 사람들을 추방

함과 동시에 오란 세월 동안 심각하게 억압해 왔던 터키의 속박으로부터 아랍 민족을 해방시키는 결과를 낳을 것입니다.

저는 훨씬 중요한 사안들에만 한정해서 이 편지에 실었습니다. 당신의 편지에서 언급되었지만 제가 언급하지 않았던 다른 사안들에 관해서는 나중에 적절한 시기에 다루었으면 좋겠습니다.

저는 성스러운 양탄자(Holy Carpet)를 포함하여 그와 관련된 유물들이 무사히 도착했다는 소식을 듣고 매우 안도감을 느끼면서 마음이 흡족해졌습니다. 당신이 확실한 방향을 설정하고 치밀하게 계획을 수립했기 때문에, 그것들은 현재 벌어지고 있는 참혹한 전쟁으로 인해 야기된 온갖 위험과 어려움에도 불구하고 무사하게 도착될 수 있었습니다. 신의 축복으로 조만간에 모든 사람들에게 항구적인 평화와 자유가 함께하길 빕니다!

저는 이 편지를 믿음직하고 탁월한 능력을 지닌 당신의 심부름꾼, 셰이크 모하게드 이븐 아리프 이븐 우라이판의 손을 빌어 보내 드립니다. 또한 그는 당신에게 그다지 중요하지는 않지만 제가 이 편지에 언급하지 않았던 다양한 관심사를 전달할 것입니다.

1915년 10월 24일

팔레스타인 지역에 유대 인과 아랍 인 간의 분쟁의 씨앗이 뿌려지다

밸푸어 선언 1917

〈밸푸어 선언〉은 1917년 11월 2일 영국 외무장관 밸푸어가 제1차 세계 대전 당시 유대 인을 지원하기 위해 팔레스타인에 유대 인을 위한 민족국가를 수립하는 데 동의한다고 발표한 선언이다.

유대계 영국인 은행가 겸 시오니즘운동의 재정적 후원자였던 로스차일드 경에게 보낸 서한에서 밝힌 이 선언은 시오니즘의 지도자인 카임 바이츠만과 나훔 소콜로프의 끈질긴 노력이 낳은 결실이었다. 하지만 팔레스타인을 유대민족의 모국으로 재구성할 것을 요구했던 시온주의자들의 기대에는 미치지 못했다.

그 당시에 영국의 의도는 유대 인의 여론을 연합국측으로 끌어들임과 동시에 유대 인을 활용한 중동 정책의 포석을 굳히려는 데 있었다. 하지만 이 선언은 아랍 인에게 독립 국가 건설을 약속했던 〈맥마흔 선언〉과 중동의 터키 영토의 분할을 결정했던 사이크스 피코 협약 모두와 상반되는 입장이었다. 미국을 비롯한 프랑스, 이탈리아 등이 지지를 표명했고, 1920년 산레모 회의에서 영국의 공식 정책으로 채택되었다.

그 후 〈밸푸어 선언〉은 1922년 7월 24일에 국제 연맹의 승인을 받은 영국의 팔레스타인 위임 통치안에 포함되었다. 1939년 5월 영국 정부는 정책을 바꾸었고, 추가로 이주할 유대 인의 수를 7만 5,000명으로 제한하였으며, 1944년에는 이주를 끝낼 것을 발표하였다. 이에 시온주의자들은 아랍 인을 회유하는 영국의 새로운 정책에 반대하였다.

로스차일드 경에게

　저는 내각에 제출되어 승인된 유대 인의 시오니즘에 공감하는 다음과 같은 선언을 폐하의 정부를 대신하여 당신에게 전달하게 됨을 매우 기쁘게 생각합니다.

　폐하의 정부는 유대 민족을 위한 국가 본거지를 팔레스타인에 수립하는 것을 적극적으로 찬성하며, 이러한 목적을 실현하기

✎ 시오니즘
(Zionism)
팔레스타인에 유대 민족 국가를 건설하려는 유대 민족주의 운동.

나는 영국의 정치가 밸푸어(Arthur James Balfour, 1848년~1930년). 제1차 세계 대전 당시 외무 장관 등을 역임했지. 1917년 유대 인의 협력을 얻기 위하여 〈밸푸어 선언〉을 하였고, 전후에는 영국과 자치령의 관계를 정립하기 위한 협상을 지도하여 '밸푸어 보고서'를 작성했었는데, 그것은 1931년 웨스터민스터 헌장으로 입법화되었지.

위해 최선의 노력을 기울이겠다. 그로 인해 팔레스타인에 현존하고 있는 비유대 인 사회의 시민권과 종교의 권리나, 다른 국가에서 유대 인들이 누리는 권리나 정치적 지위가 전혀 침해되지 않을 것으로 확실하게 믿습니다.

저는 당신이 이 선언을 시오니스트 동맹에 전달하길 바랍니다.

제임스 밸푸어 드림

이 상 주 의 외 교 , 허 약 한 실 체 를 드 러 내 다

윌슨의
14개조 평화 원칙 1918

〈윌슨의 14개조 평화 원칙〉은 1918년 1월 8일 미국 대통령 윌슨이 미국 의회에서 발표한 것으로, 전쟁 종결을 위한 14개조 평화 원칙을 담고 있다.

제1차 세계 대전이 발발한 후에도 미국은 전통적으로 지켜 온 중립 정책을 그대로 유지했으나, 1917년 독일이 무제한 잠수함전을 선언하고 러시아 혁명의 발발로 연합국측에게 전황이 불리하게 돌아가자, 마침내 1917년 4월 참전을 결정하였다. 미국은 참전의 목적이 국제 사회의 공정한 평화 수립에 있음을 대내외적으로 천명할 필요가 있었고, 윌슨은 〈14개조 평화 원칙〉을 발표하게 된 것이었다.

원래 윌슨의 14개조는 그 당시에 진행되고 있었던 독일과 러시아 간의 단독 강화를 견제하는 데 주안점을 두고 있었지만 실효를 거두지 못한 채, 1918년 3월 3일 러시아가 마침내 독일의 가혹한 요구를 수락함으로써 단독 강화 조약이 체결되고 말았다.

비록 그 목표가 실패로 끝났지만 윌슨의 14개조는 이상적인 평화안으로서 연합국 국민들 사이에서 대대적으로 환영을 받았고, 일반적으로 연합국이 전쟁 목적을 천명하는 근거로 받아들여졌다.

의원 여러분! 평화의 시대가 열리기 시작했을 때 평화가 더욱더 확고하게 보장되어야 하고, 앞으로는 어떤 종류의 비밀 협정도 용납되어서는 안 된다는 점이 우리의 희망이며 목적이 될 것입니다.

정복과 영토 확장을 일삼던 시대는 지나갔습니다. 또한 특정한 정부의 이해관계에 기초해서 비밀 협정이 체결되고 예상치 못한 순간에 세계 평화를 어지럽히던 시대는 지나갔습니다. 지나가 버린 시대에 대한 집착에 더 이상 매달리지 않는 일반 대중의 입장에서 볼 때, 이처럼 기쁜 현실이 이제 명백하게 실체를 드러내고 있기 때문에, 모든 국가가 세계 정의와 세계 평화를 실현하려는 목적을 갖고 지금 곧바로 또는 조만간에 그러한 자신의 목적을 공표할 수 있을 것입니다.

나 윌슨(Woodrow Wilson, 1856년~1924년)은 미국의 제28대 대통령으로, 1918년 비밀외교의 폐지와 민족자결주의를 제창하였어. 파리 평화 회의에서는 국제 연맹 창설을 위하여 노력한 공로로 1919년 노벨평화상을 받았지.

그들의 만행을 바로잡고 그러한 만행이 재발되지 않도록 맞서 싸우면서 다시 한 번 세계의 안전을 보장하지 않는다면, 우리의 권리가 침해당함으로써 우리 국민은 처절하게 괴롭힘을 당할 뿐만 아니라 생존 자체가 위협을 받기 때문에 우리는 이 전쟁에 참여했습니다. 따라서 우리는 이 전쟁에서 특별히 바라는 바가 없습니다. 세계가 적당하고도 안전한 생활 터전으로서 제자리를 잡아야 합니다. 특히 우리와 마찬가지로 평화를 사랑하는 모든 국가의 국민들이 자신들의 생활을 유지하고 자신들의 고유한 제도를 채택하고 무력을 이용한 이기적 침략 행위에 맞서 싸우면서 세계의 다른 국민들과 더불어 정의와 대등한 관계를 지킬 수 있도록 그러한 국가들의 안전이 보장되어야 합니다.

세계의 모든 국민은 이러한 이해관계를 맺고 있는 실질적인 동반자입니다. 또한 다른 나라의 국민들에게 정의가 실현되지 못할 경우, 우리에게도 정의는 실현되지 못할 것이라는 사실을 우리는 너무나 분명하게 인식하고 있습니다.

따라서 세계 평화를 실현하기 위한 계획은 바로 우리의 계획일 수밖에 없습니다. 우리가 이미 인식하고 있는 바처럼, 오로지 실현 가능한 계획은 다음과 같습니다.

1 공개적인 평화협정이 공개리에 체결된 후, 어떤 유형의 국제 비밀 협약도 체결되어서는 안 되고, 외교 활동은 항상 솔직하고도 공개적으로 진행되어야 한다.

2 국제 협약을 실행하기 위한 국제적 조치에 따라 해상이 전면적으로 봉쇄되거나 부분적으로 봉쇄되는 경우 이외에, 평화시나 전시를 불문하고 영해 범위를 벗어난 해상을 제한 없이 항해할 수 있는 자유가 절대적으로 보장되어야 한다.

3 평화를 적극적으로 지지하면서 평화 유지에 힘쓰는 모든 국가

들 사이에 가급적이면 모든 경제적 장벽이 해소되고 동등한 교역 조건이 확립되어야 한다.

4 국가의 군비를 자국의 안전을 지킬 수 있는 최소한의 수준으로 축소하겠다고 적절하게 보증할 수 있는 조치가 상호 간에 요구된다.

5 주권에 관한 모든 사항을 결정하는 경우, 해당 민족의 이익이 향후에 권한을 부여받게 될 정부의 정당한 요구와 마찬가지로 똑같이 중요하다는 원칙을 엄격하게 준수하면서, 모든 식민지의 요구 사항에 대한 조정 과정이 자유롭고도 허심탄회하고도 절대로 편견 없이 진행되어야 한다.

6 러시아의 모든 영토로부터 군대를 철수하고 러시아에 영향을 미치는 모든 문제에 대해 해결함으로써, 러시아가 어떤 제약도 받지 않은 채 자국의 정치 발전과 국가 정책에 대해 독자적으로 결정할 수 있는 기회를 얻고, 자국이 스스로 선택한 제도 하에서 자유로운 국가의 구성원으로서 진심으로 환영을 받을 수 있도록 세계의 다른 국가들이 최선을 다해 최대한 자유롭게 협력할 것이다.

또한 러시아가 필요를 절감하면서 요구하는 모든 형태의 원조가 제공될 것이다. 향후 몇 달 이내에 러시아의 자매 국가들이 러시아에게 제공하는 원조는 그 국가들이 베푸는 선의의 시금석이 될 것이고, 그 국가들의 이해관계와 구별되는 러시아의 필요에 대한 이해의 시금석이 될 것이고, 이지적이고 이타적인 동정심의 시금석이 될 것이다.

7 벨기에는 자유로운 모든 국가들과 마찬가지로 누려야 할 주권
에 대해 어떤 제한도 받지 않아야 하고, 벨기에에서 군대가 철

수한 다음에 원래대로 복구되어야 한다는 점에 대해 세계 모든
국가가 찬성할 것이다. 서로 관계를 맺고 있는 정부에 대해 각
국이 각자 정한 법률 체계 속에서 국가들 사이의 신뢰를 회복하
는 데 기여하듯이, 어떤 단일한 조치도 이 조치만큼 유익하지

✎
알자스로렌 문제
(Alsace-Lorraine dispute)
알자스와 로렌 두 지방의 귀속을
둘러싼 독일과 프랑스의 분쟁으
로서, 오랜 역사 과정에서 분쟁
이 지속되어 오다가 프랑스 · 프
로이센 전쟁(1870년~1871년) 전
쟁 결과 알자스의 대부분과 로
렌의 동반부가 독일에 병합되면
서 심화되었다.

✎
프로이센
(Prussia)
독일 북부에 있었던 왕국(1701
년~1918년).

✎
오스트리아 · 헝가리 제국
(Empire of Austria-Hungary)
19세기 후반에 성립된 오스트리
아 · 헝가리 국가 체제.

✎
오스만 제국
14세기 비잔틴 제국의 쇠퇴로부
터 1922년 터키 공화국이 건설
될 때까지 지속되었던 아나톨리
아의 투르크 족이 세운 제국으
로, 오토만 제국이라고도 한다.

못할 것이다. 이러한 해결 조치가 취해지지 않을 경우, 국제
법의 구조 전체와 타당성은 영원히 회복할 수 없는 타격을 받
을 것이다.

8 재차 모두에게 평화를 보장하기 위한 목적에서, 프랑스의 모
든 영토는 해방되어야 하고, 침략을 받은 지역은 복구되어야
한다. 또한 알자스로렌 문제를 둘러싸고 1871년에 프로이센이
프랑스에게 저질렀던 만행이 거의 50년 동안 세계 평화를 위
협해 왔는데, 이 문제는 제대로 해결되어야 한다.

9 민족적 구분이 분명히 인정될 수 있도록 이탈리아의 국경선은
재조정되어야 한다.

10 우리는 오스트리아 · 헝가리 제국 내에 살고 있는 민족들의 국
제적 지위가 보전되고 보장되기를 희망하고, 자주적 발전을
이룩할 수 있는 기회가 그들에게는 최대한 제공되어야 한다.

11 루마니아와 세르비아와 몬테네그로에서 군대가 철수해야 하
고, 점령된 지역은 원래대로 복구되어야 한다. 세르비아는 자
유롭고도 안전하게 해양에 접근할 수 있는 권리를 보장받아야
한다.

발칸 제국 사이의 관계는 역사적으로 확정된 소속의식과 민족
성의 구분에 따라 우호적 협의를 거친 다음에 결정되어야 한
다. 또한 발칸 제국의 정치 · 경제적 독립과 영토 보전을 국제
적 차원에서 보장하는 조치가 마련되어야 한다.

12 오늘날 오스만 제국의 터키 지역은 주권이 확고하게 보장되어

야 하지만, 터키의 지배를 받고 있는 다른 민족들에게 생명의 안전이 틀림없이 보장되어야 하고, 그들의 자주적 발전 기회가 절대로 방해를 받아서는 안 된다. 국제 협약에 따라 다르다넬스 해협은 모든 국가의 선박이 자유로이 통과하면서 무역 활동을 펼칠 수 있도록 항구적으로 개방되어야 한다.

13 폴란드 국민이 명백히 거주하고 있는 영토를 포함하여 폴란드는 독립 국가를 수립해야 하고, 폴란드에게는 해양으로 자유롭고도 안전하게 접근할 수 있는 권리가 보장되어야 한다. 또한 그 국가의 정치·경제적 독립과 영토 보전이 국제 협약에 의해 보장되어야 한다.

14 국가의 대소 규모에 관계 없이 모든 국가의 정치적 독립과 영토 보전을 상호 간에 보장하기 위한 목적에서 특별 협약을 체결함으로써, 모든 국가들이 참여하는 연합체가 구성되어야 한다.

이처럼 근본적으로 잘못을 바로잡고 올바름을 주장함으로써, 우리는 모든 국가와 민족의 친밀한 동반자로서 그들과 연합하여 제국주의자에게 맞서 싸우고 있습니다. 우리의 이해관계나 목적은 결코 서로 다를 수 없습니다. 우리는 목적을 이룰 때까지 함께 극복해 나갈 것입니다.

그러한 협정과 조약이 이루질 때까지 기꺼이 투쟁에 나서며 지속적으로 싸워 나갈 것입니다. 하지만 우리는 오직 승리를 바라

다르다넬스 해협
에게 해와 마르마라 해를 잇는 터키 북서부의 좁은 해협이다.

고 지극히 안정적인 평화를 희망하지만, 그러한 승리와 평화는 오직 전쟁 도발의 주요 요인을 제거함으로써만 보장될 수 있기 때문에, 이 계획은 취소될 수 없습니다. 우리는 독일의 위대함을 시샘하지 않습니다. 또한 이 계획을 실천함으로써 독일의 위대함은 결코 손상되지 않습니다. 독일이 매우 화려하고 부러운 전과를 낼 수 있게 뒷받침했던 학문적 업적이나 학문적 우수성이나 차분한 모험심을 시기하지 않습니다. 우리는 독일에게 피해를 주거나 어떤 방식으로든 독일의 합법적 영향력이나 지배력을 차단할 의도가 전혀 없습니다. 독일이 우리 나라를 포함하여 평화를 사랑하는 세계의 모든 국가들과 더불어 정의와 법률과 정정당당한 관계에 기초한 협정에 참여한다면, 우리는 기꺼이 무력이나 적대적 거래 협정을 행사하지 않겠습니다. 우리는 오늘날 우리 앞에 펼쳐지고 있는 새로운 세계 속에서 독일이 다른 민족을 지배하려고 하지 않고 모든 민족의 동등한 지위를 인정하길 오직 바랄 따름입니다.

또한 우리는 독일이 자국의 제도를 변경하거나 개선하도록 감히 제안하지 않습니다. 하지만 솔직히 말씀드리자면, 독일 정부의 대변인이 독일 제국 의회의 다수당에 관한 사항이나 제국의 우월성을 신조로 삼고 있는 군부 정당과 인물에 관한 사항을 우리에게 어느 시점에 누구에게 통보할지에 대해 우리가 반드시 알아야 합니다. 또한 우리의 입장에서 볼 때, 그 점은 독일과의 교섭을 현명하게 이끌어 가기 위한 준비 사항으로서 반드시 필요합니다.

우리는 지금까지 너무나 구체적으로 언급했기 때문에, 물론 어떤 의혹이나 의문의 여지도 전혀 남아 있지 않습니다. 제가 수립한 계획 전반에는 자명한 원칙 하나가 관철되어 있습니다. 그것은 바로 '정의'라는 원칙입니다. 즉 세력이 강하든 약하든 관계없이 모든 민족과 국가에게는 정의가 실현되어야 하고, 그들에게는 자유와 안전이 동등하게 보장된 조건 속에서 서로 더불어 살아갈 권리가 있습니다. 이 원칙에 근거하지 못할 경우, 세계 정의를 실현할 수 있는 체제는 절대로 확립될 수 없습니다. 미국 국민은 오로지 이 원칙에 따라 행동할 것입니다. 또한 이 원칙을 옹호하기 위해 미국 국민은 자신의 목숨과 명예와 재산 일체를 바칠 각오가 되어 있습니다. 이러한 정신 자세가 절정기를 맞이했을 때, 인류의 자유를 지키기 위한 최후 투쟁도 절정기로 접어듭니다. 또한 미국 국민은 스스로 자신의 역량과 지고한 목적과 성실성과 헌신성을 검증받을 각오가 되어 있습니다.

일 본 의 무 조 건 항 복 을 원 한 다

카이로 선언 1943

〈카이로 선언〉은 1943년 11월 27일 연합국측의 미국 대통령 루스벨트, 영국 수상 처칠, 중국 총통 장제스가 카이로 회담의 결과로 채택한 대일전(對日戰)의 기본 목적에 대해 발표한 선언 이다.

〈카이로 선언〉은 제2차 세계 대전의 판세가 연합국측에 유리하게 진행되고 있던 시기에 두 차례에 걸쳐 진행되었다. 1차 회담에서는 대일전에서 연합국간의 상호 협력 문제와 일본의 영토 문제에 관한 기본 방침을 결정했다. 그 주요 내용은 첫째, 미국 · 영국 · 중국 3국은 일본에 대해 가차 없는 압력을 가한다. 둘째, 3국은 일본의 침략을 저지 · 응징하나 영토 확장의 의사는 없다. 셋째, 제1차 세계 대전 이후 일본이 얻은 태평양제도를 박탈하고, 만주 · 타이완 등은 중국에 반환한다. 또한 한국에 대한 특별 조항을 넣어 '한국민이 노예 상태에 놓여 있음을 유의하여 앞으로 한국을 자유 독립 국가로 할 것을 결의한다.'고 명시하였다.

〈카이로 선언〉은 연합국이 일본 영토에 대한 기본적 전후 처리 방침을 공식적으로 언급하고, 특히 한국에 관한 특별 조항을 삽입함으로써 한국의 독립을 처음으로 국제적으로 보장받는 계기가 되었다.

이 선언의 내용은 1945년 7월 26일 〈포츠담 선언〉에서 다시 한 번 확인되었다.

1943년 11월 27일에 카이로에서 조인

되어 1943년 12월 1일에 발표되었다.

루스벨트 대통령과 장제스 총통과 처칠 수상은 각자 군사 외

교 분야의 사절단과 더불어 북아프리카에서 회담을 마쳤다.

다음과 같이 포괄적 성명서가 발표되었다.

수 명으로 구성된 군사 분야의 사절
단은 일본에 대한 향후의 군사 작전에
관해 합의했다. 3대 연합국은 육해공의
군사력을 동원하여 잔인무도한 적군에
대해 가차 없이 압박을 가하기로 각자
자국의 결의를 표명했다.

나 **장제스**(蔣介石, 1887년~1975년)는 타이완의
군인이자 정치가야. 중국 국민당 정부의 주석을
지냈고, 1949년 이후에는 타이완의 국민 정부 주
석을 지냈지. 사실 나는 정부 내에 부패가 만연되
도록 방관했고, 외부의 변화에 신축성 있게 대응
하지 못하여 공산당에 패배하고 말았어.

3대 연합국은 일본의 침략을 저지
하고 응징하기 위해 현재의 전쟁을 수행
하고 있다. 3대 연합국은 각자 자국의
야욕을 추구하거나 영토를 확장할 의도
가 전혀 없다.

3대 연합국의 목적은 일본이 제1차
세계 대전 이후로 탈취했거나 점령했던
태평양의 모든 섬들을 탈환함과 동시에, 일본이 중국으로부터 탈
취했던 모든 영토, 즉 만주와 타이완과 펑후 제도가 중국에 반환
되도록 하는 데 있다.

또한 일본은 폭력과 탐욕에 사로잡혀 점령해 온 나머지 모든 영토에서 축출되어야 한다. 앞서 언급한 3대 연합국은 노예 상태에 처한 한국 인민을 감안하여 한국이 적절한 절차를 밟아 자유로운 독립 국가가 되어야 한다고 결의한다.

이러한 목적을 실현하기 위해, 3대 연합국은 일본과 전쟁을 치르고 있는 연합국의 목적에 따라 일본의 무조건적 항복을 강제하는 데 필요한 중대하고도 장기적인 군사 작전을 지속적으로 펼칠 것이다.

Moscow Declaration

전쟁을 조속히 끝내고 평화 체제를 수립하자!

모스크바 선언 1943

〈모스크바 선언〉은 제2차 세계 대전이 한창 진행되고 있던 1943년 10월, 전후 처리에 관한 주요 문제를 조정하기 위하여 모스크바에서 개최한 미국·영국·소련 3국의 외무 장관 회담에서 발표한 선언이다.

주요 내용은 세계 평화와 안보에 관한 4국 공동 선언, 이탈리아에 관한 선언, 오스트리아에 관한 선언, 독일의 잔학 행위에 관한 성명서 등으로 구성되어 있다. 4국 공동 선언에는 미국·영국·소련의 3국 외무 장관뿐만 아니라 중국의 대사도 참가하여 서명하였다.

또한 제2차 세계대전의 종결 후에도 4국이 협력하고, '전쟁 수행을 위하여 서약한 4국의 단결된 행동은 평화와 안전의 조직과 유지를 위하여 계속된다.'라는 결의를 밝히고 있다. 그 구체적인 내용은 전후의 긴밀한 협력을 위한 평화 유지 기구의 창설, 독일의 잔학 행위에 대한 엄중한 처벌, 유럽 자문 위원회 설치, 이탈리아의 파시즘 일소(一掃), 자유와 독립의 오스트리아 재건 등이다.

미국 정부와 영국 정부와 소련 정부와 중국 정부는, 1942년 1월에 발표된 연합국의 선언에 따라, 독일, 이탈리아, 일본으로 이루어진 추축국이 무조건적으로 항복하지 않는다면, 그 추축국에 맞서 싸우고 있는 전쟁 상태를 지속해 나가겠다는 각국 정부의 결의와 그에 따른 선언에 대해 합의하고,

자국의 국민과 연합국의 국민이 침략 위협으로부터 벗어나게 보장할 책임 의식을 자각하고,

신속하고도 절서 정연하게 전쟁 상태에서 벗어나 평화 체제로 전환시켜야 한다고 인정함과 동시에, 군비 유지를 위해 세계의 인적 자원과 경제 자원을 최소한으로 투입하여 세계 평화와 안보를 확립하고 유지해야 한다고 인정하면서,

다음과 같이 공동으로 선언한다.

추축국
(Axis Powers)
제2차 세계 대전 당시에 일본, 독일, 이탈리아가 맺은 삼국 동맹을 지지하여 미국, 영국 등의 연합국과 대립한 여러 나라를 지칭하는 말로서, 1936년에 무솔리니가 "유럽의 국제 관계는 로마와 베를린을 연결하는 선을 추축으로 하여 변화할 것이다."라고 연설한 데서 유래한 말이다.

1 4개국 정부는 각자의 적국에 맞서 전쟁을 수행하기로 서약했던 바처럼, 4개국 정부의 일치단결된 행동은 평화와 안보를 확립하고 유지하기 위해 지속될 것이다.

2 동일한 적국과 공동으로 전쟁을 수행하고 있는 국가들은 그 적국의 항복과 무장해제와 관련된 모든 사안에 대해 공동으로 대처할 것이다.

3 4개국 정부는 적국에게 강요한 조건이 지켜지지 않는 모든 경우에 대비하여 반드시 필요하다고 판단되는 모든 조치를 취할 것이다.

4 4개국 정부는 세계 평화와 안보의 유지를 위해 평화를 사랑하는 모든 국가에게 보장된 주권 평등의 원리에 입각하여, 가능한 한 가장 빠른 시일 내에 보편적 성격을 띠는 국제기구를 설립하고, 국가의 규모에 관계 없이 그러한 모든 국가가 회원국으로서 참여할 수 있게 문호를 개방해야 한다고 인정한다.

5 법과 질서를 재확립하고 전반적인 안보 체제를 갖출 때까지 세계 평화와 안브를 유지하기 위해, 4개국 정부는 국가의 공동 이익을 위해 공동으로 행동한다는 관점에서 서로 협의할 뿐만 아니라 연합국어 속한 다른 국가들에게 수시로 협조를 요구할 것이다.

6 전쟁 상태가 종결된 이후, 4개국 정부는 이 선언에 명시된 목적을 실현하기 위해 필요한 경우와 공동 협의를 거친 경우를 제외하고 다른 국가의 영토 내에서 자국의 군사력을 행사하지 않을 것이다.

7 4개국 정부는 전후 시기에 군비 제한에 관한 실질적 일반 협정을 체결하기 위해 서로 협의하고 협력할 뿐만 아니라 연합국에 속한 다른 국가들과 협의하고 협력할 것이다.

이탈리아에 관한 선언

미국과 영국과 소련의 외무 장관이 확인한 바에 따르면, 파시즘과 그로 인해 발생한 모든 악영향과 행태가 완전히 제거되어야

파시즘 (fascism)
제차 세계 대전 후 이탈리아의 무솔리니 정권에서 비롯된 독재적인 전체주의로, 이 운동은 이탈리아(1922년~1943년), 독일(1933년~1945년), 스페인(1939년~1975년) 정계를 지배했다. 파시즘은 라틴어 '파스케스(fasces)'에서 유래한 것으로, 고대 로마에서 권위의 상징이었던 도끼를 포함하여 자작나무나 느릅나무 가지의 묶음을 의미하는 표상을 사용했다.

할 뿐만 아니라, 이탈리아 국민이 민주주의 원칙에 기초한 정부 제도와 여타의 제도를 수립할 수 있는 모든 기회를 부여받아야 한다는 기본 원칙에 입각하여 이탈리아에 대한 연합국의 정책이 추진되어야 한다고 3개국 정부는 만장일치로 합의했다.

군사적 필요조건이 최상으로 갖추어질 경우, 이 정책에 기반을 둔 자국 정부의 조치에 따라 이탈리아 영토에 대한 공격을 개시하겠다고 미국과 영국의 외무 장관은 선언한다. 장차 이 정책이 추진될 경우, 3개국 외무 장관은 다음과 같은 조치가 필요하므로 반드시 이행되어야 한다고 합의했다.

1 필수적 조건으로서, 파시즘을 항상 반대해 온 이탈리아 국민의 대다수를 대변하는 대표자의 참여를 보장하는 방식을 채택함으로써 이탈리아 정부 형태가 보다 더 민주적으로 구성되어야 한다.
2 언론의 자유, 종교의 자유, 정치적 신념의 자유, 출판의 자유, 집회의 자유가 이탈리아 국민에게 최대한 보장되어야 하고, 또한 파시즘에 반대하는 정치 단체를 구성할 수 있는 권리가 부여되어야 한다.
3 파시즘 체제에서 만들어진 모든 제도와 조직은 척결되어야 한다.
4 파시즘을 신봉하거나 지지하는 모든 요소는 행정 조직과 모든 공공 제도와 공공 조직에서 제거되어야 한다.

5 파시즘 체제에서 수감된 모든 정치범은 석방되고 완전한 사면 조치를 받아야 한다.

6 민주적 형태의 지방 정부가 구성되어야 한다.

7 전범자로 확인되었거나 혐의를 받고 있는 파시즘의 지도자와 근부의 장군은 체포되어 재판에 회부되어야 한다.

이 선언을 작성하는 과정에서, 3개국 외무 장관은 적극적 군사 행동이 이탈리아에서 지속되는 한 앞서 언급된 모든 원칙이 완전히 실시되는 시기는 연합국 참모 본부로부터 지침을 전달받은 최고 사령관에 의해 좌우될 것이라는 점을 인정한다.

3개국 정부는 이 선언의 당사국으로서 어느 한쪽이라도 이의를 제기하는 경우에는 이 문제에 관해 협의할 것이다. 게다가 이 결의의 어떤 조항도 이탈리아 국민이 최종적으로 자국의 정부 형태를 선택할 수 있는 권리를 침해하지 않는 것으로 해석되어야 한다.

오스트리아에 관한 선언

영국 정부와 소련 정부와 미국 정부는 오스트리아가 히틀러 정권의 침략에 첫 번째로 희생당한 자유 국가로서 독일 지배로부터 해방되어야 한다고 합의했다.

3개국 정부는 1938년 3월 15일 독일이 오스트리아에게 강요나 **스탈린**(Joseph Stalin, 1879년~1953년)은 소련의 정치가로 공산당 서기장과 국가평의회 주석을 지내며 소련을 세계 주요 강대국으로 변모시켰어. 나는 철저한 경찰 테러로 지위를 확고히 하며 농업을 강제로 집단화하고, 소련을 공업화시켰지. 강력한 군산복합체(軍産複合體)로 소련을 핵시대로 이끌었으나, 나의 흉상과 동상 들을 많이 건립해 개인 숭배를 강요하기도 했지. 하지만 1991년 소련이 해체되면서 나의 동상들은 모두 철거되고 말았어.

한 영토 합병을 무효로 생각한다. 3개국 정부는 그 이후로 오스트리아에서 변화된 어떤 조건에도 전혀 구속받을 필요가 없다고 판단한다. 3개국 정부는 자유롭고 독립된 오스트리아가 다시 건설될 수 있도록 지원함으로써, 오스트리아 국민뿐만 아니라 그와 유사한 문제에 직면하는 이웃 나라의 국민에게 항구적 평화를 보장하는 유일한 토대로서 정치 경제적 안정이 이루어질 수 있는 길을 열어 주겠다고 선언한다.

하지만, 오스트리아는 자국이 히틀러 정권의 편을 들어 전쟁에 가담한 사실에 대한 책임을 피할 수 없을 뿐만 아니라, 전후 처리 과정에서 자국의 해방에 스스로 기여한 업적이 불가피하게 평가될 것이라는 점을 유념해야 한다.

잔학 행위에 관한 성명서

루스벨트 대통령과 처칠 수상과 스탈린 수상이 서명했다.

영국과 미국과 소련은 히틀러 세력이 침략했다가 이제 쫓겨

나고 있는 수많은 국가에서 잔혹 행위와 대량 학살과 냉혹한 대규모 사형 집행을 자행하고 있다는 수많은 증거를 입수했다. 나치 체제의 야만적 행위는 새삼스러운 일이 아닐뿐더러, 그들에 의해 장악된 모든 민족이나 영토는 폭력에 기반을 둔 최악의 지배 형태로 인해 고통을 겪어 왔다. 새로운 사실은 수많은 영토가 이제 해방 세력의 최고 선봉 부대에 의해 회복되고 있는 한편, 퇴각하는 히틀러 세력이 절망감에 빠져 무자비한 잔혹 행위를 한층 더 자행하고 있다는 점이다. 이러한 사실은 히틀러 세력으로부터 해방되고 있는 소련 영토에 대한 소름끼치는 범죄 행위와 프랑스와 이탈리아 영토에서 벌어지고 있는 무시무시한 범죄 행위를 통해 이제 매우 분명하게 드러나고 있다.

따라서 3개국 정부는 32개국으로 이루어진 연합국을 대변하여 다음과 같이 엄숙히 선언하면서 널리 알리고자 한다.

독일에 수립될 어떤 정부와 휴전 상태에 접어들었을 때, 앞서 언급된 잔학 행위와 대량 학살과 사형 집행에 적극적으로 가담했거나 그러한 행위에 대해 마땅히 책임을 져야 할 독일군 장교와 병사, 나치 당원은 해방된 지역에서 수

나 히틀러(Adolf Hitler, 1889년~1945년)는 독일의 정치가로, 1920년부터 나치당의 당수를 지냈어. 1934년에는 총통 겸 총리로 취임하여 정권을 독점했지. 독일민족에 의한 유럽 제패를 실현하고 대생존권을 수립하고자 제2차 세계 대전을 일으켜서 처음에는 프랑스에서 크게 승리하였지만 현실을 무시한 지령들로 패전을 거듭하고 말았어.

립될 정부의 법에 따라 그 정부의 법정에 회부되어 재판을 받게 할 목적에서, 그들이 혐오스러운 행위를 자행했던 국가로 송환될 것이다. 특히 점령당한 소련의 일부 지역, 폴란드, 체코슬로바키아, 유고슬라비아, 크레타 섬과 여타의 섬을 포함한 그리스, 노르웨이, 덴마크, 네덜란드, 벨기에, 룩셈부르크, 프랑스, 이탈리아 등에서 자행된 사례를 감안하여, 이러한 모든 국가로부터 자료를 제공받은 후에 가급적이면 상세한 자료에 근거하여 명단이 작성될 것이다.

따라서 폴란드 장교에 대한 무차별한 대규모 총살 사건이나 프랑스 사람과 네덜란드 사람과 벨기에 사람에 대한 사형 집행이나 크레타 섬 농부 출신의 노르웨이 인질에 대한 사형 집행에 가담한 독일인이나, 폴란드 국민에 대한 학살 행위나 지금 적군을 축출 중인 소련 영토에서 학살 행위를 자행한 독일인은 범죄를 저질렀던 현장으로 송환되어 그 곳의 국민들에 의해 심판을 받게 될 것이다.

지금까지 자신의 손에 무고한 사람들의 피를 물들이지 않았던 사람들은 잔혹한 범죄를 일삼는 대열에 합류하지 말 것을 경고한다. 왜냐하면 3개국 정부는 정의를 구현하기 위해 기필코 범죄자들을 지구 끝까지라도 추적하여 법정에 세울 것이기 때문이다.

앞서 언급된 선언은 지리적으로 제약되지 않고 범죄 행위가 자행되어 연합국 정부의 공동 결의에 따라 처벌받게 될 독일 범죄자의 경우에도 예외 없이 적용된다.

한 국 에 대 한 신 탁 통 치 가 결 정 되 다

모스크바 협정
– 한국에 관한 결정 1945

〈모스크바 협정〉은 1945년 12월 16일부터 25일까지 미국·영국·소련 3국의 외무 장관이 참석한 모스크바 3상 회의에서 채택된 협정으로, 애매모호했던 한국에 관한 국제적 논의를 구체적이고 실행 가능한 방안으로 만들었다는 점에서 의의가 있다.

제2차 세계 대전의 전후 처리에 관한 주요 문제를 다룬 모스크바 3상 회의에서, 특히 한국 문제에 관한 결정 사항은 우리 나라의 역사에 커다란 영향을 주었다. 한국의 문제에 대해 미국은 4개국 대표에 의한 신탁 통치를, 소련은 민주주의적 임시 정부 수립을 제안하였고, 회의 결과 12월 28일 영국의 동의로 협정이 체결되어 발표되었다.

충칭 임시 정부의 추대를 주장하던 한국민주당과 한국독립당 등의 우익 세력은 이 협정의 내용이 임시 정부 수립을 위한 국제적 원조 방안이라고 선전하면서 신탁 반대 운동을 전개했다. 반면에 조선공산당과 조선인민당 등은 3상회의의 결의를 한국의 임시 정부 수립을 위한 국제적 합의로 받아들였다.

이러한 한국 내의 상황과 미국과 소련의 대립이 복합적으로 작용하여, 미소 공동 위원회를 통한 통일 임시 정부의 수립이라는 3상회의의 결정 사항은 실현되지 못했다.

1 한국을 독립 국가로 다시 수립함과 동시에 민주주의 원칙에 입
  각하여 나라를 발전시킬 수 있는 여건을 조성하고 일제 치하의
  참담한 잔재를 최대한 조속하게 청산하기 위한 목적에서, 한국
  의 임시 민주 정부가 수립되어야 하고, 그렇게 함으로써 한국의
  공업과 교통과 농업뿐만 아니라 한국 민족의 민족 문화가 발전
  되도록 필요한 모든 조치를 취할 수 있다.

2 한국의 임시 정부 수립을 원조함과 동시에 그에 대한 적절한 방
  안을 미리 고안하기 위한 목적에서, 남한 지역의 미군 사령부과
  북한 지역의 소련군 사령부의 대표자로 구성되는 공동 위원회
  가 설치되어야 한다. 공동 위원회는 각자의 제안을 준비하는 과
  정에서 한국의 민주주의 정당과 사회단체와 협의해야 한다. 대
  표성의 기반을 공동 위원회에 두고 있는 두 정부가 공동 위원회
  가 작성한 제안서를 최종적으로 결정하기 전에, 그 제안서는 소
  련·중국·영국·미국 정부에게 제출되어 사전에 검토되어야
  한다.

3 또한 한국 민족의 정치·경제·사회적 진보와 민주주의적 자
  치 발전과 한국의 독립 국가 수립을 원조하고 지원하는 신탁 통
  치 방안을 작성하는 일도 한국의 임시 민주 정부와 한국의 민주
  주의 단체의 참여 하에 공동 위원회가 수행해야 할 과제이다.
  소련·중국·영국·미국 정부가 최대한 5년 동안 한국에 대해
  신탁 통치를 실시한다는 내용이 담긴 협정을 체결하기 위해, 공
  동 위원회가 작성한 제안서는 한국의 임시 정부와 협의를 거친

후에 4개국이 공동으로 사전에 검토할 수 있도록 제출되어야
한다.

◈ 남한과 북한 모두에 영향을 미치는 긴급 사안을 검토함과 동시
에 남한 지역의 미군 사령부와 북한 지역의 소련군 사령부 간의
행정 · 경제 문제에 관한 항구적 협력 체계를 수립하는 방안을
마련하기 위한 목적에서, 한국 내에 주둔하는 미소 양국의 사령
부의 대표자 회의가 2주일 이내에 개최되어야 한다.

일 본 은 죄 를 뉘 우 쳐 라 !

포츠담 선언 1945

제2차 세계 대전이 끝나기 직전인 1945년 7월 26일, 독일의 포츠담에서 미국 대통령 트루먼과, 영국 총리 처칠, 중국 총통 장제스 등이 정상 회담에 참가하여, 일본의 항복을 권고함과 동시에 제2차 세계 대전 후 일본에 대한 전후 처리 방침을 표명한 선언이다.

회담 참석자들의 주요 관심사는 패전국 독일의 즉각 통치와 오스트리아 점령, 폴란드 서부 국경, 동유럽에서의 러시아 역할, 배상금, 일본과의 전쟁 등이었는데, 전시 상황에서 치러진 회담에서 볼 수 있었던 우호와 친선은 찾아볼 수 없었고, 각 나라는 오로지 자국의 이익에만 관심이 있었다.

한편 포츠담 회담에서는 1945년 5월 8일에 항복한 독일에 대한 전후 처리 방침을 정한 포츠담 협정도 체결되었다. 또한 소련을 대표한 스탈린 서기장은 하루 늦게 이 회담에 참가하여 선언문에 서명하였다. 소련은 1945년 2월 얄타 회담에서 미국 대통령 루스벨트의 요청에 따라 스탈린이 약속했던 바대로 1945년 8월 8일에 대일 선전 포고를 하였다. 일본은 히로시마와 나가사키에 원자 폭탄이 투하되자 항복을 선언하고 〈포츠담 선언〉에서 정한 항복 조건을 받아들였다.

1. 미국 대통령과 중국 총통과 영국 수상은 수억 명에 달하는 우리
   동포들을 대표하여, 일본에게 이 전쟁을 종식할 기회를 부여하
   겠다는 점에 대해 협의한 결과, 의견 일치를 보았다.
2. 미국과 영국과 중국의 막강한 육해공군이 수시로 서방측으로
   부터 병력과 항공 함대를 보충 받으면서 일본에 대한 최후의 일
   격을 가할 준비가 되어 있다. 일본이 저항을 멈출
   때까지 전쟁을 지속한다는 연합국 전체의
   결의에 따라 이러한 군사력은 유지됨과
   동시에 강화되고 있다.
3. 세계의 자유 국가 국민들이 들고 일
   어선 위력 앞에 독일이 쓸데없이 저
   항하다가 무기력하게 항복한 결과가
   일본 국민에게 본보기로서 매우 명
   료하게 드러났다. 이제 일본에 집중
   되고 있는 우력은 나치가 저항하고
   있었던 당시에 영토와 산업과 독일
   국민의 생활 터전을 황폐화시켰던
   위력보다도 이루 헤아릴 수 없을 정
   도로 엄청나다. 우리의 결의에 따라
   우리의 군사력을 충분히 동원할 경
   우, 일본의 근사력은 어쩔 수 없이
   완전히 파괴당할 뿐만 아니라 일본

나 트루먼(Harry S. Truman, 1884년~1972년)은 미국
의 제33대 대통령으로, 한국전쟁이 발발하자 국제 연합
의 제제 조치와 함께 미군을 한반도에 파견했어. 내가 재
임하는 동안 미국은 중국·소련의 공산주의와 대결 상태
에 있었고, 나는 루스벨트와 비교되며 약한 대통령으로
평가받았으나, 임기가 끝난 후 내가 추구했던 노력의 중
요성이 점차 부각되었어. 특히 공산주의의 세력 확장에
대항한 봉쇄 정책과 농민과 노동자의 생활수준을 향상시
키고 소수 민족에게 시민권을 확대시키기 위한 개혁 정
책은 비록 성공하지는 못했지만 미래의 정책 방향을 제
시해 주었다는 평가를 받았어.

전역이 초토화되지 않을 수 없을 것이다.

4 일본이 어리석은 속셈 때문에 자국을 전멸시킬 위험에 빠뜨리는 오만방자한 군사 전문가에 의해 지속적으로 통제될 것인지 아니면 이성적인 길을 따라갈 것인지에 대해 결정을 내릴 시점이 다가왔다.

5 우리가 제시하는 조건은 다음과 같다. 우리는 그 조건을 끝까지 요구할 것이다. 대안은 없다. 촌각을 지체할 수 없다.

6 무책임한 군국주의가 이 세상에서 사라지지 않는 한 평화와 안보와 정의가 보장되는 새로운 질서는 불가능하기 때문에, 세계 정복을 꿈꾸는 길로 일본 국민을 잘못 이끌었던 당사자와 세력은 영원히 제거되어야 한다.

7 우리가 여기서 밝히고 있는 기본 목표의 달성을 보장하기 위한 목적에서, 일본 영토의 요충지가 장악되고 난 다음에 그러한 신질서가 확립되고 전쟁을 일으킨 일본 세력이 격퇴되었다는 사실이 확실하게 입증될 것이다.

8 〈카이로 선언〉의 조건은 이행되어야 하고, 일본의 주권은 혼슈 섬과 홋카이도 섬과 규슈 섬과 시코쿠 섬과 우리가 이미 결의한 바와 같은 소규모 섬들로 제한되어야 한다.

9 일본의 군사력은 완전히 무장 해제된 다음에 평화롭고 생산적인 생활을 꾸려 나갈 기회를 제공받도록 귀국이 허용되어야 한다.

10 우리는 일본이 하나의 민족으로서 예속을 당하거나 하나의 국

군국주의
국가의 가장 중요한 목적을 군사력에 의한 대외적 발전에 두고, 전쟁과 그 준비를 위한 정책이나 제도를 국민 생활 속에서 최상위에 두려는 이념 혹은 그에 따른 정치 체제. 고대의 로마 제국, 근대의 프로이센 제국, 제2차 세계 대전 때의 독일과 이탈리아와 일본 따위가 대표적인 예이다.

가로서 파괴당해서는 안 된다고 생각하지만, 우리의 포로에게 잔혹 행위를 가한 자를 포함하여 모든 전범자에 대해 엄중한 심판이 내려져야 한다고 생각한다. 일본 정부는 일본 국민의 민주적 성향을 되살리고 강화하는 데 걸림돌로 작용하는 모든 장애 요소를 제거해야 한다. 기본적 인권이 존중될 뿐만 아니라 언론의 자유와 종교의 자유와 사상의 자유가 확실하게 보장되어야 한다.

원자폭탄
(atomic bomb)

11 일본이 자국의 경제를 유지하면서 현물 배상을 할 수 있는 산업을 유지하도록 허용해야 하지만, 재무장하여 전쟁을 일으킬 소지가 있는 산업을 유지하도록 허용해서는 안 된다. 이러한 목적을 달성하기 위해서는 원자재에 대한 관할권을 허용해서는 안 되고, 원자재에 대한 이용권만 허용되어야 한다. 세계 무역 관계에 대한 일본의 참여는 최종적으로 허용되어야 한다.

12 연합국 점령 세력은 이러한 목표가 달성되고, 일본 국민의 자유로운 의사에 따라 평화를 지향하고 신뢰할 만한 정부가 수립되자마자 일본으로부터 철수해야 한다.

13 우리는 이제 일본 정부가 모든 일본 군사력의 무조건적 항복을 선언하고 그러한 조치를 확실하게 믿을 수 있도록 타당하고도 적절한 창안을 보장할 것을 요구한다. 그렇게 하지 않을 경우, 일본은 지금 당장 전멸할 따름이다.

우라늄이나 플루토늄처럼 원자 번호가 큰 중원소의 원자핵이 분열할 때 갑자기 에너지를 방출하는 것을 이용하여 엄청난 폭발력을 내는 무기이다. 최초의 원자폭탄은 제2차 세계 대전 때 미국에서 맨해튼 계획에 따라 만들어졌다. 전쟁에 실제로 사용된 최초의 원자폭탄은 우라늄으로 만든 것이었는데, 미국은 이 폭탄을 1945년 8월 6일 일본 히로시마에 떨어뜨렸고, 순식간에 34만 3,000명의 주민이 살고 있는 도시의 심장부를 폐허로 만들었다. 두 번째 원자폭탄은 3일 뒤인 8월 9일 나가사키에 떨어졌고, 일본은 이튿날부터 항복 협상을 시작했다. 1950년대 초 수소폭탄이 개발되자, 핵 보유국은 원자폭탄과 핵무기를 전술적인 작전에 사용하게 되었다.

국가가 무엇을 해 주기를 바라기 전에 여러분이 국가를 위해 무엇을 할 수 있는지를 생각해 보라!

케네디의
취임 연설 1961

1961년 1월 20일 미국 대통령 존 F. 케네디가 대통령 취임식에서 연설한 취임사이다.

그는 1960년 대통령 선거에서 민주당 후보로 출마하여 뉴 프런티어(New Frontier)를 슬로건으로 내걸고, 공화당 후보 닉슨을 누르며 미국 역사상 최연소 대통령으로 당선되었다.

케네디는 내정면에서는 큰 업적을 이루지 못했다. 하지만 쿠바 미사일 위기 때에는 핵전쟁의 위험 속에서 소련의 흐루시초프와의 협상을 통해, 미국이 쿠바를 침략하지 않는 대신에 소련은 미사일과 폭격기 등을 쿠바에서 철수하고 미국측의 사찰을 받기로 인정함으로써 소련과의 극적인 타협을 이끌어 내기도 했다. 이를 계기로 소련과 부분적 핵 실험 금지 조약을 체결하면서부터 미국과 소련 간의 해빙 무드가 형성되었다. 또한 중남미 여러 나라와 '진보를 위한 동맹'을 결성하였고, 평화 봉사단을 창설하기도 했으며, 중국 본토와의 재수교를 재선 후의 최대 과제로 삼기도 하였다.

1963년 11월 22일 유세지인 텍사스 주 댈러스 시에서 자동차로 가두 행진을 벌이던 중 암살자의 흉탄에 치명상을 입고 사망하였다.

존슨 부통령, 하원 의장, 미연방 대법원장, 아이젠하워 대통령, 닉슨 부통령, 트루먼 대통령, 존경하는 성직자, 친애하는 시민 여러분! 오늘 우리가 치르고 있는 이 행사는 한 정당의 승리를 축하하는 의식이 아니라, 개막과 폐막을 상징하면서 변화와 혁신을 의미하는 자유의 축전입니다. 저는 우리 조상들이 175여 년 전에 제정했던 선서를 똑같은 내용으로 여러분과 전지전능하신 하느님 앞에서 엄숙히 서약했기 때문입니다.

이제 세계는 엄청난 변화를 겪고 있습니다. 온갖 형태의 빈곤과 모든 방식의 생활을 사라지게 할 수 있는 힘이 인간의 수중에 장악되어 있기 때문입니다. 하지만 우리의 조상들이 목숨 걸고 지켜 온 혁명적 신념, 즉 인권은 국가가 베푸는 시혜적 정책으로 보장되는 것이 아니라 하느님의 도움으로 보장된다는 믿음이 지구상에서 여전히 쟁점이 되고 있습니다.

우리는 그 최초의 혁명을 계승한 후손이 바로 우리 자신임을 절대로 잊지 않을 것입니다. 20세기에 태어나 전쟁을 겪으면서 힘겹고도 고된 시련을

나 케네디(John F. Kennedy, 1917년~1963년)는 미국의 제35대 대통령이야. 내가 재임 중에 있을 때 베를린 봉쇄와 쿠바 사태 등 여러 가지 어려운 위기를 맞았았고, 핵실험 금지 조약의 체결 등의 업적을 남겼어. 댈러스에서 오즈월드에 의해 암살당했어.

통해 얻은 평화 속에서 단련되고, 우리의 오랜 유산을 자랑스럽게 여기는 미국의 새로운 세대에게 그 햇불이 넘어왔다는 사실과, 지금까지 우리 나라가 항상 보장해 왔고 오늘날도 미국을 포함하여 전 세계가 보장하고 있는 인권이 점차 침해되고 있는 현실을 그대로 묵인하거나 용납하지 않을 것임을 바로 지금 여기서 우리의 우방과 적대 세력 모두에게 알립시다.

우리는 자유를 지키고 확대하기 위해 어떤 대가라도 치를 것이며, 어떤 부담도 감내할 것이며, 어떤 시련을 겪더라도 우방을 지원하면서 어떤 적대 세력과도 맞서 싸우겠다는 점을 우리의 발전을 기원하든 그렇지 않든 가리지 않고 모든 국가에 알립시다.

우리는 바로 이 점을 지키겠다고 거듭 다짐합니다.

우리와 정신문화적 뿌리를 공유하는 오랜 맹방에게, 우리는 믿음직한 우방으로서 신의를 지키겠다고 다짐합니다. 만일 우리가 단결한다면 서로 손잡고 극복해 나가면서 무엇이든 이루어 낼 수 있습니다. 만일 흩어진다면, 우리는 뿔뿔이 분열된 상태에서 강력한 도전에 대응할 수 없는 까닭에 아무것도 이루어 낼 수 없습니다.

우리는 신생 독립국이 자유 국가의 대열에 합류하는 것을 환영하면서, 특정 형태의 식민 통치에서 벗어나자마자 훨씬 더 억압적인 독재 체제가 들어서는 사

나 닉슨(Richard Nixon, 1913년~1994년)은 미국의 제37대 대통령으로, 워터게이트 사건으로 탄핵이 거의 확실하게 되자 대통령직을 사임했어.

태가 벌어져서는 안 된다고 다짐합니다. 신생 독립국
이 항상 우리의 입장을 지지해 달라고 요구하지 않습
니다. 하지만 우리는 신생 독립국이 자국의 자유를 스
스로 굳건하게 지켜 나갈 수 있길 희망함과 동시에,
또한 권력을 추구하다가 어리석게도 호랑이 등에 올
라탔던 자가 결국에는 호랑이 밥이 되고 말았다는 옛
날 속담을 기억하길 바랍니다.

나 흐루시초프(Nikita Khrushchov, 1894년~1971년)는 소련의 정치가로, 공산당 제1서기와 소비에트 정부의 총리를 지냈어. 탈스탈린 정책을 추구하여 공산주의 세계에 반향을 불러일으켰지.

지구의 절반에 가까운 지역에서 엄
청난 고통을 주으면서 빈곤의 굴레에서
벗어나려고 몸부림치고 있는 빈민과 주
민들에게, 아무리 오랜 시일이 걸리더
라도 그들이 반드시 자립할 수 있도록
최선의 노력을 기울이겠다고 다짐합니
다. 그 이유는 공산주의자가 그렇게 하고 있어서도 아니고, 그들
의 지지를 얻고자 해서도 아니고, 다만 그것이 올바른 길이기 때
문입니다. 만일 자유 사회가 다수의 빈민을 돕지 못한다면, 그로
인해 소수의 부자도 지킬 수 없습니다.

우리 나라 국경의 남쪽에 자리 잡고 있는 우리의 자매 국가들
에게 진보를 향한 새로운 동맹 관계 속에서 우리의 올바른 약속을
제대로 실천할 것이며, 자유 국가의 국민과 정부가 빈곤의 굴레에
서 벗어나도록 도움을 아끼지 않겠다고 각별히 다짐합니다. 하지
만 이처럼 희망찬 평화적 혁명이 적대국에 의해 저지되어서는 안

됩니다. 우리는 아메리카 대륙 어디서든지 그 국가들과 힘을 합해 침략과 파괴에 맞서 싸울 것임을 이웃 나라에게 알립시다. 또한 앞으로도 이 서반구를 우리 스스로의 힘으로 지켜 나갈 것임을 여타의 모든 국가에게 알립시다.

전쟁 수단이 평화 수단을 훨씬 압도해 버린 시대에 우리가 마지막으로 의지하고 있는 최고의 희망으로서, 모든 주권 국가로 구성된 세계적 연합체인 국제 연합이 단지 욕설이 난무하는 회의 장소로 전락되지 않도록 방지하고, 신생국과 약소국을 보호하는 방패로서 역할을 다할 수 있도록 역량을 강화하고, 그 권한이 미치는 영역을 확대할 수 있도록 지원하겠다고 거듭 다짐합니다.

마지막으로, 우리를 적대시하는 국가들에게 서약이 아니라 요구 사항을 다음과 같이 제기합니다. 과학에 의해 고삐가 풀려 버린 암울한 파괴력이 인류 전체를 의도적이든 우발적이든 자멸 과정으로 몰아넣기 전에 양대 진영이 평화를 추구하는 노력을 새롭게 시작합시다.

우리는 힘도 갖추지 않은 상태에서 그러한 모험을 시도하지 않습니다. 우리가 틀림없이 충분한 군비를 갖출 경우에만, 무력이 사용되지 못하게 확실히 보장할 수 있기 때문입니다.

하지만 세력이 막강한 양대 진영 중 어느 쪽도 현재 상황에 대해 안심할 수 없기 때문에, 양대 진영은 모두 다 현대적 무기를 제조하는 비용으로 인해 과중한 부담을 지고 있을 뿐만 아니라, 치명적인 핵무기가 지속적으로 확산되고 있는 현실을 두려워하면서도, 인류의 멸망을 초래할 최후의 전쟁을 위협받으면서 불확실하게 유지되고 있는 균형 상태를 자기편에게 유리한 국면으로 바꾸려고 경쟁하고 있습니다.

따라서 양더 진영 모두는 예의바름이 나약성을 의미하지 않고, 성실은 반드시 입증을 요구한다는 점을 명심하면서, 다시 시작합니다. 공포로부터 벗어나기 위해 협상하지 맙시다. 그렇다고 협상을 두려워하지 맙시다. 양대 진영이 서로 분열을 야기하는 문제로 왈가왈부하기보다는 서로 단결하는 문제를 함께 모색해 봅시다.

맨 처음에는 양대 진영이 군비 사찰과 통제를 위해 진지하고도 구체적인 방안을 공식화하고, 다른 국가를 파괴할 수 있는 절대무기가 모든 국가로부터 절대적 통제를 받도록 합시다.

양대 진영은 과학 발전을 통해 공포가 초래되지 않고 기적이 실현될 수 있도톡 서로 노력합시다. 양대 진영은 천체를 탐사하고, 불모지를 개척하고, 질병을 퇴치하고, 대양의 심해를 개발하고, 예술과 교역을 장려하는 활동을 공동으로 펼쳐 나갑시다. 양대 진영은 합심해서 '무거운 짐을 덜어 주고, 억압당하는 자를 자유롭게 하라.'는 이사야(Isaiah)의 가르침처럼 세계 곳곳에서 들려오는 믹소리에 귀를 기울입시다.

또한 협력의 교두보가 마련되고 불신의 정글이 사라지고 나면, 양대 진영은 새로운 세력 균형을 추구하지 말고, 강대국은 정의를 실현하고 약소국은 안전을 보장받으면서 평화가 유지되는

절대무기
(Absolute Power)
가장 큰 파괴력을 가져 전쟁에 결정적 효과를 발휘하는 무기로서 원자폭탄이나 수소폭탄을 지칭한다.

이사야
(Isaiah)
기원전 8세기 무렵의 유대의 선지자로서, 메시아가 동정녀에게서 탄생하리라는 사실을 예언했고 점증되는 아시리아의 위협하에 구세의 가르침을 설파했다.

새로운 세계질서를 구축하기 위해 공동으로 노력합시다.

이 모든 과제가 지금부터 100일 이내에 이루어지기는 어려울 것입니다. 그것은 지금부터 1,000일 이내에 이루어지기 어려울 것이고, 현 행정부가 집권하는 기간 동안에 실현되지 못할 수도 있고, 아마도 우리가 지구상에 살아 있는 동안에 실현되지 못할 수도 있습니다. 하지만 시작합시다.

친애하는 국민 여러분, 우리 노선의 최종적 성패 여부는 제가 아니라 여러분의 손에 달려 있습니다. 우리 나라가 수립된 이후로 모든 세대의 미국인이 국가의 요청을 받고 자신의 충성심을 발휘했습니다. 군대의 부름에 응했던 미국 젊은이들의 무덤이 세계 곳곳에 흩어져 있습니다.

이제 다시 한 번 우리를 부르는 나팔 소리가 들려옵니다. 비록 우리에게 무기는 필요하지만 우리 손에 무기를 들자는 요청도 아니고, 비록 우리가 언제라도 싸울 수 있는 준비는 되어 있지만 싸우러 나가자는 요청도 아닙니다. 그것은 해마다 소망 속에서 기뻐하고 환난 속에서 인내하면서 지긋지긋하게 지속되는 투쟁, 즉 독재 정치, 빈곤, 질병, 전쟁이라는 인류 공동의 적에게 대항하는 투쟁에 대한 책임을 맡아야 한다는 요청입니다.

우리가 남북 단결과 동서 단결을 이루어 내고 전 세계가 모두 힘을 결집하는 동맹을 맺은 다음에 이러한 적과 맞서 싸움으로써, 인류 전체에게 보다 풍요로운 삶을 보장할 수는 없을까요? 여러분은 그 역사적 과업에 참여하지 않겠습니까?

세계가 오랜 역사를 거쳐 오는 과정에서, 겨우 몇 세대만이 최악의 위기 국면 속에서 자유를 수호하는 역할을 담당해 왔습니다. 저는 이 책임을 회피하지 않고 기꺼이 받아들이겠습니다. 다른 나라의 국민이나 다른 시대의 세대와 처지를 바꾸고 싶은 사람은 우리들 중에서 아무도 없다고 저는 믿습니다. 우리가 이러한 과업을 이루기 위해 열정과 신념 지니고 헌신적으로 노력하고 있기 때문에, 우리 나라와 조국을 위해 봉사하는 모든 국민에게는 밝은 미래가 보장되고, 거기에서 타오르는 찬란한 불꽃이 정말로 온 세상을 밝게 비추어 줄 것입니다.

자, 친애하는 미국 국민 여러분, 조국이 여러분을 위해 무엇을 할 수 있는지 묻지 마시고, 여러분이 조국을 위해 무엇을 할 수 있는지 자문해 보십시오. 친애하는 세계 시민 여러분, 미국이 여러분을 위해 무엇을 베풀어 줄 것인지 묻지 마시고, 인류의 자유를 실현하기 위해 우리가 함께 손잡고 무엇을 할 수 있는지 자문해 보십시오.

마지막으로, 여러분이 미국 시민이든 다른 나라의 시민이든 간에, 여러분은 우리가 여러분에게 요청하는 역량과 희생정신을 우리에게 동일한 수준으로 요청하십시오. 우리는 훌륭한 양심이야말로 유일하고 확실한 보상이고, 역사야말로 우리의 행위에 대한 최후의 심판자라고 여깁니다. 하느님의 축복과 도움을 빌지만, 이제 지상의 모든 일은 진정 우리 스스로의 힘으로 이루어 내야 할 바임을 명심하면서, 사랑하는 조국을 이끌어 나갑시다.

이 슬 람 국 가 들 의 국 제 적 위 상 을 드 높 이 다

테헤란 선언 1997

〈테헤란 선언〉은 1997년 이란의 수도 테헤란에서 열린 제8차 이슬람 회의 기구에서 채택된 것으로, 이스라엘 규탄과 이슬람권의 단결 등을 주요 내용으로 하고 있다.

전 세계의 이슬람 국가와 팔레스타인 해방 기구가 참가한 가운데 개최되었던 이 회의의 주요 사안은 이스라엘의 팽창주의 정책 규탄, 이스라엘의 국가 테러리즘 중지, 예루살렘을 팔레스타인의 수도로서 인정, 핵무기를 포함한 대량 살상 무기로부터 해방된 중동 지역 건설, 이슬람권의 단결, 이란과 리비아에 대한 미국의 경제 제재 조치 규탄 등이었다.

그리고 국제 연합 사무총장이 이 회의에 참석한 것을 계기로, 이슬람 국가에게 안전 보장 이사회 상임 이사국 지위를 보장할 것을 요구하기도 하였다. 또한 이슬람 여성들의 권익 보호와 사회적 역할 증대를 촉구하여 이슬람권의 근대적인 모습을 주었다는 평가를 받기도 하였다.

〈테헤란 선언〉은 미국 의회가 이란과 리비아에 대한 경제 제재를 가하기 위해 1996년에 제정한 다마토법의 무효화를 촉구함으로써, 이란의 외교적 위상을 증대시킨 선언으로 평가받는다. 하지만 이라크에 대한 경제 제재 문제에 대해서는 어떠한 내용도 담고 있지 않아 이슬람 국가 간의 이해 문제가 여전히 상충하고 있음을 보여 주었다.

자비롭고 자애로운 신의 이름으로, 이제 너희가 사람들에게 증거를 전하는 자가 될 수도 있고, 사도가 너희에게 증거를 전하는 자가 될 수도 있는 제대로 균형 잡힌 나라를 세우도록 했다.(코란 2장 143절)

이슬람 회의 기구 회원국의 정부와 국가를 대표하는 국왕과 수반이 참석한 가운데 이슬람 회의 기구 제8차 정상 회의가 1997년 12월 9일부터 11일까지 이란의 테헤란에서 개최되었다.

인간 생활의 정신적 차원과 물질적 차원 사이의 관계뿐만 아니라, 자유와 구원 사이의 관계에서 미묘한 균형 감각을 유지하게 하는 이슬람의 가르침에 따라 인간에게 진정한 자유를 보장하는 토대로서 관용과 동정심, 지혜와 정의에 근거를 두고 있는 유일신(Al-Tawhid)과 이슬람 교에 대한 확고한 믿음을 강조하면서,

이슬람 회의 기구 헌장의 목적과 원칙, 특히 이슬람 공동체의 통일단결과 관련해서 이슬람의 가치와 원리를 지킨다는 목적과 원칙을 실현하겠다고 확고하게 결의를 다짐하면서,

식민지 지배나 외세 지배나 외세 점령 하에 처한 민족이 적극적으로 참여하여 기본적 자결권을 실현함으로써, 포괄적이고 균형 잡히고 지속 가능한 발전을 이루어 낼 뿐만 아니라, 평화와 안전을 지키고자 하는 이슬람 국가와 이슬람 민족의 정당한 열망을 실현하기로 결의하면서,

이슬람 공동체의 정체성을 유지하면서 사회를 결속시키고

✎ 팔레스타인 해방 기구
전 세계 팔레스타인 사람들을 대표하는 정치 조직이다.

✎ 이슬람 회의 기구
이슬람 국가의 단결과 협력을 목적으로 창설된 국제기구로서 1970년 이슬람 국가 외무 장관 회의에서 정기적 회합과 상설 사무국의 개설을 결정한 후, 1971년 5월 사우디아라비아의 제다에 사무국이 설치되면서 정식으로 출범되었다.

사회 안정을 강화하는 주요 요소로서 이슬람 공동체의 전통과 역사적 유산을 확실하게 보존해야 한다고 인정하면서,

다양한 문화와 종교를 지닌 국가들과 적극적으로 교류하고 대화하고 의사소통을 하면서, 불신을 낳고 국가 간의 평화적 교류 기반을 파괴하는 충돌과 분쟁을 부추기는 억측을 물리쳐야 한다고 강조하면서,

변화하는 국제 정세와 이슬람 공동체의 엄청난 역량과 잠재력이 한층 더 공명정대하고 동등하고 평화로운 세계 질서를 형성하는 데 건설적 역할을 담당한다는 사실에 주목하면서,

최고 지도자 아야톨라 하메네이와 대통령 하타미가 지도력을 발휘하고 있는 이란은 대통령 하타미가 이슬람 회의 기구의 의장으로 재임하는 동안에 이슬람 회의 기구의 목적과 원칙에 따라 국제 문제에 대한 기구의 참여와 역할을 더욱더 강화하면서 가장 유능하고 건설적인 방식으로 이슬람 회의 기구를 이끌어 나갈 것이라고 전폭적 신뢰를 표명하면서,

🐚 아야톨라 하메네이
(Ayatollah Khamenei, 1939년~)
1981년부터 이란 대통령으로 재임하던 중 1989년에 호메이니가 사망하고 나서 이란 최고 지도자로 선출되었다.

이슬람 세계의 단결과 안보

1 가장 우선적으로 해결할 과제로서 이슬람 세계의 단결과 평화와 안보를 강화하고, 안보 협력을 위해 서로 간에 자문을 구하고, 이러한 목표를 달성하기 위한 적절한 전략과 실천 방안을

연구하여 제안하는 임무를 이슬람 국가의 단결과 안보에 관한 정부 간 전문가 그룹에게 위임하기로 엄숙히 서약한다.

2 회원국 간의 협력과 단결을 강화한다고 다짐했던 결의와, 이슬람 세계의 모든 지역 기구가 모든 분야에서 협력을 확대할 수 있도록 효과적 실천 방안을 마련해야 한다고 기대하고 있다는 사실을 재차 확인한다.

나 하타미(Mohammad Khatami, 1943년~)는 1997년 이란 대통령에 당선되어 2005년까지 재임했어. 합리적 온건파로서 개방적 사고 방식을 가지고 있지.

3 이슬람 공동 시장의 건설이 이슬람의 단결을 강화하고 국제 무역에서 이슬람 세계의 시장 점유율을 높이는 중요한 디딤돌이 된다고 강조한다.

4 알 쿠즈 알 샤리프와 시리아의 골란 고원과 남부 레바논을 포함하여 팔레스타인과 다른 아랍 지역을 지속적으로 점령하고 있는 이스라엘을 규탄하고, 확고부동한 자세로 이스라엘의 점령에 맞서 저항 운동을 펼치고 있는 팔레스타인 국민과 레바논 국민과 시리아 국민에게 경의를 표한다. 그와 관련된 이슬람 회의 기구의 모든 결의 사항을 재차 확인하면서, 점령된 모든 아랍 지역이 해방되고 팔레스타인 국민의 빼앗긴 권리가 회복되길 요구한다. 성스러운 도시 알 쿠드 알 샤리프의 인구 상태와 지

알 쿠즈 알 샤리프
(Al-Quds Al-Sharif)
1967년에 이스라엘에 의해 점령당한 팔레스타인 지역으로서 이스라엘의 수도 예루살렘(Jerusalem)을 가리킨다.

리 조건을 변경시키는 조치를 취할 뿐만 아니라 점령된 팔레스타인 지역에서 유대 인 정착지를 개척하고 확장하는 방식으로 전개되고 있는 이스라엘의 팽창주의적 정책과 활동을 규탄한다. 또한 이스라엘이 법적으로나 도덕적으로 모든 원칙을 완전히 무시하는 행동을 지속적으로 자행하고 있는 국가 테러리즘을 중지해야 한다고 강조한다. 이슬람 국가의 안보를 위협하는 국가 테러리즘을 중지시키려면 이스라엘과 어떤 군사 협력도 용납되어서는 안 된다고 주장한다. 중동 지역이 핵무기를 포함하여 모든 대량 파괴 무기가 없는 지역으로 탈바꿈되어야 한다고 요구하면서, 이스라엘이 핵 확산 금지 조약에 가입해야 할 뿐만 아니라 이스라엘의 핵 시설이 국제 원자력 기구의 안전 기준을 따라야 한다고 요구한다.

5 성스러운 도시 알 쿠드 알 샤리프와 알 아크사 사원을 되찾고 팔레스타인 민족의 빼앗길 수 없는 주권을 회복한다는 결의 사항과 결정 사항을 강조하면서, 팔레스타인 민족이 고국으로 되돌아가서 자신들의 소유권을 행사함과 동시에, 팔레스타인 민족이 자결권을 행사함으로써 자주독립국으로서 팔레스타인 국가를 수립하고 나서 알 쿠드 알 샤리프를 수도로 정하고 자유로이 자국을 출입할 수 있는 권리가 보장되어야 한다고 강조한다.

6 보스니아 헤르체고비나에 거주하는 이슬람 민족과 단결해야 한다고 강조하면서, 각료 회의 그룹의 적극적 활동에 힘입어 평화가 유지되면서 재건 과정이 지속적으로 진행되어야 한다고

굳게 다짐한다.

7 아프가니스탄에서 지속되고 있는 분쟁과 폭력 사태에 대해 유감으로 여기면서, 아프가니스탄 내부의 대화, 폭넓은 민의에 기초한 정부의 구성, 유혈 사태를 중지시킨 다음에 아프가니스탄에서 항구적 평화를 확립하기 위해 지역적 차원과 국제적 차원에 전개하는 활동에 대해 전폭적 지지 의사를 표명한다.

8 아제르바이잔 공화국에 대한 아르메니아 공화국의 침략 행위에 반대하면서, 모든 점령 지역에서 아르메니아 군대가 완전히 철수하고, 아르메니아와 아제르바이잔 사이의 분쟁이 조속하고도 평화적으로 해결되기를 요구한다.

9 국제 연합의 결의에 따라 민족자결권을 실현하고자 하는 잠무카슈미르 지역 주민에 대한 전폭적 지지 의사를 거듭 표명한다.

10 국제 연합 안전 보장 이사회는 리비아의 적극적 발의 사항과 지역 기구의 제안 사항을 고려해서 리비아에 대한 제재 조치를 해제해야 한다고 호소한다.

11 또한 자신들의 합법적 권리를 실현하고자 하는 키프로스의 터키계 이슬람 사회에 대해 전폭적인 지지 의사를 거듭 표명한다.

12 식민 지배나 외세 지배나 외세 점령에 맞서 싸우는 민족 해방 투쟁과 성격이 다른 모든 유형의 테러리즘을 강력히 규탄하면서, 무고한 국민을 살상하는 일이 이슬람 세계에서 자행되어서는 안 된다고 강조한다. 국제 테러리즘에 맞서 싸우기 위해 이슬람 회의 기구 행동 규약의 조항을 준수할 것을 거듭 표명

잠무카슈미르
(Jammu and Kashmir)
인도 북서부에 위치해 있는 북쪽 카슈미르 지방의 4개 시와 남쪽 잠무 지방의 6개 시로 이루어져 있는데, 1962년 중국과 인도 간의 국경 분쟁 이후로 중국의 통치권에 속해 있다.

리비아에 대한 제재 조치
1986년 1월, 미국은 리비아에 대한 경제 제재 조치를 발표하고 미국 내의 리비아 자산 동결, 무역 거래 금지와 리비아 내의 미국인을 완전 철수하였으며, 같은 해 4월 트리폴리에 있는 리비아 국가 원수 카다피의 숙소와 벵가지 시내 주요 시설을 폭격하였다. 1992년 4월에서 12월 사이에 리비아에 대한 국제 연합의 제재 조치와 추가 제재 조치가 발효되었다가, 1999년 4월 리비아측이 로커비 사건의 혐의자 2명을 인도함에 따라 국제 연합의 제재 조치가 정지되었으며, 2000년 10월 국제 연합 총회에서 일방적 경제 제재 조치를 해제하는 결의안이 채택되었다.

하면서, 이 사안에 관한 조약을 체결하는 데 모든 노력을 집중하겠다는 결의를 거듭 다짐한다. 또한 국제 사회는 테러리스트에게 도피처를 제공하지 않을 뿐만 아니라 그들이 재판에 회부되도록 지원하면서, 어떤 형태로라도 테러리즘에 도움을 줄 수 있는 지원 체제를 사전에 예방하거나 제거하기 위해 모든 필요 조치를 취해야 한다고 촉구한다.

13 모든 정부와 협력하여 이슬람 교를 국교로 삼고 있지 않는 국가에 존재하는 이슬람 사회와 소수 집단에게 전폭적 지원을 확대하는 데 헌신적으로 노력하겠다고 서약하면서, 모든 국가는 그들의 종교적 권리, 정치적 권리, 시민적 권리, 경제적 권리, 사회적 권리, 문화적 권리를 보장해야 한다고 촉구한다.

이슬람 문명과 정체성의 부활

14 이슬람 문명의 부활이 세계 평화에 기여한다고 판단한다. 이슬람이 세계를 위협하는 존재라고 여기는 경향에 대해 우려를 표명한다. 또한 이슬람 문명은 다른 종교나 사상과 생산적인 견해를 교류할 뿐만 아니라, 모든 문명 간의 평화 공존과 협력과 상호 이해에 역사적으로 확고하게 기반을 두고 있다는 점을 강조한다.

15 관용과 정의와 평화에 대한 이슬람 교의 가르침에 따라 다양

한 문화 간의 이해와 교류를 확립할 필요성을 재차 확인하면
서, 다른 나라의 종교적 가치와 문화적 가치, 특히 신성한 가
치와 원리를 무시한 채 여러 방식으로 자행되고 있는 문화 침
략을 규탄한다. 또한 현행 방침에 따라 신성한 가치와 원리와
신념에 대한 모독 행위를 방지할 수 있도록 국제적 차원에서
구속력을 발휘할 수 있는 법률 문서가 조속히 작성되어야 한
다고 요구한다.

16 부정적 이미지를 조장하는 선전 활동에 대항하여 오해를 제거
하고 바로잡으면서 평화와 자유와 구원의 종교로서 이슬람 교
가 지니고 있는 진정한 이미지를
널리 알리기 위해 체계적이고
건설적인 방안을 공식화하
고 제안하는 임무를 이
슬람의 이미지에 관한
전문가 그룹에게 위임
한다.

17 이슬람 교의 메시지가
점차 세계 속으로 전파
되고 있는 추세를 환영
하면서, 이슬람의 풍부
한 문화와 영원한 진리
를 인류에게 알리기 위

한 목적에서 정보와 커뮤니케이션 분야에서 이룩한 기술 성과를 활용하기로 결정한다.

포괄적 발전, 균형 잡힌 발전, 지속 가능한 발전

18 윤리·정치·사회·경제·문화·과학 분야에서 균형 잡힌 발전과 지속 가능한 발전을 실현하는 것이 이슬람 세계를 위해 대단히 중요하다고 생각한다. 또한 이슬람의 숭고한 원리와 가치에 고무되어 사상과 경험을 교류하면서, 이슬람 공동체의 모든 단위가 다양한 사회 활동에 가장 완전하게 참여할 수 있도록 보장한다는 확고한 결의를 재차 확인한다. 〈이슬람의 인권에 관한 카이로 선언〉의 목적과 원칙을 거듭 강조하면서, 이 선언이 존중되도록 보장하기 위해 적절한 조치를 강구하기로 결정한다.

19 이슬람 세계 내부의 무역과 투자가 실질적으로 증가할 수 있도록 모든 회원국이 집단적으로 노력해 줄 것을 요청하면서, 재화와 서비스의 교환, 과학 기술과 전문 기술의 이전을 현재 수준보다 더욱더 높이기 위한 목적에서 이슬람 회의 기구의 경제 통상 협력에 관한 상임 위원회(COMCEC)에서 결정된 사항을 포함하여 모든 조치를 제대로 이행할 것을 요청한다.

20 이슬람 원칙에 따라 이슬람 여성의 존엄성과 권리가 완전하게

존중될 뿐만 아니라, 모든 사회 분야에서 그들의 역할이 향상 되어야 한다고 강조한다. 또한 사무국은 이슬람 회의 기구의 관련 활동에 여성이 참여할 수 있도록 권장하고 협조해야 한 다고 요청한다.

21 세계 경제 체제와 국제 경제의 의사 결정 과정에 대한 회원국 의 역할과 참여를 강화하기 위해 회원국 간의 협력이 요구된 다고 강조한다. 동시에 일방주의 정책을 채택하거나 국내법이 나 제재 조치를 치외 법권상의 지역에 적용하는 행위를 거부 하면서, 모든 국가는 이른바 다마토 법의 무효화에 나설 것을 촉구한다.

22 지속적 경제 성장과 지속 가능한 발전을 이루기 위해 쌍무적 차원이나 지역적 차원이나 세계적 차원에서 환경에 관한 이슬 람 국가 간의 다각적인 협력이 요구된다고 강조함과 동시에, 환경 보호를 위한 국내 프로그램을 이행할 수 있도록 반드시 재정 자원과 제도 장치를 동원해야 할 필요성과, 국제 포럼에 서 이 사안에 관한 입장을 조율하고 조정해야 할 필요성을 강 조한다.

다마토 법
(D'Amato Law)
이란과 리비아의 에너지 산업에 연간 4천만 달러 이상을 투자하 는 외국 기업에 대해 미국이 1천 만 달러 이상의 대출을 금지하는 등 제재 조치를 취한다는 내용으 로 이루어진 법률로서, 미국의 다마토 의원이 발의하여 1996년 에 발효됐다.

세계 참여

23 국제 연합과 이슬람 회의 기구 사이의 훌륭한 관계와 협력의

표시로서 코피 아난 국제 연합 사무총장의 테헤란 정상 회의 참석을 환영하면서, 국제 연합 사무총장이 국제 연합체제 내부의 의사 결정 과정이 최대한 민주적 방식으로 운영될 수 있도록 국제 연합의 개혁을 추진할 것을 요청한다. 또한 이러한 맥락에서 이슬람 회의 기구 회원국이 국제 연합 기구, 특히 안전 보장 이사회에서 한층 효과적이고 동등하게 역할을 맡으면서 회원국을 대표해야 한다고 강조한다.

24 세계의 평화와 안보를 유지하고, 평등과 정의에 기반을 둔 새로운 세계 질서를 확립하고, 도덕성과 신성한 가치를 강화하기 위해서는 국제 문제에 대한 처리 과정에 이슬람 국가가 효과적이고 생산적이고 유의미하게 참여해야 한다. 또한 이러한 맥락에서 국제 연합 사무총장이 모든 세계 포럼에서 이슬람 국가들이 서로 간에 효과적으로 협의하고 조정할 수 있도록 도움을 줄 것을 요청한다.

코피 아난
(Kofi Atta Annan, 1938년~)
아프리카 사하라 사막 이남 출신으로, 2001년 노벨 평화상을 수상하였다.

이슬람 회의 기구의 강화

25 이슬람 회의 기구를 강화하고 활성화하기 위한 조치가 역시 불가피하게 합의되어야 한다고 인정한다. 이슬람 회의 기구를 지속적으로 개혁하고 재구성하는 과정에 대한 확고한 신념에 입각하여, 조직의 능률과 역량을 보다 높은 수준으로 끌어올

리고 조직의 효율성을 향상시켜 조직의 결정 사항을 원활하게 이행하고 조직이 변화하는 세계 환경에 언제나 적응할 수 있게 하기 위히 필요한 모든 노력을 아끼지 않겠다는 결의를 표명한다. 실제적인 해결 방안을 확보하기 위한 목적에서 국제 연합 사무총장과 이슬람 회의 기구 의장과 의견을 조정하면서 이 문제를 연구하는 임무를 개방적 운영 방식의 전문가 그룹에게 위임한다.

26 회원국이 이슬람 국제 사법 재판소에 대한 비준 절차를 앞당겨서 마무리하고, 그와 관련된 국제 포럼에서 이슬람 국가의 의원들 간의 협력을 한층 강화할 것을 촉구한다.

후속 조치

27 정상회의 의장이 회원국과 정기적이고 실질적인 협의 과정을 통해 국제 연합 사무총장과 협력하여 이 선언이 이행되도록 추진하기 위해 모든 필요 조치를 취할 것을 요구한다.

문화 · 식량 · 환경

Declaration on Continental Shelf

대륙붕 선언 **1945**

1945년 9월 28일 미국에서 〈해저의 천연자원과 공해상의 어업에 관한 미국의 정책〉을 트루먼 대통령이 발표하였는데, 이것이 최초의 대륙붕 선언이다.

대륙붕은 대륙이나 큰 섬 주변을 둘러싸고 있는 깊이 약 200m까지의 경사가 완만한 해저로서, 해저 자원 개발이 기술적으로 가능해지자 수많은 국가들이 공해의 지하자원에 대한 권리를 대내외적으로 밝힘으로써 국제적인 주목을 받게 되었다.

이 후 1958년 제1차 해양법 회의에서 수심 200m까지를 국제법상의 대륙붕이라고 정의하는 대륙붕에 관한 조약이 맺어졌고, 대륙붕의 정의와 경계선 결정 방법을 둘러싸고 각국의 주장이 대립되었다. 그러다가 1974년 제3차 국제 연합 해양법 회의에서 새로운 대륙붕 개념이 성립되었다. 즉 영해의 너비를 측정하는 기선으로부터 200해리가 되는 지점에 이르는, 해수면 아래의 해저 구역을 연안국이 관할한다는 것이었다.

여기에는 트루먼 대통령의 선언만 싣는다.

　　　　　미국 정부는 석유를 포함하여 새로운 여러 가지 광물자원이 세계적으로 광범위하게 요구되고 있다는 사실을 자각하면서, 자원들을 발견해 새롭게 공급할 수 있도록 모든 노력을 기울여야 한다는 입장을 견지한다.

　　전문가들의 견해에 따르면, 자원들이 미국의 해안에 인접한 대부분의 대륙붕 아래에 매장되어 있으며, 오늘날의 기술 진보에 힘입어 자원들에 대한 이용이 이미 실용화 단계에 접어들었거나 조만간에 그렇게 될 것으로 보인다.

　　개발이 착수되어 진행됨에 따라 자원 보존과 신중한 이용에 대한 관심 속에서, 자원들에 대한 관할권이 공식적으로 인정될 필요성이 있다.

　　미국 정부는 대륙붕의 하층토와 해저에 매장된 천연자원에 대한 인접국의 관할권 행사가 합리적이고 정당하다는 입장을 견지한다. 그 까닭은 그러한 자원들을 효율적으로 이용하거나 보존하는 조치는 해안에 인접한 바다에서 펼쳐지는 협력과 보호 활동을 조건으로 요구하기

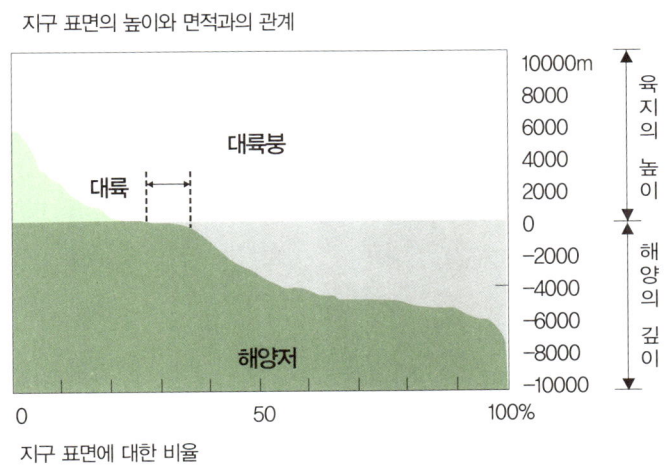

지구 표면의 높이와 면적과의 관계

대륙붕

대륙

해양저

10000m
8000
6000
4000
2000
0
−2000
−4000
−6000
−8000
−10000

육지의 높이

해양의 깊이

0　　　　　　50　　　　　100%

지구 표면에 대한 비율

때문이고, 대륙붕은 연안국의 대륙이 연장된 지역으로서 그 나라의 부속물로 간주될 수 있기 때문이다.

또한 자원들이 영토 내에 매장된 퇴적물 속에서 바다 쪽으로 연장되는 곳에 존재하는 형태를 자주 보이고 있기 때문에, 자기 방어적 조치로서 연안국이 자원들을 이용할 목적으로 해안에 인접한 바다에서 필요한 활동을 펼치는 데 더욱더 박차를 가하고 있기 때문이다.

따라서 미국의 대통령으로서 나, 트루먼은 이제 대륙붕의 하층토와 해저에 매장된 천연자원에 관한 미국의 정책을 다음과 같이 선언한다.

미국 정부는 그 곳에 매장된 천연자원을 보존하거나 신중하게 이용할 절박한 사정에 관심을 갖고, 영해 아래쪽에 위치해 있지만 미국의 해안에 인접한 대륙붕의 하층토와 해저에 매장된 천연자원은 미국에 부속되므로, 그것에 대한 관할권과 지배권이 미국에 있다고 간주한다.

　　대륙붕이 다른 국가의 해안까지 뻗어 있거나 인접국과 공유되는 경우, 경계선은 공정한 원칙에 따라 미국과 관련국에 의해 결정되어야 한다. 대륙붕 위쪽의 수역은 공해라는 특성을 지니고 있기 때문에, 어떠한 방해도 받지 않고 자유로이 그 곳을 항해할 수 있는 제반 권리가 절대로 보장된다.

핵 무 기 가   없 어 지 는   그   날   까 지

러셀
– 아인슈타인 선언 1955

1954년 미국이 남태평양에 위치한 비키니 군도에서 수소폭탄 실험을 실시하자, 핵무기로 인한 인류 절멸의 위기감을 절감한 물리학자 아인슈타인과 철학자 러셀이 1955년 7월 9일 런던에서 〈핵무기 없는 세계와 분쟁의 평화적 해결을 호소하는 선언〉을 발표했다.

이 선언에는 그들을 포함하여 세계의 저명한 과학자 11명이 서명하였는데, 선언에 커다란 영향을 받은 세계 각국의 과학자들은 1957년에 과학자의 사회적 책임을 강조하면서 핵무기와 세계 평화에 관한 문제를 논의하기 위해 과학과 세계 정세에 관한 퍼그워시 회의를 조직했다. 이 회의가 창립된 이후 퍼그워시 운동은 무기 통제와 군비 감축에 관한 수많은 보고서를 발간하여 핵무기 개발과 시험을 제한하기 위한 국제 조약을 준비하는 데 기여해 왔다. 1961년 쿠바 미사일 위기 때 미국과 소련의 정책 결정자들의 만남을 주선했고, 화학 무기 금지 조약, 핵무기 확산 금지 조약(NPT), 포괄적 핵 실험 금지 조약(CTBT) 등 대량 살상 무기 확산 방지에 커다란 영향을 미쳤다.

우리는 인류가 비극적 상황 속에 처해 있다고 판단하면서, 과학자들이 회의를 개최하여 대량 파괴 무기가 발달한 결과로서 야기되고 있는 위태로운 상황을 평가하고, 첨부된 초안에 담긴 정신에 입각하여 해결 방안을 모색해야 한다고 생각한다.

우리는 이러저러한 국가나 대륙이나 이념에 얽매이는 구성원이 아니라, 미래의 존립성마저도 위협받고 있는 인류라는 생물 종에 속하는 구성원으로서 이 사안에 대해 언급하고 있다. 세계는 온통 분쟁에 휩싸여 있다. 또한 규모가 작은 모든 분쟁들은 공산주의와 반공주의 사이에 벌어지고 있는 매우 첨예한 투쟁의 그림자 속에 가려져 있다.

나 아인슈타인(Albert Einstein, 1879년~1955년)은 이론물리학자로, 상대성 원리와 중력에 관한 이론들을 증명했어. 나는 사회 정의와 사회적 책임이라는 열정적 감각을 갖고 있었으나, 아이러니하게도 세상에서 가장 파괴적인 무기인 원자 폭탄과 수소 폭탄의 창조를 증명했지.

정치의식을 지닌 사람이라면 거의 모두 이러한 문제들 중에서 적어도 한 가지 문제에 대해 확고한 견해를 지니고 있기 마련이다. 하지만 우리는 여러분이 가능한 한 그런 입장에서 잠시 벗어나서, 찬란한 역사를 이루어 왔으며 우리들 중 아무도 멸종되길 바라지 않는 인류 구성원의 입장에서만 각자 스스로 되돌아보기를 원한다.

우리는 특정한 집단에게 호소하는 자세를 취하지 않겠다. 모두가 너나할것없이 위험에 처해 있는 경우, 그 위험을 자각하기만 해도 위험을 피할 수 있는 희망이 존재한다.

우리는 새로운 방식으로 사고하는 법을 배워야 한다. 설사 우리가 특정 집단을 선호한다고 해도, 그 집단이 무력 수단을 이용하여 승리할 수 있도록 어떤 조치를 취해서는 안 된다. 왜냐하면 이제는 더 이상 그러한 조치가 존재하지 않기 때문이다. 우리는 스스로 이렇게 자문해야 한다. 즉, 모든 당사자에게 필연적으로 재앙을 가져다주는 무력 투쟁을 방지하려면 어떤 조치를 취할 수 있는가?

일반 대중과 심지어는 권위를 인정받고 있는 수많은 사람들조차 핵폭탄을 사용한 전쟁으로 인해 초래할 실상을 미처 자각하지 못했다. 아직까지도 일반 대중은 도시가 완전히 파괴되는 정도로 인식한다. 새로운 폭탄이 과거의 폭탄보다 위력이 훨씬 강력하다는 점, 즉 원자폭탄 한 발로써 히로시마를 완전히 파괴할 수 있었던

나 러셀(Bertrand Russell, 1872년~1970년)은 영국의 논리학자이자 철학자로, 20세기 지식인 가운데 가장 다양한 분야에서 지속적으로 영향을 미친 사람이라 할 수 있지. 《수학 원리》《철학의 제문제》《물질의 분석》 등과 같은 저작들로 유명하고, 여러 가지 사회 운동을 했어. 나도 1950년 노벨 문학상을 수상했어.

반면에, 수소폭탄 한 발로써 런던이나 뉴욕이나 모스크바와 같이 규모가 훨씬 큰 도시들을 완전히 파괴시킬 수 있다고 이해한다.

수소폭탄을 사용하는 전쟁이 발발할 경우, 틀림없이 대도시는 완전히 파괴되고 말 것이다. 그러나 이러한 사태는 우리가 겪게 되는 자그마한 재앙들 중 일부에 불과하다. 가령 런던과 뉴욕과 모스크바에 살고 있는 시민들이 모두 다 몰살당했다고 해도, 세계는 수세기가 지나는 동안에 그 타격으로부터 회복될 수도 있다. 하지만, 이제 우리는 특히 비키니 실험 이후로 상상을 초월할 정도로 훨씬 넓은 지역에 걸쳐 파괴력을 발휘할 수 있는 핵폭탄이 점차 개발되고 있다는 사실을 알고 있다.

비키니 실험
1946년부터 1958년까지 미국이 태평양 마셜 군도에 있는 산호섬에서 원자폭탄과 수소폭탄을 개발하기 위해 실시한 실험.

매우 믿을 만한 권위자의 견해에 따르면, 핵폭탄의 파괴력이 이제는 히로시마를 파괴했던 핵폭탄의 이천오백 배나 될 정도로 강력한 핵폭탄을 제조할 수 있다고 한다. 그러한 폭탄 한 발이 지상 근처나 수중에서 폭발할 경우에 방사능 입자가 상층대기로 보내진다. 그러한 입자는 치명적인 먼지나 강우의 형태로 서서히 낙하하여 지구의 표면에 도달한다. 일본의 어부들과 그들이 잡은 어류를 오염시켰던 주범이 바로 이 먼지였다. 그처럼 치명적인 방사능 입자가 퍼져 나가는 범위에 대해 아무도 알지 못한다.

상층대기
지상 2~3km보다 높은 곳의 대기로서 대류권, 성층권, 중간권 따위로 나뉜다.

하지만 가장 권위 있는 사람들 모두가 만장일치로 공감하는 견해에 따르면, 수소폭탄을 사용하는 전쟁이 한 차례만 일어나더라도 인류가 종말을 맞이할 가능성이 높다고 한다. 만일 여러 개의 수소폭탄이 사용될 경우, 그 순간에 곧바로 죽는 사람은 많지 않겠지만, 대부분의 사람들은 질병으로 인해 서서히 고통을 겪으면서 몸이 망가져 가다가 결국에는 인류 전체가 죽음으로 치닫게 될 것이라는 우려가 있다.

군사 전략적 차원에서 저명한 과학자와 권위자들로부터 수많은 경고가 있었다. 그들 중에서 아무도 최악의 사태가 틀림없이 예상된다고 밝히지 않을 것이다. 그러한 결과가 일어날 수 있고, 그러한 결과가 실제 일어나지 않을 것이라고 아무도 단언할 수 없다고 그들은 말할 따름이다. 우리는 아직까지 이 문제에 관한 전문가의 견해가 조금이라도 그들의 정치적 입장이나 편견에 좌우되었다는 조짐을 발견하지 못했다. 그들의 견해는 오로지 특정한 전문가의 지식수준에 의존하고 있을 따름이라는 사실이 우리의 조사 과정을 통해 밝혀졌다. 우리는 가장 잘 아는 사람이 가장 비관적인 전망을 내놓는다는 사실을 알았다.

이제 우리는 여러분에게 적나라하고도 무시무시하고도 피할 수 없는 문제를 제시하겠다. 우리는 인류의 종말을 초래할 것인가? 그렇지 않으면 인류는 전쟁을 포기할 것인가? 사람들은 전쟁을 포기하기 어렵기 때문에 이 양자택일의 문제와 마주치지 않을 것이다.

전쟁을 포기할 경우, 국가의 주권은 어쩔 수 없이 제한될 것이다. 하지만, '인류'라는 말이 애매모호하고 추상적으로 느껴지기 때문에 무엇보다도 상황 인식을 가로막는다. 어렴풋한 개념으로 다가오는 '인류'에게 위험이 닥쳐 있는 것이 아니라, 바로 자

기 자신이나 자식들이나 후손들에게 위험이 닥쳐 있다는 사실을 거의 모든 사람들이 절실하게 느끼지 못한다. 그들 각자와 그들이 사랑하는 사람들이 고통스럽게 사라져 가는 절박한 위험 상태에 빠질 수도 있다는 사실을 거의 모든 사람들이 자각하지 못하고 있다. 따라서 현대식 무기의 사용이 금지된다면, 전쟁이 계속되어도 괜찮다고 생각한다.

이러한 희망은 환상이다. 수소폭탄을 사용하지 말자고 평화시에 어떤 협정을 맺었다고 해도, 전쟁이 발발했을 경우에 그러한 협약은 더 이상 구속력을 상실했다고 판단하면서, 전쟁이 일어나자마자 쌍방은 수소폭탄을 제조하는 일에 착수할 것이다. 그 이유는 어느 한쪽이 그 폭탄을 제조하고 상대방이 그렇지 않을 경우, 그 폭탄을 제조한 쪽이 틀림없이 승리할 것이기 때문이다.

전면적 군비 축소의 일환으로서 핵무기를 폐기하는 협약이 궁극적 해결책은 아니지만, 그것은 다소간 중요한 목적에 기여할 것이다. 첫째로 긴장 완화를 지향하는 한, 동서 진영 사이에 맺어지는 모든 협약은 유익하다. 둘째로 양쪽 진영 모두가 상대방이 협약을 성실하게 이행하고 있다고 믿을 경우, 열핵무기를 폐기함으로써 진주만이 기습적으로 공격을 당했던 경험처럼 기습 공격에 대한 두려움이 줄어들게 될 것이다. 현재 양쪽 진영은 기습 공격에 대한 두려움 때문에 첨예한 긴장 상태에 빠져 있다. 따라서 우리는 비록 첫걸음에 불과하지만 그러한 협약을 기꺼이 받아들여야 한다.

우리 대다수는 중립적인 입장에 서 있지 않지만, 우리는 인류 구성원으로서 다음과 같은 사실을 명심해야 한다. 즉, 만약 동서 진영의 문제가 공산주의자든 반공주의자든, 또한 아시아인이든 유럽인이든 미국인이든, 또한 백인이든 흑인이든 가리지 않고 누구에게나 최대한 만족을 주는 방식으로 해결될 수 있도록 최선의 노력이 기울여진다면, 이러한 문제는 평화적으로 해결될 것이다. 우리는 동서 진영 모두가 이 점을 이해하길 진심으로 바란다.

열핵무기
수소폭탄, 핵융합무기라고도 하는데, 수소의 원자핵이 융합하여 헬륨의 원자핵을 만들 때 방출되는 에너지를 살상·파괴용으로 이용한 폭탄을 이른다.

진주만
미국 하와이 주, 하와이 제도의 오아후(Oahu) 섬에 있는 만으로서 일본의 기습으로 태평양 전쟁이 시작된 곳으로 유명하다.

우리가 어떤 선택을 하느냐에 따라, 행복과 지식과 지혜가 지속적으로 진보하느냐 퇴보하느냐가 결정된다. 과연 우리는 싸움을 그만둘 수 없다고 해서 그 대신에 죽음을 선택해야 하는가? 우리는 인류 구성원으로서 인류에게 다음과 같이 호소한다.

여러분의 인간다움을 상기하라. 그런 다음에 나머지는 모두 잊어버려라. 만약 그렇게 할 수 있다면, 새로운 낙원으로 향하는 전망이 열릴 것이다. 만약 그렇게 할 수 없다면, 인류 전체가 멸종당할 위험이 여러분 앞에 다가오게 될 것이다.

결의

우리는 세계의 과학자와 일반 대중이 이 회의에 참석하여 다음과 같은 결의문에 서명할 것을 제안한다.

'향후에 세계 대전이 일어날 경우, 핵무기가 틀림없이 사용될 것이고, 그러한 무기가 인류의 지속적인 생존을 위협하고 있다는 사실을 감안하여, 세계의 모든 정부는 자국의 목적을 실현하는 수단으로서 세계 대전을 일으켜서는 안 된다는 점을 자각하고 공식적으로 인정할 것을 촉구한다. 따라서 우리는 국가들 사이에 발생하는 모든 분쟁 문제의 해결 방안으로서 평화적 방법을 강구할 것을 촉구한다.'

막스 보른(Max Born)

퍼시. W. 브리지먼(Percy W. Bridgman)

알베르트 아인슈타인(Albert Einstein)

레오폴드 인펠트(Leopold Infeld)

프레데릭 졸리오퀴리(Frederic Joliot Curie)

허먼 뮬러(Herman Muller)

라이너스 폴링(Linus Pauling)

세실 F. 파웰(Cecil F. Powell)

요제프 로트블라트(Joseph Rotblat)

버트런드 러셀(Bertrand Russell)

히데키 유카와(Hideki Yukawa)

200 해 리 의 배 타 적 경 제 수 역 권 리 찾 기

산토도밍고 선언 1972

1972년 6월 7일 도미니카 공화국의 수도 산토도밍고에서 열린 해양법상 여러 문제에 관한 카리브 해 연안국 특별 회의에서 세습 수역이라는 개념이 제기되었는데, 이를 계기로 200해리의 배타적 경제 수역(EEZ)이 제창되었다.

카리브 해 연안국의 각료들에 의해 채택된 이 선언은 인접 해역의 모든 자원을 독점하려는 목적에서 연안국 해양 관할권 확대를 주장하는 시도였다. 배타적 경제 수역 내에서는 외국의 선박이나 비행기의 자유로운 통행이 인정되지만, 연안국이 무역과 해상의 지하자원과 천연자원에 대한 주권을 행사할 수 있으며, 해양 과학 조사를 규제하고 오염 방지 조치를 취할 수 있도록 되어 있다.

이 선언은 1972년 6월, 카메룬의 야운데에서 열린 해양법에 관한 아프리카 국가의 지역 세미나에서 발표된 보고서 등과 함께 200해리의 배타적 경제 수역에 관한 개념을 주장한 초기 문서에 속한다.

영해(Territorial Sea)

1 특정한 국가의 주권은 그 국가의 영토와 내수를 벗어나서 해양 아래쪽의 해저와 하층토뿐만 아니라 해양 위쪽의 영공까지 포함하여 해안에 인접한 해양 지역, 즉 영해라고 불리는 지역까지 확장된다.

2 영해의 폭과 그것에 대한 결정 방법은 가급적이면 전 세계의 모든 국가가 참여한 국제 협정에 의해 처리되어야 한다. 그 동안 우여곡절을 겪으면서 진행되어 온 결과, 모든 국가에게는 적용 가능한 기선에서부터 측정해서 12해리가 되는 경계선까지 영해 폭으로 확정할 수 있는 권리가 있다.

3 연안국이든 그렇지 않든 관계 없이 모든 국가의 선박은 국제법에 따라 무해 통행권을 보장받아야 한다.

세습 수역(Patrimonial Sea)

1 연안국에게는 세습 수역이라고 불리는 영해의 인접 지역에 위치해 있는 수역과 해저, 하층토에서 발견되는 재생 가능한 자원과 재생 불가능한 자원에 대한 주권이 있다.

2 연안국에게는 세습 수역 내에서 학술 조사 활동을 강화해야 할 의무와 규제할 수 있는 권리가 있을 뿐만 아니라, 해양 오염을 방지하고 그 지역의 자원에 대한 주권을 보장하기 위해 필요한 조치를 취할 수 있는 권리가 있다.

3 이 수역의 폭은 가급적이면 전 세계 모든 국가가 참여한 국제

✎ 영해
1994년 국제 연합이 제정한 국제 해양법에 따르면, 연안기선으로부터 12해리까지의 해역과 그 지역의 상공과 해저에 대한 연안국의 주권이 인정되므로, 다른 나라는 이 지역에서 선박의 항해를 제외한 경제적 활동과 군사적 행동을 할 수 없다.

✎ 무해 통행권
외국 선박이 연안국의 평화와 질서, 안전을 저해하지 않으면서 해당 관할 수역을 통행할 수 있는 권리.

협정에 의해 처리되어야 한다. 지리적 조건을 고려할 때 영해와 세습 수역을 모두 합한 수역의 폭은 최대 200해리를 초과해서는 안 된다.

4 둘 이상의 국가들 사이에 이 수역을 결정하는 경우, 국제 연합 헌장에 규정된 평화적 절차에 따라 진행되어야 한다.

5 이 수역에서는 연안국이든 그렇지 않든 관계 없이 모든 국가의 선박과 항공기는 그 지역에 대한 권리를 소유하고 있는 연안국이 권리를 행사하지 않는 한, 아무런 제약도 받지 않은 채 자유로이 통과할 수 있는 권리를 갖는다. 또한 이러한 제한 조치의 조건 하에서 해저 케이블이나 파이프 라인을 매설할 수도 있다.

대륙붕(Continental Shelf)

1 연안국은 대륙붕을 탐사하고 그 곳의 천연자원을 개발하기 위해 대륙붕에 대한 주권을 행사한다.

2 대륙붕은 해안에 인접한 바다 속의 해저와 하층토, 즉 영해를 벗어난 곳으로서 수심이 200미터가 되는 지역이나 그 범위를 벗어난 곳으로서 앞서 언급한 지역의 천연자원에 대한 개발이 가능할 수 있는 지역까지 포함한다.

3 게다가 이 회의에 참석한 모든 국가는 국제 연합 해저와 대양저에 관한 위원회에 파견된 라틴아메리카 대표단이 대륙대의 외부 한계선을 고려한 다음에 대륙붕의 외부 한계선을 정확하게 확정하기 위한 적당한 방안과 시기에 관해 연구를 강화해야 한

대륙대
대륙 사면의 하단부가 대양저와 만나면서 경사가 약 0.2도로 완만해지는 곳으로서, 해저 협곡이 대양저와 만나는 부위를 가리키기도 한다.

다고 생각한다.

⌀ 대륙붕의 일부가 세습 수역에 포함된다는 점에서, 이 지역을 규정한 법률 체계가 적용되어야 한다. 세습 지역을 벗어난 일부 수역과 관련하여, 국제법상 대륙붕으로 확정한 체계가 적용되어야 한다.

국제 심해저(International Seabed)

1 1970년 12월 17일에 국제 연합 총회 결의안에 의해 채택된 선언에 따라, 세습 수역을 벗어나 있을 뿐만 아니라 세습 수역에 포함되지 않는 대륙붕을 벗어나 있는 국제 심해저와 그 곳의 자원은 인류의 공동 유산이다.

2 이 수역은 국제 협정에 의해 확정된 체계에 따라 관리되어야 한다. 그 협정에 의거하여 이 지역에서 공동 합의로 결정되는 방식과 조건으로 모든 활동, 특히 탐사, 개발, 해양 환경 보호, 학술적 조사 등을 독자적으로나 제삼자를 통해 펼칠 수 있도록 권한을 위임받은 국제기구가 조직되어야 한다.

공해(High Seas)

세습 수역의 외부 한계선을 벗어난 곳에 위치해 있는 수역은 공해라고 불리는 국제 지역을 형성한다. 그 곳에는 항해의 자유와 항공의 자유와 해저 케이블과 파이프 라인 매설의 자유가 보장된다. 이 지역에서는 어업 활동이 자유롭게 허용되거나 마구잡이로

국제 심해저
배타적 경제 수역, 영해, 내수, 군도 수역에 포함되지 않는 모든 수역의 밑바닥과 지하를 가리킨다.

공해
어느 나라의 주권에도 속하지 않으며, 모든 나라가 공통으로 사용할 수 있는 수역.

진행되도록 내버려 두어서는 안 된다. 가급적이면 전 세계의 모든 국가가 일반적으로 받아들일 수 있는 적절한 국제 조례가 제정되어야 한다.

해양 오염(Marine Pollution)

1 모든 국가에게는 자국의 관할권 범위 내에 속하든 외부에 속하든 관계 없이 해양과 해저를 오염시킬 수 있는 행위를 삼가할 의무가 있다.

2 해양 환경을 파괴하는 자연인이나 법인에 대한 국제적 차원의 책임이 부과되어야 한다. 이 사안과 관련하여 전 세계의 모든 국가가 일반적으로 받아들일 수 있는 국제 협정의 체결이 바람

직하다.

지역 협력(Regional Cooperation)

1 지역의 국가들이 주로 학술 조사, 해양 환경의 오염, 보존, 해양 자원의 보호·개발과 관련된 카리브 해의 독특한 문제들과 비교하여 활동을 통일시키고 하나의 공동 정책을 채택할 필요성을 인정하면서,

2 지역의 국민들이 자원을 최대한 이용할 수 있도록 보장하려는 목적에서 모든 방면의 대양 공간에서 국가 활동과 정책을 조정하고 조율하기 위해, 가능한 한 1년에 한 번씩 주기적으로 장관급 회의를 개최하기로 결의한다.

이번 회의에 참석한 국가들 중에서 어느 국가라도 첫 회의를 소집할 수 있다.

마지막으로, 국제법이 항상 라틴 아메리카 국가들을 항상 격려해 왔다는 사실에 안도감을 느끼면서 국제법을 존중하겠다고 다시 한 번 확인한다. 조화와 단결의 정신으로 무장하고 아메리카 대륙 국가 체계의 원칙을 강화한다면, 이 문서에 담긴 모든 원칙이 실현될 수밖에 없을 것이다.

인 간 과 환 경 의 조 화 를 위 하 여

나이로비 선언 1982

1972년 스웨덴의 스톡홀름에서 개최한 국제 연합 인간 환경 회의에서 세계 환경 보전과 개선을 위한 제원칙을 선포했다. 그 후 10주년을 기념하여 1982년 국제 연합 환경 계획 관리 이사회 특별 회의에서 〈나이로비 선언〉을 발표하여 다시 한 번 그 의미를 확인하였다.

5월 10일부터 18일까지 아프리카 케냐의 나이로비에서, 세계 105개국 정부 대표가 참석한 가운데 개최되었던 이 회의에서는 특히 인간과 환경 간의 조화를 강조하였다. 또한 〈인간 환경에 관한 국제 연합 선언〉에 대한 지지를 재차 확인하면서 지구 환경 보전을 위한 10년간의 활동을 평가하고 향후 대책을 검토하였다.

그리고 모든 정부와 국민들에게 지금까지 이룩해 온 성과를 존중할 것을 촉구하는 한편, 지구 환경의 현재 상태에 대해 심각한 우려를 표명하면서 지역적 차원과 국내적 차원과 세계적 차원에서 환경을 보호하고 향상시키기 위한 노력을 긴급히 강화해야 한다고 강조하였다.

스톡홀름에서 국제 연합 인간 환경
회의가 개최된 지 10주년을 맞이하여, 전 세계의 국가들이 1982
년 5월 10일부터 18일까지 나이로비에 모여서 국제 연합 인간 환
경 회의에서 채택된 선언과 행동 계획을 이행하기 위한 모든 조치
를 검토하고, 모든 정부와 국민에게 지금까지 이룩해 온 성과에
의지할 것을 엄숙히 요구하면서, 세계 환경의 현재 상태에 관해
심각한 우려를 표명하고, 세계적 차원과 지역적 차원과 국내적 차
원에서 환경을 보호하고 향상시키기 위한 노력을 긴급히 강화해
야 한다고 인정한다.

1 스톡홀름 회의는 인간 환경의 취약성에 대한 대중적 자각과 이
   해를 널리 확산하는 데 강력한 기폭제가 되었다. 그 이후로 환
   경 분야에서 중요한 학문적 성과가 이룩되었으며, 교육과 정보
   보급과 훈련이 상당한 정도로 확대되었다. 거의 모든 국가에서
   환경법이 제정되었고, 상당수의 국가는 환경 보호에 관한 조항
   을 자국의 헌법에 반영하였다. 국제 연합 환경 계획과 별도로
   정부 전담 기구와 NGO가 모든 분야에서 설립되었으며, 상당
   수의 중요한 국제 협약이 환경 협력과 관련하여 체결되었다.
   〈스톡홀름 선언〉의 모든 원칙은 1972년에 발표되었던 당시와
   마찬가지로 오늘날에도 여전히 효력을 발휘하고 있다. 그 원칙
   은 향후에도 환경 관리의 기본 지침이 될 것이다.
2 하지만 행동 계획은 부분적으로만 이행되었을 뿐이고, 그 결과

는 만족스러운 수준에 도달하지 못했다고 판단된다. 그 원인은 주요하게 환경 보호의 장기적 이익에 대한 예측과 이해가 부족했던 점, 접근 방법과 활동을 적절하게 조절하지 못했던 점, 자원을 효율적으로 이용하지 못했을 뿐만 아니라 균등하게 배분하지 못했던 점에 기인한다.

이러한 이유 때문에, 행동 계획은 전반적으로 국제 사회에 충분한 영향을 미치지 못했다. 통제할 수 없을 정도로 환경이 파괴되는 몇몇 사례가 발생했다. 삼림 파괴, 토양과 수질 오염, 사막화는 심상치 않은 상태로 치닫고 있고, 세계 대부분 지역의 생활 조건을 심각하게 위협하고 있다. 환경 조건의 파괴로 인해 발생한 질병이 지속적으로 인류의 불행을 초래하고 있다. 오존층의 파괴와 이산화탄소 누적 현상과 산성비 등과 같은 대기권 변화, 해양과 하천 오염, 위험 물질의 남용과 폐기, 동식물종의 멸종 등이 인간 환경을 한층 더 심각하게 위협하고 있다.

3 지난 10년 동안에 걸쳐 새로운 견해가 제기되었다. 즉 환경 관리와 환경 평가의 필요성, 환경과 개발과 인구와 자원 사이의 복합적 상호 관계에 관한 지표, 특히 도시 지역에서 인구 증가로 인해 발생하는 환경에 대한 부담 등에 관한 새로운 인식이 널리 보급되었다. 이러한 상호 관계가 환경적 측면에서 바람직하면서 사회 · 경제적 측면에서 지속 가능한 발전으로 수렴되려면 포괄적이고도 지역적으로 통합된 접근 방식이 채택되어야 한다.

4 환경에 대한 위협은 낭비를 일삼는 소비 유형뿐만 아니라 빈곤에 의해 악화된다. 즉 이러한 두 가지 요인 때문에 사람들은 자신들의 환경을 지나치게 개발한다. 제3차 국제 연합 발전 10개년을 위한 세계 발전 전략과 새로운 국제 경제 질서의 확립은 환경 파괴를 방지하기 위한 지구 전체의 활동 과정에서 이제 주요한 방편으로서 역할을 담당하고 있다. 또한 시장과 계획 수립 체계를 결합시킴으로써 바람직한 개발과 더불어 환경과 자원에 대한 합리적 관리가 보장될 수 있다.

5 인간 환경은 인종 차별과 인종 분리를 포함한 모든 형태의 차별, 식민 지배를 포함한 모든 형태의 억압과 외세 지배로부터 벗어날 뿐만 아니라, 모든 전쟁 위협 특히 핵전쟁 위협, 군비 확장에 쏟아 붓는 지식 자원과 천연자원의 낭비 등으로부터 벗어나서 평화와 안전이 보장되는 세계 정세를 조성하는 데 커다란 기여를 할 것이다.

6 수많은 환경 문제는 국경을 초월하여 인류 모두에게 이익이 돌아갈 수 있도록 협력 활동을 펼침으로써 시의적절하게 해결되어야 한다. 따라서 모든 국가는 협약과 조약을 포함하여 환경법이 전향적으로 개선될 수 있도록 한층 더 노력함과 동시에, 학술 연구와 환경 관리 분야에서 협력을 확대해야 한다.

7 당사국의 통제 범위를 벗어난 외부 요인을 포함하여 저개발 조건으로 인해 초래되는 환경 파괴 때문에, 자국 내에서나 국가들 사이에 기술 자원과 경제 자원을 훨씬 더 균등하게 분배함으로

써 해결될 수밖에 없는 심각한 문제가 제기된다. 선진국과 개발
도상국은 그러한 국가가 겪고 있는 가장 심각한 환경 문제를 처
리하기 위해 자국 내에서 펼치는 활동을 지원해야 한다. 특히
다른 개발도상국으로부터 지원을 받아서 적절한 기술을 이용
하는 경우, 천연자원을 보전하는 문제와 배치되지 않으면서 경
제·사회적 진보가 이룩될 수 있다.

8 천연자원을 환경적 측면에서 바람직하게 개발하고 이용할 수 있는 관리 방법을 개발함과 동시에 목가적 전통 방식을 현대화하기 위해 보다 적극적으로 활동해야 한다. 기술 혁신을 통해 대체 자원 개발과 자원 재활용, 자원 보존이 촉진될 수 있도록 각별한 관심이 기울어져야 한다.

전통적으로 이용해 온 재래식 에너지원이 급속하게 고갈됨에 따라 에너지와 환경을 효과적으로 관리하고 보존하는 문제가 새로운 과제로 대두되고 있다.

각국이 개별적으로나 집단적으로 수립한 합리적 에너지 계획이 도움이 될 수 있다. 새로운 재생 가능 에너지원의 개발과 같은 조치가 환경에 대단히 유익한 영향을 미칠 것이다.

9 이미 파괴되어 버린 환경을 복구하려고 대대적으로 노력을 기울이기보다는 환경이 파괴되지 않도록 미리 방지할 필요가 있다. 예방 대책에는 환경에 영향을 미치는 모든 활동에 대한 적절한 계획이 포함되어야 한다. 또한 정보 제공과 교육 훈련을 실시함으로써 환경의 중요성에 대한 일반 국민의 정치의식을 강화해야 한다. 책임감을 지닌 개개인의 행동과 참여야말로 환경 운동의 발전을 위한 필수적 요소이다.

NGO는 이 분야에서 매우 중요하면서도 때론 획기적인 역할을 담당한다. 다국적 기업을 포함하여 모든 기업은 기술을 적용해서 제품 생산 방법을 채택하는 경우나 다른 나라에 제품을 수출하는 경우에 환경상의 책임을 고려해야 한다. 이와 관련하여 시의적절한 입법 조치가 긴급히 요구된다.

10 전 세계의 국가들은 〈스톡홀름 선언〉과 행동 계획에 대한 서약뿐만 아니라, 환경 보호 분야에서 국내 활동과 국제 협력을 한층 강화하고 확대해야 할 책임을 엄숙히 재확인한다. 또한 국제적 환경 협력을 강화하는 주요 촉매 수단으로서 국제 연합 환경 계획에 대한 지원을 다시 한 번 확인하면서, 환경 문제를 해결하기 위해 이용할 수 있는 자원을 특히 환경 기금을 통해 보다 더 많이 확보할 것을 요청한다.

미래의 후손들이 모든 인간의 존엄한 생활이 보장되는 조건 속에서 우리의 작은 행성을 물려받을 수 있게 보장하기 위해, 모든 정부와 세계의 모든 사람들이 집단적 방식과 개별적 방식으로 각자 자신의 역사적 책무를 다하길 촉구한다.

환경과 개발을 조화시키고 지속 가능한 발전을 실현하자!

환경과 개발에 관한
리우 선언 1992

자연과 인간, 환경 보전과 개발의 양립을 목표로 1992년 브라질에서 열린 국제 연합 환경 개발 회의에서 채택된 선언이다.

브라질의 수도 리우데자네이루에서 '지구를 건강하게, 미래를 풍요롭게'라는 기치를 내걸고, 178개국 대표단과 6,000여 개에 달하는 NGO가 모인 국제 연합 환경 개발 회의에서 환경과 개발을 조화시키고 지속 가능한 발전을 실현하기 위한 협력 방안을 모색하였다. 이 선언은 1972년 6월 16일 스웨덴의 스톡홀름에서 열렸던 국제 연합 인간 환경 회의에서 채택된 〈인간 환경에 관한 국제 연합 선언〉을 재차 확인하였다.

당초에는 헌장으로 발표될 예정이었지만 개발도상국의 반대로 선언으로 조정되었다. 회의가 진행되는 과정에서 환경 문제와 경제 개발을 둘러싸고 선진국과 개발도상국 사이에 첨예한 이해관계가 맞서면서, 환경 보존을 위한 재정 지원과 기술 이전에 관한 문제를 놓고 많은 논란이 벌어졌다. 결국 지구 환경 보존을 위한 이념적 방향을 제시하는 선언과, 그 선언의 원칙을 구체적으로 실천하기 위한 행동 지침인 아젠다21이 채택되었다.

국제 연합 환경 개발 회의가, 1992년 6월 3일에서 14일까지 리우데자네이루에서 개최되어,

1972년 6월 16일에 스톡홀름에서 채택된 〈인간 환경에 관한 국제 연합 선언〉을 재확인함과 동시에 그 선언에 입각하여,

모든 국가, 주요 사회 분야, 모든 사람들 사이에 새로운 차원의 협력 관계를 구축함으로써 새롭고도 공평한 범세계적 동반자 관계를 확립할 목적으로,

모두의 이익을 존중하고 지구 환경의 측면이나 지구 개발의 측면에서 완전무결한 체제를 보장하는 국제 협정을 체결하기 위해 노력하며,

지구는 우리의 삶의 터전으로서 없어서는 안 될 뿐만 아니라 서로 의존하는 성격을 지니고 있다는 점을 인식하면서,

다음과 같이 선언한다.

원칙 1

인류는 지속 가능한 발전에 관한 논의의 중심에 서 있다. 인류에게는 자연과 조화를 이루면서 건강하고 생산적인 삶을 향유할 권리가 있다.

원칙 2

모든 국가에게는 국제 연합 헌장과 국제법의 원칙을 준수하면서 자국의 환경과 개발에 대한 정책에 따라 자국의 자원을 이용

지속 가능한 발전
1972년에 처음 사용되기 시작하여 1987년 브룬트란트 보고서에서 학문적 검증 과정을 거친 후에, 이 선언에서 '환경적으로 바람직하고 지속 가능한 발전'으로 확대된 개념이다. 미래 세대의 필요를 충족시키기 위한 잠재력을 훼손하지 않으면서 현재의 필요를 충족시키는 발전을 뜻한다.

할 수 있는 자주적 권리가 있으며, 자국의 관할권이나 통치권 범위 내에서 이루어진 활동이 다른 국가의 환경이나 자국의 관할권을 벗어난 지역의 환경에 피해를 입히지 않도록 보장해야 할 책임이 있다.

원칙 3

발전권은 개발과 환경에 대한 현재 세대와 미래 세대의 요구를 공평하게 충족할 수 있도록 실현되어야 한다.

원칙 4

지속 가능한 발전을 이루기 위해 환경 보호는 개발 과정에서 절대로 필요한 구성 요소이며 개발 과정과 분리시켜 고려되어서는 안 된다.

원칙 5

모든 국가와 국민은 생활수준의 격차를 줄이고 세계 대다수의 사람들의 수요를 한층 더 충족시키기 위한 목적에서, 지속 가능한 발전의 필수 조건으로서 빈곤 퇴치라는 가장 중요한 과업에 협력해야 한다.

원칙 6

개발도상국, 특히 개발이 가장 낙후된 국가와 환경이 파괴될 위험성이 가장 높은 국가의 특수한 상황과 요구 사항이 특히 우선적으로 고려되어야 한다. 또한 환경과 개발의 분야에서 이루어지는 국제적 조치는 모든 국가의 이해관계와 요구 사항을 반영해야 한다.

원칙 7

모든 국가는 지구의 생태계를 건강하고도 완전무결하게 보존하고 보호하고 복원하기 위해 범세계적 동반자의 정신에 입각하여 협력해야 한다.

지구 환경의 악화에 영향을 준 정도가 제각기 다른 점을 감안할 때, 모든 국가에게는 공동 책임을 지지만 차별화된 책임을 진다.

선진국 사회가 지구 환경에 끼친 부담과 선진국이 지닌 기술력과 자금력을 감안할 때, 선진국은 지속 가능한 발전을 국제적으로 추구하는 과정에서 부담할 책임에 대해 인정한다.

원칙 8

지속 가능한 발전을 이루고 모든 사람들에게 질적으로 보다 나은 생활을 보장하기 위해, 모든 국가는 지속 불가능한 생산과 소비의 유형을 줄이고 제거할 뿐만 아니라 바람직한 인구 정책을 촉진해야 한다.

원칙 9

모든 국가는 과학 기술적 지식의 교류 활동을 통해 과학 수준을 향상시키고, 새롭고 혁신적인 기술을 포함하여 기술 개발과 적용, 보급, 이전을 증진함으로써, 지속 가능한 발전을 이룰 수 있는 잠재적 능력을 형성하고 강화하도록 협력해야 한다.

원칙 10

환경 문제는 관심을 지닌 시민 모두가 적절한 수준으로 참여할 때 가장 효과적으로 다루어진다. 국내적 차원에서 각 개인은 자신이 거주하는 지역 사회에 유해한 영향을 주는 물질과 실태에 관한 정보를 포함하여 공공 기관이 보유하고 있는 환경 정보를 쉽게 이용할 수 있어야 하고, 의사 결정 과정에 참여할 수 있는 기회를 보장받아야 한다.

모든 국가는 정보를 쉽게 이용할 수 있도록 널리 보급함으로써 대중의 자각과 참여를 촉진하고 권

장해야 한다. 피해에 대한 배상과 구제책을 포함하여 사법적 절차나 행정적 절차를 효과적으로 이용할 수 있어야 한다.

원칙 11

모든 국가는 효력을 발생하는 환경 법규를 제정해야 한다. 환경 기준과 관리 목표와 우선 순위는 적용되는 환경과 개발의 실상을 제대로 반영해야 한다. 특정 국가에서 적용된 기준은 다른 국가, 특히 개발도상국에게 부적절하거나 경제적으로나 사회적으로 지나치게 부담이 되는 비용을 초래할 수도 있다.

원칙 12

모든 국가는 환경을 악화시키는 제반 문제에 대해 보다 더 적절하게 대처하기 위한 목적에서, 자국의 경제 성장과 지속 가능한 발전을 가능하게 하는 협력적이고 개방적인 국제 경제 체제를 촉진하도록 협력해야 한다. 국제 무역에 대해 자의적이거나 부당한 차별적 수단 혹은 위장된 제한조치가 환경적 목적을 실현하기 위한 무역 정책 수단으로서 사용되어서는 안 된다. 수입국의 관할권을 벗어난 지역의 환경 문제를 처리하기 위해 일방적인 조치를 취해서는 안 된다. 국경을 초월하거나 국제적 차원의 환경 문제를 해결하기 위한 환경적 조치는 가능한 한 국제적 합의에 기초해야 한다.

원칙 13

모든 국가는 환경 오염과 기타 환경 파괴로 인해 피해를 당한 피해자에 대한 책임과 배상에 관한 국내법을 발전적 방향으로 개정해야 한다. 또한 모든 국가는 자국의 관할권이나 통치권 범위 내에서 이루어진 활동으로 인해, 자국의 관할권을 벗어난 지역의 환경을 파괴할 정도로 악영향을 미친 행위에 대한 책임과 배상에 관한 사항을 규정한 국제법이 한층 발전적 방향으로 개정되도록 신속하고도 확고한 자세로 협력하여야 한다.

원칙 14

모든 국가는 환경을 심각하게 악화시키거나 인간의 건강에 유해한 것으로 밝혀진 특정한 활동과 특정한 물질을 다른 국가로 재배치하거나 이전하는 행위를 방지하거나 예방하기 위한 활동에 효율적으로 협력해야 한다.

원칙 15

환경을 보호하기 위한 예방 조치가 국가의 역량에 따라 각 국가별로 폭넓게 취해져야 한다. 심각한 피해나 돌이킬 수 없는 피해가 우려되는 경우, 비용에 비해 효과가 높으면서도 환경 악화를 방지할 수 있는 조치가 과학적 불확실성을 이유로 미루어져서는 안 된다.

원칙 16

국가 기관은 오염을 발생시킨 자가 원칙적으로 오염 비용을 부담한다는 정책을 채택함으로써, 공공의 이익을 적절히 고려하면서도 국제적 교역과 투자를 왜곡시키지 않는 채, 환경 비용이 자체적으로 처리되고 경제적 수단이 활용될 수 있도록 촉진하는 노력을 기울여야 한다.

원칙 17

환경 영향 평가는 환경에 심각한 악영향을 미칠 가능성이 있고, 국가 담당 기관의 정책 결정을 필요로 하는 사업 계획에 대해 국가의 제도로서 실시되어야 한다.

원칙 18

모든 국가는 다른 국가의 환경에 갑작스러운 피해를 입힐 수 있는 어떤 자연재해나 기타 긴급 사태를 관련국에게 즉시 통고해야 한다. 국제 사회는 그러한 피해를 입은 국가를 돕기 위해 모든 노력을 기울여야 한다.

원칙 19

모든 국가는 국경을 넘어 다른 국가의 환경에 심각한 악영향을 초래할 수 있는 활동에 대해 피해가 예상되는 국가에게 미리 시의적절하게 통고함과 동시에 관련 정보를 제공해야 하며, 초기

환경 영향 평가
개발이 환경에 미치는 영향의 정도나 범위를 사전에 예측하고 평가한 후 그에 대한 대책을 마련하여 환경오염을 미리 예방하는 제도.

단계에서 관련국과 성실하게 협의해야 한다.

원칙 20

여성은 환경 관리와 개발에서 중요한 역할을 맡는다. 따라서 지속 가능한 발전을 이루기 위해 여성의 적극적 참여가 반드시 요구된다.

원칙 21

지속 가능한 발전을 실현하고 모두에게 보다 나은 미래를 보장하기 위해, 세계 청년들의 창조성과 이상과 용기가 결집되어 범세계적 동반자 관계가 구축되어야 한다.

원칙 22

토착민과 그들의 사회와 여타 지역 사회는 그들의 지식과 전통적 관행 때문에 환경 관리와 개발에 있어서 중요한 역할을 맡는다. 모든 국가는 그들의 정체성과 문화와 관심사를 인정하고 마땅히 지원해야 하며, 그들이 지속 가능한 발전을 실현하는 과정에 효과적으로 참여할 수 있도록 노력해야 한다.

원칙 23

억압받거나 지배당하거나 점령당한 상태에 처해 있는 민족의 환경 자원과 자연 자원은 보호되어야 한다.

원칙 24

전쟁은 본질적으로 지속 가능한 발전을 가로막는다. 따라서 모든 국가는 무력 분쟁이 발생한 경우에 환경에 대한 보호 조치를 규정한 국제법을 존중해야 하며, 필요한 경우에는 그 국제법을 발전적 방향으로 개정하는 활동에 협력해야 한다.

원칙 25

평화와 개발과 환경 보호는 상호의존적이면서도 불가분의 관계에 놓여 있다.

원칙 26

모든 국가는 국제 연합 헌장에 따라 적절한 수단을 활용하여 상호 간의 환경 분쟁을 평화적으로 해결해야 한다.

원칙 27

모든 국가와 국민은 이 선언에 구현된 원칙이 실현되고, 지속 가능한 발전 분야에서 국제법이 한층 발전적 방향으로 개정되도록 협동 정신에 입각하여 진심으로 협력해야 한다.

Rome Declaration on World Food Security

기아 문제와 식량 문제를 해결하기 위한 발걸음

세계 식량 안보에 관한 로마 선언 1996

〈세계 식량 안보에 관한 로마 선언〉은 1996년 이탈리아의 로마에서 개최되었던 세계 식량 정상 회의에서 채택된 것으로, 전 세계 기아 문제에 대한 대응과 미래의 식량 안보 문제를 주된 내용으로 하고 있다.

전 세계 185개 국가와 유럽 연합의 대표들이 참석한 가운데 열린 이 회의에서 기아와 식량 안보 문제를 세계적 차원에서 해결해야 할 중요한 문제로 인식하였다. 그래서 긴급하고도 단호하면서 일치된 행동 계획이 마련되어야 한다는 공통된 의견에 기초하여 구체적 행동 방침을 채택하였다.

인류를 위한 식량 안보 달성과 2015년까지 영양 부족으로 시달리는 인구를 반감시킨다는 목표에 대한 정치적 의지를 표명하면서, 빈곤 퇴치를 위한 제반 환경 조성, 빈곤과 불평등 해소와 식량 이용 조건 개선, 식량 공급을 위한 지속 농업과 농촌 개발, 식량 안보의 개선을 위한 무역 정책, 자연재해와 긴급 사태에 대한 대응 조치, 인력 개발과 농업 개발을 촉진하기 위한 자원 배분, 세계 식량 정상 회의의 행동 방침의 이행과 후속 조치 등 7가지 항목의 공약을 내걸고 각국에게 이행을 촉구하고 있다.

우리는 국가와 정부의 정상이나 대표로서 국제 연합 식량 농업 기구(FAO)의 초청으로 세계 식량 정상 회의에 참석하여, 모든 사람에게는 안전하고 영양가 있는 식량을 이용할 수 있는 권리뿐만 아니라, 적절한 식량을 얻을 권리와 기아로부터 해방되어야 할 기본적 권리가 있음을 재차 확인한다.

기아

오랜 기간 동안 계속되는 심한 식량 부족으로 생체에 필요한 영양소가 결핍된 상태를 말한다.

우리는 모든 국가의 식량 안보를 실현하고 모든 국가에서 기아를 근절하기 위한 노력을 지속적으로 기울이겠다는 우리의 정치적 의지와 공통된 국가 방침을 서약함과 동시에, 늦어도 2015년까지는 기아로 인해 시달리고 있는 인구를 현재의 절반 수준으로 낮춘다는 입장을 즉각적으로 표방한다.

우리는 특히 개발도상국을 중심으로 전 세계에서 8억 명에 달하는 인구가 기본적 영양 상태를 유지할 수 있을 만큼 충분하게 식량을 공급받지 못한다는 사실을 도저히 용납할 수 없다. 이러한 상황이 지속되어서는 안 된다. 식량 공급은 실질적으로 증가했지만, 식량을 이용할 수 있는 권리를 억압하는 요인, 식량을 구입할 수 있는 가계 수입과 국가 수입의 지속적인 부족 상태, 공급과 수요의 불균형 상태, 천재와 인재 등으로 인해 기본적 식량 수요가 충족되지 못하고 있다.

세계 인구가 증가하는 추이와 천연자원을 남용하는 상황을 감안해 볼 때, 긴급하고도 단호하면서 일치된 조치가 내려지지 않을 경우, 기아와 식량 불안의 문제는 세계적 차원으로 확대되면서 지속될 것이고, 심지어 특정 지역에서는 심각한 사태로 악화되어 갈 것이다.

우리는 모든 국가가 식량 안보와 빈곤 퇴치를 위해 우선적으로 나설 수 있는 필수적 기반으로서 평화롭고 안정적이며 실현 가능한 정치 환경과 사회 환경과 경제 환경이 조성되어야 한다는 점을 재차 확인한다.

빈곤은 식량 불안의 주요 원인이고, 식량을 이용할 수 있는 권리를 강화하기 위해 빈곤을 퇴치하는 과정에서 지속 가능한 발전이 반드시 이루어져야 한다. 또한 분쟁과 폭력 사태와 부정부패와 환경 파괴로 인해 식량 불안은 심각하게 악화된다. 주요 식량을 포함하여 식량 생산이 확대되도록 노력해야 한다. 환경을 파괴하지 않고 지속적으로 천연자원을 이용할 수 있는 관리 체제를 유지하고, 특히 선진국에서 지속 가능한 발전을 가로막는 소비 방식과 생산 방식을 제거하고, 세계 인구를 조기에 안정시키는 조건 속에서 이러한 노력이 기울여져야 한다.

우리는 여성, 특히 개발도상국의 농촌 여성이 식량 안보에 중요하게 기여하고 있음을 인정함과 동시에, 남녀평등이 반드시 보장되어야 한다는 사실을 인정한다. 또한 사회 안정성을 높이고 수많은 나라들이 떠안고 있는 문제로서 도시와 농촌 간의 지나친 인구 격차를 해스하기 위해 우선적으로 농촌 지역을 활성화해야 한다.

우리는 현재 세대와 미래 세대에게 식량 안보를 보장할 책임을 다하기 위해 지금 당장에 행동에 나설 수밖에 없는 절박한 상황을 강조한다. 식량 안보를 확보하는 과제에 대한 일차적 역할을 각국의 정부가 담당하고 있기 때문에 그 과제를 해결하기가 그리 만만치 않다.

각국의 정부는 실현 가능한 환경을 조성해야 하고, 평화를 보장하는 정책뿐만 아니라 사회적으로나 정치적으로나 경제적으로 안정을 도모하는 정책과 평등권과 남녀평등을 보장하는 정책을 펼쳐야 한다.

우리는 대규모로 국내의 사회 집단을 위협할 뿐만 아니라 다양한 방식으로 국제 사회 자체의 안정을 해치는 기아 상태가 지속되는 현실에 대해 심각한 우려를 표명한다. 또한 세계 체제 내에서 모두가 식량 안보를 실현하기 위한 목적에서 수립된 프로그램을 중심으로 모든 정부는 서로 간에 적극적으로 협력해야 할 뿐만 아니라, 국제 연합 산하 기구, 금융 기구, 정부간 기구와 NGO,

지식 두배!

인류 역사의 대기근

1064년~1072년 이집트에서는 7년간의 나일 강 홍수 때문에 대기근이 발생하였다. 또한 1837년~1838년에는 아일랜드에서 감자잎마름병으로 인한 흉작으로 200여 만 명이 사망하였으며, 1876년~1879년에는 중국 북부 지방에서 가뭄으로 인한 식량 생산 격감으로 1,000만 명 가량이 죽고, 1934년~1944년에는 인도의 뱅갈 지방에서 홍수 때문에 200~400만 명이 사망하였다. 그리고 1969년~1970년에는 아프리카의 비아프라에서 수십만 명이 기근으로 굶어 죽었다. 기아 현상은 지금도 세계 전역에서 일어나고 있다.

공공 부문과 민간 부문 등 다양한 형태의 조직들과 적극적으로 협력해야 한다.

식량은 정치 경제적 압력 수단으로 이용되어서는 안 된다. 우리는 국제적 협력과 유대의 중요성을 다시 한 번 확인함과 동시에, 국제법이나 국제 연합 헌장을 준수하지 않은 채 식량 안보를 위협하는 일방적 조치는 반드시 금지되어야 한다고 재차 확인한다.

우리는 식량 안보를 실현하기 위해 인적자원 개발과 연구 기반 시설에 대한 투자를 촉진하는 정책이 반드시 채택되어야 한다고 판단한다. 우리는 고용을 창출하여 수입을 얻어야 하고, 생산 자원과 재정 자원을 동등하게 이용할 수 있는 기회를 확대해야 한다.

우리는 무역이 식량 안보를 실현하는 과정에서 핵심적 역할을 맡는다는 사실에 동의한다. 우리는 생산자와 소비자가 경제적으로 바람직하면서도 지속 가능한 발전을 이루는 방식으로 자원을 이용할 수 있는 식량 거래와 전반적 무역 정책을 추구해야 한다고 판단한다.

우리는 식량 안보를 위해 지속 가능한 농업 · 어업 · 임업에 대한 개발과 잠재력이 높은 지역뿐만 아니라 낮은 지역의 농촌 개발이 중요하다고 인정한다. 우리는 농부, 어부, 임업 종사자, 토착민, 그들의 지역 사회, 식량 관련 부문의 모든 종사자, 효과적인 연구 활동과 기술 보급에 의해 지원을 받는 그들의 조직 등이 식량 안보를 실현하는 과정에서 기본적 역할을 담당한다는 점을 인정한다.

우리가 펼치는 지속 가능한 발전을 보장하는 정책은 특히 여성의 완전한 참여와 권리 보장, 균등한 소득 분배, 의료 서비스와 교육을 받을 수 있는 기회, 청소년을 위한 다양한 기회 등을 촉진할 것이다.

전쟁이나 내란이나 자연재해나 기후와 관련된 환경 변화로 인해 피해를 입은 사람들을 포함하여 적절한 영양 상태를 유지할 수 있을 만큼 충분하게 식량을 생산하거나 확보할 수 없는 사람들에 대해 각별히 주의를 기울여야 한다. 우리는 사막화와 어류 남획과 생물학적 다양성의 파괴를 포함하여 유해 환경과 가뭄과 자연 자원의 파괴에 맞서 싸울 수 있는 긴급한 대책을 마련해야 한다고 판단한다.

우리는 지속 가능한 식량 안보 정책을 뒷받침하는 국가 방침을 강화하기 위해 개발도상국의 외채를 탕감함과 동시에, 모든 방법을 채택하여 기술 자원과 재정 자원을 동원하고 그것을 가장 적절하게 배정하여 최대한 이용할 수 있도록 최선의 노력을 다하겠다고 결의한다.

다원적 성격을 지닌 식량 안보는 일관된 국가 방침을 필요로할 뿐만 아니라, 국가 방침을 보완하고 강화시키는 효과적 국제 활동을 요구한다는 점을 확신하면서, 우리는 다음과 같은 방침을 선언한다.

— 우리는 빈곤을 퇴치하고 항구적 평화를 정착하기 위한 최상의 조건을 창출할 수 있으면서, 완전하고도 평등한 남녀 참여가 보장되는 조건 속에서 지속 가능한 식량 안전이 모두에게 실현되는 데 가장 도움이 되는 정치 환경과 사회 환경과 경제 환경이 구축되도록 노력할 것이다.

— 우리는 빈곤과 불평등을 근절하는 목적과 함께 항상 모두가 영양상으로 적절하고도 안전한 식량을 충분히 확보할 수 있으며 그것을 효과적으로 이용할 수 있는 권리를 향상시키기 위한 목

적에서 정책을 이행할 것이다.

—우리는 누구나 참여하는 지속 가능한 식량, 지속 가능한 농
업·어업·임업을 추구하면서 잠재력이 높은 지역과 낮은 지
역의 농촌에 대한 개발 정책을 수립하고 실천해 나갈 것이다.
그렇게 함으로써 가정이나 국가나 지역이나 세계의 차원에서
적절하고도 믿을 만한 식량을 공급할 수 있다. 또한 우리는 농
업이 다원적 성격을 지니고 있다는 점을 감안하여 유해 환경과
가뭄과 사막화에 맞서 싸울 것이다.

—우리는 천재와 인재를 예방하고 대비함과 동시에, 복구, 재건,
개발, 미래 수요를 감당할 역량 등을 강화하는 방식을 활용함
으로써 비상식량에 대한 요구를 충족시키는 데 최선을 다할 것
이다.

우리는 국제 사회와 협력해서 이러한 행동 방침을 모든 차원에
서 이행하고 감시하고 사후 조치를 취할 것이다.

우리는 우리의 방침을 준수하면서 세계 식량 정상 회의의 행
동 방침이 이행되도록 뒷받침할 것이다.

문 화 다 양 성 은 인 류 의 공 동 유 산 이 다 !

세계 문화 다양성
선언 2001

〈세계 문화 다양성 선언〉은 2001년 프랑스 파리에서 열린 제31차 유네스코 총회에서 채택된 선언으로, 강대국이든 약소국이든 자국의 문화를 유지하고 종의 다양성을 보존해야 한다는 내용을 담고 있다.

1999년 제30차 유네스코 총회에서 이 선언을 채택하자는 제안이 처음으로 제기되어, 2년 동안 전문가 그룹 회의, 회원국 설문 조사 등 다양한 절차를 거쳐 각국의 관심과 의견을 수렴하였다. 이 선언은 1982년 멕시코시티에서 개최된 문화 정책에 관한 세계 회의와 1998년 스톡홀름에서 열린 발전을 위한 문화 정책에 관한 정부간 회의, 그리고 1995년 세계 문화 발전 위원회에서 펴낸 보고서인 '우리의 창조적 다양성' 등 그 동안 다양한 방식으로 문화 다양성의 가치를 보존하기 위해 노력해 온 결과를 종합한 것이다.

〈세계 문화 다양성 선언〉은 21세기 세계 각국의 문화 정책에 커다란 영향을 끼칠 것으로 평가된다.

총회는, 〈세계 인권 선언〉과 1966년에 채택된 시민적 · 정치적 권리에 관한 국제 연합 협약과 경제 · 사회 · 문화적 권리에 관한 국제 연합 협약처럼 국제적으로 공인된 여타의 법률 문서에서 선언한 인권과 기본적 자유에 대한 충실한 이행을 서약하면서,

　　　유네스코 헌장 전문에서 '폭넓은 문화 보급과 정의와 자유와 평화를 위한 인간성 교육은 인간 존엄성을 보장하기 위해 필수적 조건이고, 모든 국가가 상호 부조와 공동 이익의 정신으로 완수해야 할 신성한 의무이다.'고 단언한 사실을 상기하면서,

　　　또한 여타의 목적보다도 특히 유네스코에게 부여된 임무, 즉 '문자와 이미지를 이용해서 아이디어가 자유롭게 생산되도록 촉진하는 데 없어서는 안 되는 국제 협약'을 권고한다는 유네스코 헌장 제1조를 상기하면서,

　　　유네스코가 제정한 국제 규약 중에서 문화적 권리의 행사와 문화 다양성에 관한 조항을 참조하면서,

　　　문화는 사회나 특정한 사회 집단이 독특하게 지닌 정신적 특성과 물질적 특성과 지적 특성과 정서적 특성이 담겨 있는 집합체로 인정되어야 한다는 점과, 문화는 예술과 문학뿐만 아니라 생활 양식, 공동생활 방식, 가치 체계, 전통, 신념 등을 포함한다는 점을 재확인하면서,

　　　문화가 정처성, 사회적 통합, 지식 기반 경제의 발전에 관한 최근의 쟁점 중에서 핵심적 사안으로 떠오르고 있다는 점에 주목

하면서,

서로 믿고 이해하는 분위기 속에서 문화 다양성과 관용과 대화와 협력을 존중함으로써 세계 평화와 안보가 가장 확실하게 보장된다는 점을 단언하면서,

문화 다양성이 인정되고, 인류 화합이 존중되고, 상호간의 문화 교류가 발전되는 기반 위에서 한층 강력한 단결이 이루어지길 염원하면서,

새로운 정보 통신 기술의 급속한 발전에 힘입은 세계화 과정이 한편으로는 문화 다양성에 대한 위협적 요인으로 작용하지만, 다른 한편으로는 다양한 문화와 문명 사이에 새로운 교류를 보장할 수 있는 조건을 제공한다는 점을 고려하면서,

국제 연합체제 내에서 유네스코에 부여된 특수한 임무, 즉 문화 다양성을 결실 있게 보존하고 강화해야 할 임무를 자각하면서,

다음과 같은 원칙을 공표하면서, 이 선언을 채택한다.

정체성과 다양성과 다원주의

제1조 문화 다양성 : 인류의 공동 유산

문화는 시공간을 통해 다양한 형태로 모습을 드러낸다. 이러한 다양성은 인류를 구성하고 있는 집단과 사회의 독특하고도 다원적 정체성으로 구현된다. 자연에는 생물의 다양성이 요구되듯

이, 인류에게는 교류와 혁신과 창조성의 원천으로서 문화의 다양
성이 요구된다. 이러한 의미에서 문화 다양성은 인류의 공동 유산
일 뿐만 아니라, 현재 세대와 미래 세대를 위해 인정되고 보장되
어야 한다.

제2조 문화 다양성에서 문화 다원주의로

우리 사회가 점차 다양한 사회로 변화해 감에 따라, 공동생활
의 의지뿐만 아니라 다원적이고 다양하고 역동적인 문화 정체성

을 지닌 개인과 집단 사이의 조화로운 상호 작용이 반드시 보장되어야 한다. 모든 시민을 포용하면서 모든 시민이 참여하는 정책은 사회적 통합과 시민 사회의 생명력과 평화를 보장한다.

따라서 문화 다원주의는 문화 다양성의 실현을 보장하는 정책의 표현이다. 민주적 체계로부터 분리될 수 없는 문화 다원주의는 문화 교류에 도움을 줄 뿐만 아니라, 공공 생활을 지탱하는 창조적 역량을 강화하는 데 기여한다.

제3조 발전을 촉진하는 요소로서 문화 다양성

문화 다양성은 누구나 참여할 수 있도록 선택 범위를 넓혀 준다. 문화 다양성은 발전의 토대로서 경제 성장의 관점에서 이해되어야 할 뿐만 아니라, 한층 더할 나위 없이 지적이고 감성적이며 윤리적이고 정신적인 삶을 실현해 낼 수 있는 수단으로 이해되어야 한다.

문화 다양성과 인권

제4조 문화 다양성의 담보로서 인권

문화 다양성을 지키는 행위는 도덕상의 의무로서 인간 존엄성에 대한 존중과 분리될 수 없다. 그것은 인권과 기본적 자유, 특히 소수집단에 속하는 사람들의 권리와 원주민의 권리에 대한 의무를 의미한다. 누구라도 문화 다양성을 구실로 삼아 국제법에 의해 보장되는 인권을 침해하거나 제한해서는 안 된다.

제5조 문화 다양성을 보장하는 조건으로서 문화적 권리

문화적 권리는 인권의 필수적 구성 요소로서 보편적이고 불가분적이고 상호 의존적인 성격을 띤다. 창조적 다양성이 활성화되려면 〈세계 인권 선언〉 제27조와 경제·사회·문화적 권리에 관한 국제 협약 제13조와 제15조에 명문화된 문화적 권리가 완전하게 이행되어야 한다.

따라서 모든 사람에게는 자신이 선택한 언어와 특히 자신의 모국어로 자신의 의견을 표현하고 자신의 작품을 창작해서 배포할 권리가 있다. 모든 사람에게는 자신의 문화적 정체성을 충분히 존중하는 질 높은 교육과 훈련을 받을 권리가 있다. 또한 모든 사람에게는 인권과 기본적 자유가 존중되는 조건 속에서 스스로가 선택한 문화생활을 누리면서 자신의 고유한 문화 활동을 전개할 수 있는 권리가 있다.

제6조 누구나 문화 다양성을 누릴 수 있는 권리의 보장

문자와 이미지를 이용해서 아이디어가 자유롭게 생산되도록 보장됨과 동시에, 모든 문화가 자유롭게 표현되어 널리 알려질 수 있도록 배려되어야 한다. 표현의 자유, 매체 다원주의, 다중 언어주의, 디지털 형식을 포함하여 예술과 과학 기술적 지식에 동등하게 접근할 수 있는 권리, 표현 수단과 유통 수단에 접근할 권리를 모든 문화에 부여할 수 있는 가능성 등이 문화 다양성을 실현하기 위해 보장되어야 한다.

문화 다양성과 창조성

제7조 창조성의 원천으로서 문화유산

창조는 문화적 전통에 기초하여 이루어지지만, 다른 문화와 접촉함으로써 꽃핀다. 이러한 이유로 해서, 모든 유산의 다양성 속에서 창조성을 진작하고 다양한 문화들 사이에 진정한 대화가 활발하게 진행될 수 있도록 하기 위해, 모든 유형의 유산은 인류의 경험과 염원에 대한 기록으로서 잘 보존되어야 하고, 그 가치가 향상되어야 하고, 미래 세대에게 전달되어야 한다.

제8조 문화 상품과 문화 서비스 : 독특한 유형의 상품

오늘날 경제적이고 기술적인 변화의 시대를 맞이하여 창조와 혁신에 대한 어마어마한 전망이 열리게 됨으로써, 창작품 공급의 다양성, 저작가와 예술가의 권리에 대한 당연한 인정, 정체성과 가치와 의미를 전달하는 매개물로서 단순 상품이나 소비재로 취급되어서는 안 되는 문화 상품과 문화 서비스의 특이성 등에 대해 각별히 주의를 기울여야 한다.

제9조 창조성의 촉매로서 문화 정책

문화 정책은 아이디어와 작품이 자유롭게 유통되도록 보장함과 동시에, 지역적 차원과 세계적 차원에서 위력을 발휘할 수 있는 수단을 갖춘 문화 산업을 통해 다양한 문화 상품과 문화 서비스가 생산되고 유통되도록 기여할 수 있는 조건을 창출해야 한다. 모든 국가는 마땅히 국제적 의무 사항을 고려하여 문화 정책의 윤곽을 뚜렷하게 세우고 난 다음에, 운영 지침을 따르든 적절한 규정을 따르든 적합하다고 여겨지는 수단을 이용하여 문화 정책을 이행해야 한다.

문화 다양성과 국제적 연대

제10조 세계적 차원의 창조 역량과 유통 역량의 강화

세계적 차원에서 문화 상품과 문화 서비스의 유통과 교류가 현재 불균형 상태에 처한 현실을 감안하여, 가급적이면 모든 국가, 특히 개발도상국과 전환기에 처한 국가들을 대상으로 국제 협력과 연대를 강화하야 하고, 국내적 차원과 국제적 차원에서 성장하면서 경쟁할 수 있는 문화 산업을 육성해야 한다.

제11조 공공 부문과 민간 부문과 시민 사회 간의 협력 관계 구축

시장 지배력만으로는 지속 가능한 인간 발전에서 핵심적 역할을 담당하는 문화 다양성의 보존과 증진을 보장할 수 없다. 이러한 관점에서 보면, 민간 부문과 시민 사회 간의 협력 관계를 유지하면서 훌륭한 공공 정책이 펼쳐져야 한다.

제12조 유네스코의 역할

유네스코는 다음과 같은 책임을 회원국으로부터 위임받고 역할을 수행한다.

(가) 다양한 정부간 기구가 작성한 발전 전략에 이 선언에서 제시된 원칙을 적용하도록 촉진한다.

(나) 문화 다양성에 대한 개념과 목표와 정책을 정교하게 만들기 위해 국가와 세계의 정부간 기구와 NGO와 시민 사회와 민간 부문이 함께 참여할 수 있는 평가 기준과 공개 토론장으로서 역할을 담당한다.

(다) 이 선언과 관련된 분야에서 기준 설정과 의식 강화와 역량 구축을 위한 활동을 권한이 허용되는 범위 내에서 추구한다.

(라) 이 선언문에 첨부된 주요 방침, 즉 행동 계획의 이행을 촉진한다.

NGO
(non-governmental organization)
비정부 기구의 약칭으로, 지역·국가·국제적으로 조직된 자발적인 비영리 시민단체를 말한다. 전 세계적으로 환경·인권·빈곤 추방·부패 방지 등의 활동을 전개하고 있다.

〈문화 다양성에 관한 유네스코 세계 선언〉의 이행을 위한 행동 계획의 주요 방침

유네스코 회원국은 특히 다음과 같은 목표를 달성하기 위해 서로 협력함으로써, 〈문화 다양성에 관한 유네스코 세계 선언〉을 널리 알릴 수 있는 적절할 조치를 취한다.

1 특히 국내적 차원과 국제적 차원에서 개발과 문화 다양성 간의 연관성과 문화 다양성이 정책 수립에 미치는 영향이라는 관점에서 문화 다양성에 관한 문제를 둘러싼 국제적 논의를 심화시키고, 그 중에서도 특히 문화 다양성에 관한 국제법적 수단을 마련할 수 있는 기회를 모색한다.

2 문화 다양성을 한층 더 보호하고 촉진하기 위해, 국내적 차원과 국제적 차원에서 원칙과 기준과 실천에 대한 개념뿐만 아니라 의식 강화 방식과 협력 방식에 대한 개념을 발전시킨다.

3 다양한 문화적 배경을 가진 개인과 집단이 다양한 사회 속에서 포용되고 참여할 수 있도록 촉진하기 위해, 문화 다원주의적 관점에서 지식과 최상의 경험이 교환될 수 있게 권장한다.

4 인권의 필수적 구성 요소로서 문화적 권리의 내용을 이해하고 분명하게 밝히는 작업에 더욱더 매진한다.

5 인류의 언어 유산을 보호하고, 가급적이면 가장 다양한 언어를

이용하여 표현되고 창조되고 유통될 수 있도록 지원한다.

6 모국어를 존중하면서 가급적이면 모든 교육 단계에서 언어 다양성을 권장하고, 유년기부터 여러 종류의 언어를 익히도록 장려한다.

7 교육을 통해 문화 다양성이 지닌 긍정적 가치에 대한 의식을 강화하고, 이러한 목적에서 교과 과정의 설계와 교사 연수를 향상시킨다.

8 지식을 전달하고 보급하는 방식으로서 문화적으로 어울리는 방법을 보호하고 충분히 활용하기 위한 목적에서 전통적 교육 방법을 적절하게 교육 과정에 통합한다.

9 교육 훈련 과정으로 인정되어야 할 뿐만 아니라 교육 서비스의 효율성을 향상시킬 수 있는 교육 수단으로 인정되어야 하는 바, 디지털 활용 능력을 권장하고 새로운 정보 통신 기술을 훨씬 능숙하게 다룰 수 있도록 보장한다.

10 사이버 스페이스에서 언어 다양성을 촉진하고, 전 세계의 네트워크를 이용해서 공유 정보 영역의 모든 정보를 누구라도 이용할 수 있는 권리를 권장한다.

11 관련 국제 연합 체제와 긴밀히 협력하면서 개발도상국이 새로운 기술에 접근할 수 있도록 권장하고, 정보 기술을 능숙하게 이용할 수 있도록 지원하고, 토착 문화 상품을 디지털 방식을 이용하여 유통할 수 있도록 편의를 제공하고, 전 세계적 차원에서 이용할 수 있는 교육적이고 문화적이고 과학적인 디지털

✎ **디지털 활용 능력**
(digital literacy)
디지털 매체와 정보 통신 활용 능력을 토대로 네트워크 공간에서 자유롭게 활동을 펼칠 수 있는 능력.

✎ **사이버 스페이스**
(Cyber Space)
컴퓨터 통신망 안에 존재하는 가상공간.

✎ **공유 정보 영역**
(public domain)
저작권이나 특허권 등에 의해 보호되지 않은 채 공유 상태에 놓인 출판, 발명, 방법에 관한 정보 영역.

자원에 접근할 수 있는 권리를 보장함으로써 디지털 정보 격차를 해소한다.

12 매체와 전 세계의 정보 네트워크와 관계를 맺으면서 다양한 콘텐츠를 생산하고 보호하고 보급하도록 권장하고, 그러한 목적을 달성하기 위해, 특히 상품 유통을 촉진하는 협력 체계를 확립하도록 장려함으로써 라디오와 텔레비전을 이용하여 서비스를 제공하는 공영 방송국이 양질의 시청각 상품을 개발하는 역할을 촉진한다.

13 그 중에서도 특히 구전 문화유산과 무형 문화유산을 포함하여 문화유산과 자연유산의 보존과 가치 향상을 위한 정책과 전략을 수립하고, 문화 상품과 문화 서비스의 불법 유통에 맞서 싸운다.

14 전통 지식, 특히 원주민의 전통 지식을 존중하고 보호한다. 특히 전통 지식이 환경 보호와 천연자원의 관리에 기여해 온 사실을 인정하고, 현대 과학과 지역 특유의 지식을 서로 결합시킴으로써 시너지 효과를 촉진한다.

15 창작자와 예술가와 연구자와 과학자와 지식인의 활동성, 국제적 차원의 연구 프로그램 개발, 국제적 협력 관계를 촉진함과 동시에, 개발도상국과 전환기에 처한 국가의 창조적 역량을 보존하고 강화하기 위해 최선의 노력을 다한다.

16 혁신적 창조성을 개발하고 창작 활동에 대해 공정하게 보상하기 위해 저작권과 그와 관련된 권리가 보호되도록 보장하는

디지털 정보 격차
(digital divide)
정보 통신 기술에 대한 접근과 활용과 인터넷의 이용 등이 개인, 가구, 기업, 국가, 지역 사이의 사회·경제적 특성에 따라 차이를 보이는 현상.

한편, 〈세계 인권 선언〉 제27조에 따라 문화를 누릴 수 있는 공공의 권리를 지지한다.

17 개발도상국과 전환기에 처한 국가에서 문화 산업이 출현하여 성장하도록 지원하고, 이러한 목적에서 필요한 사회적 생산 기반과 기술의 개발 과정에 협력하고, 생존 능력이 있는 지역 시장이 출현하도록 촉진하고, 그 국가들의 문화 상품이 세계 시장과 국제 유통 네트워크에서 유통되도록 편의를 제공한다.

18 모든 국가에 부과된 국제적 의무 사항에 따라, 이 선언문에 담긴 원리를 증진하기 위한 목적에서 운영 지원 제도와 적절한 규정 체계를 포함하여 문화 정책을 설계하여 개발한다.

19 문화 다양성을 보호하고 증진하기 위한 공공 정책을 수립하는 과정에 시민 사회를 적극적으로 참여시킨다.

20 민간 부문이 문화 다양성을 강화할 수 있는 기여도를 인정하고 장려하고, 그 목적을 위해 공공 부문과 민간 부문이 서로 대화를 나눌 수 있는 공개 토론회를 상설한다.

회원국은 유네스코 본부 사무총장이 유네스코 프로그램을 이행할 때 이 행동 계획에서 표방한 목표를 고려할 것과, 문화 다양성을 위한 조치의 상승효과를 높이려는 목적에서 국제 연합 체제의 기구와 그와 관련된 여타의 정부간 기구와 NGO에게 다음 사항을 전달할 것을 권고한다.

1 그 중에서도 특히 플로렌스 협약(1950년)과 그 협약에 관한 나

이로비 의정서(1976년), 세계 저작권 협약(1952년), 〈국제 문화 협력에 관한 원칙 선언〉(1966년), 문화재의 불법적 수출입과 소유권 양도의 금지와 예방 수단에 관한 협약(1970년), 세계 문화유산과 자연유산의 보호에 관한 협약(1972년), 〈인종과 인종 편견에 관한 유네스코 선언〉(1978년), 예술가 지위에 관한 권고(1980년), 전통문화와 대중문화의 보호에 관한 권고(1989년) 등을 참조해야 한다.

2 이러한 정의는 문화 정책에 관한 세계 회의(MONDIACULT, 멕시코시티, 1982년)와 세계 문화 발전 위원회 보고서(우리의 창조적 다양성, 1995년)와 발전을 위한 문화 정책에 관한 정부간 회의(스톡홀름, 1998년) 등에서 제시한 결론과 일치한다.

문 화 유 산 과   자 연 유 산 은   반 드 시   지 켜 야   한 다 !

세계 유산에 관한
부다페스트 선언 2002

〈세계 유산에 관한 부다페스트 선언〉은 2002년 헝가리 부다페스트에서 열린 세계 유산 위원
회에서 국제 연합이 2002년을 문화유산의 해로 지정하고 채택한 선언이다. 이 선언은 1972
년에 성립된 세계 문화유산과 자연유산 보호에 관한 협약 30주년을 기념하면서 발표되었다.

1960년 이집트 정부가 나일 강의 상류에 아스완 하이 댐을 건설하기로 함에 따라 세계적인
문화유산인 누비아 유적이 수몰되는 위기에 처하게 되었다. 이 과정에서 유네스코가 누비아
유적을 보존하기로 결정하였고, 이 일이 계기가 되어 인류 유산의 파괴를 근본적으로 방지하
기 위해 세계 문화유산과 자연유산 보호에 관한 협약이 채택된 것이었다.

또한 가입국 중 21개국의 대표로 구성된 세계 유산 위원회가 설립되었는데, 이 위원회는 여러
국가가 신청한 문화유산과 자연유산 중 중요한 가치를 지닌 유산을 선정하여 유네스코 세계
문화유산 목록에 등록하고, 자연재해나 전쟁 등으로 인해 파괴된 문화재나 자연유산을 복구하
는 일도 담당하게 되었다.

우리 나라는 1989년부터 1993년까지 세계 유산 위원회의 이사국으로 활동하면서 세계 문화
유산 보존에 기여해 왔다.

세계 유산 위원회는, 국제 연합이 문화 유산의 해로 지정한 2002년에, 세계 문화유산과 자연유산 보호에 관한 협약이 유네스코 총회에서 1972년에 채택된 지 30주년을 맞이한 사실을 기념하면서,

지난 30년 동안 그 협약이 세계적 가치를 지닌 우수한 문화유산과 자연유산의 보호 활동에서 국제 협력에 관한 유일한 법률 문서로서 역할을 담당해 왔다는 점을 감안하면서,

다음과 같이 〈세계 유산에 관한 부다페스트 선언〉을 채택한다.

1 우리는 세계 유산 위원회의 회원국으로서 1972년에 채택된 세계 문화유산과 자연유산 보호에 관한 협약의 보편성을 인정함으로써, 모든 사회가 대화와 상호 이해를 통해 지속 가능한 발전을 이룰 수 있는 도구로서 그 협약이 다양한 형태의 모든 유산에 적용되도록 보장해야 한다고 인정한다.

2 세계 유산 목록으로 지정된 유산은 미래 세대가 마땅히 누려야 할 유산으로서 그들에게 물려주기 위해 보존되는 자산이다.

3 우리의 공동 유산에 대한 위협이 점차 늘어 가고 있는 현실을 고려하여, 우리는 다음과 같이 행동할 것이다.

　가) 아직까지 그 협약에 조인하지 않은 국가들이 조속한 시일 내에 그 협약뿐만 아니라 그것과 관련된 여타의 세계 유산 보호 법규에도 조인하도록 권장한다.

———

나일 강
적도 부근에서 발원하여 지중해로 흘러드는 세계에서 제일 긴 강으로, 총 길이가 6,690km에 달한다.

아스완 하이 댐
나일 강을 가로지르는 석괴 댐으로 1971년에 개통되었다. 고대 이집트의 수많은 문화 유적이 물 속에 잠길 것에 대비하여 이전 계획이 추진되었고, 그 중 아부심벨신전은 신전을 구성하는 바위를 톱질하여 20~30t의 블록으로 절단한 다음 저수지의 수면보다 높은 위치에 원형대로 옮겨져 영구히 보존하게 되었다.

나) 협약 당사국이 다양한 형태의 모든 유산을 대
표하는 문화유산과 자연유산을 파악하여 세계
유산 목록으로 지정되도록 신청할 것을 권장
한다.

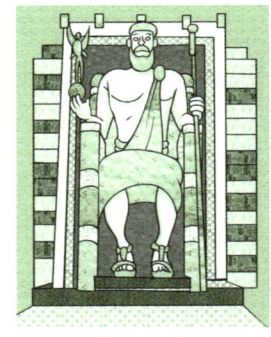

다) 사회·경제적 발전과 우리의 사회
생활의 질에 기여하는 적절한 활동
을 펼침으로써 세계 유산이 보호될
수 있도록 하기 위해, 보존과 지속
가능성과 발전 사이의 균형 상태가
적절하고도 안정적으로 유지되도록
보장해야 한다.

라) 그러한 유산을 망가뜨리는 경우에 인간 정신과 세계 유산이
동시에 파괴된다는 점을 인정하고 유산을 보호하는 활동에
참여하여 협력한다.

마) 의사소통과 교육과 연구와 훈련과 대중 의식 제고 전략 등
을 통해 세계 유산의 가치를 널리 알린다.

바) 세계 유산의 실상을 파악하여 보호하고 관리하는 과정에 우
리 지역 사회가 모든 차원에서 적극적으로 참
여할 수 있도록 보장한다.

4 우리는 세계 유산 위원회로서 세
계 유산을 지원하기 위해 협력하
면서 모든 협력자로부터 도움을

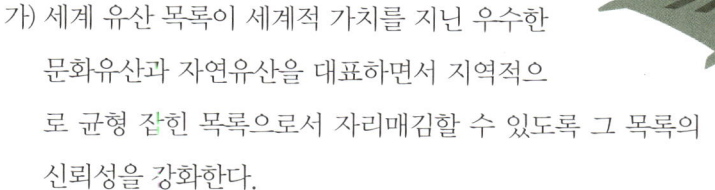

얻도록 노력할 것이다. 이러한 목적을 실현하기 위해, 우리는 모든 이해 당사자들이 협력하여 다음과 같은 목표를 촉진할 것을 권장한다.

가) 세계 유산 목록이 세계적 가치를 지닌 우수한 문화유산과 자연유산을 대표하면서 지역적으로 균형 잡힌 목록으로서 자리매김할 수 있도록 그 목록의 신뢰성을 강화한다.

나) 세계 유산이 효과적으로 보존되도록 보장한다.

다) 세계 문화유산과 자연유산 보호에 관한 협약 과 관련 법규에 대한 인식과 이행을 돕기 위해, 세계 유산 목록으로 지정받기 위해 준비하는 과정에 대한 지원 활동을 포함하여 효과적으로 역량을 강화할 수 있는 방안을 개발하도록 촉진시킨다.

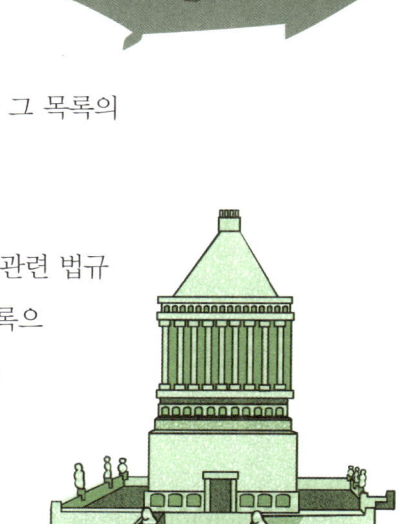

라) 커뮤니케이션을 활용하여 세계 유산에 대한 대중의 인식과 참여와 지원을 강화시킨다.

5 우리는 2007년에 개최될 예정인 제31차 회의에서 앞서 언급된 목표의 성취도와 이 공약에 대한 이행 여부를 평가할 것이다.

기후 변화 협약에 대한 교토 의정서 2005

〈기후 변화 협약에 대한 교토 의정서〉(이하 〈교토 의정서〉)는 지구 온난화를 규제하고 방지하기 위한 국제 연합의 기본 협약인 기후 변화 협약의 구체적 이행 방안으로, 1997년 12월 일본 교토에서 개최된 제3차 기후 변화 협약 당사국 총회에서 채택되었다.

1995년 3월 독일 베를린에서 개최된 제1차 기후 변화 협약 당사국 총회에서 협약의 구체적 이행을 위한 방안으로서, 베를린 위임 사항이 채택됨에 따라 1997년 12월 제3차 당사국 총회에서 〈교토 의정서〉가 최종적으로 채택되었다. 〈교토 의정서〉가 채택되기까지는 온실가스의 감축 목표와 감축 일정, 개발도상국의 참여 문제 등을 둘러싸고 선진국들 사이의 의견 차이와, 선진국과 개발도상국 사이의 의견 차이로 심한 대립을 빚기도 했지만, 마침내 2005년 2월 16일 공식적으로 발효되었다.

의무 이행 당사국은 캐나다, 미국, 일본, 오스트레일리아, 유럽 연합 회원국 등 총 38개국이며, 각 당사국은 제1차 의무 이행 기간에 속하는 2008년~2012년 사이에 온실가스 총 배출량을 1990년도 수준에 비해 평균적으로 최소한 5.2% 감축해야 한다. 경제 협력 개발 기구(OECD) 회원국들은 이 기간 동안 1990년 대비 5% 이상의 온실가스를 감축하도록 하였다. 그 밖에 2차 의무 이행 대상국은 2013년~2017년까지 온실가스의 배출량을 감축하도록 되어 있다.

우리 나라는 2002년 11월 8일 〈교토 의정서〉를 비준하였다.

본 의정서 당사국은, 기후 변화에 관한 국제 연합의 기본 협약(이하 '협약')의 당사국으로서,

협약 제2조에 명시되어 있는 협약의 궁극적인 목적을 추구하면서,

협약이 정하고 있는 조항을 상기하면서,

협약 제3조에 의거하여,

협약 당사국 총회의 제1차 회의에서 결정된 사항에 따라 채택된 베를린 위임 사항을 준수하면서,

다음과 같이 합의한다.

제1조

본 의정서의 목적을 실현하기 위해, 협약 제1조에 포함되어 있는 정의가 적용되어야 하며, 다음과 같은 사항이 추가된다.

1 당사국 총회는 협약 당사국 총회를 의미한다.

2 협약은 1992년 5월 9일 뉴욕에서 채택된 기후 변화에 관한 국제 연합의 기본 협약을 의미한다.

3 기후 변화에 관한 정부간 협의체(IPCC)는 세계 기상 기구(WMO)와 유엔 환경 계획(UNEP)에 의해 1988년 공동으로 설치된 기후 변화에 관한 정부간 협의체를 의미한다.

4 몬트리올 의정서는 1987년 9월 16일 몬트리올에서 채택되었고, 그 후로 수정 작업을 통해 개정된 오존층 파괴 물질에 관한

지식 두배!

감축해야 할 온실가스로는 이산화탄소(CO_2), 메탄(CH_4), 아산화질소(N_2O), 불화탄소(PFC), 수소화불화탄소(HFC), 불화유황(SF6) 등이 있다.

협약 당사국 총회(COP)

기후 변화 협약의 최고 기구로서 협약의 진행 상황을 전반적으로 검토하기 위해 대체로 일 년에 한번 회의를 개최한다.

베를린 위임 사항 (Berlin Mandate)

2000년까지 온실가스 배출을 1990년 수준으로 감축시킨다는 목표 하에 협약에서 정하고 있는 선진국의 의무 사항이 부적절하다고 결론짓고, 2000년 이후의 감축 목표량을 1997년까지 정하도록 함.

몬트리올 의정서를 의미한다.

5 투표에 참여하는 당사국은 총회에 참석하여 찬성표나 반대표를 행사하는 당사국을 의미한다.

6 다른 의미로 언급하지 않는 한, 당사국은 본 의정서 당사국을 의미한다.

7 부속서I 당사국은 협약의 부속서I에 포함되어 있거나 협약 제4조 2항에 의거하여 통보를 받은 당사국을 의미한다.

제2조

1 부속서I 당사국은 각자 지속 가능한 발전을 촉진하기 위한 목적으로 제3조에서 정하고 있는 온실가스의 배출량에 대한 제한과 감축 목표에 관한 의무 사항을 이행하기 위해 다음과 같은 사항을 준수해야 한다.

(가) 각국의 여건에 따라 다음과 같은 정책과 조치를 채택하거나 입안해야 한다.

(ㄱ) 국가 경제의 관련 분야에서 에너지 효율성을 향상시킨다.

(ㄴ) 국제적 환경 관련 협약상의 의무 사항을 감안하여 몬트리올 의정서에 의해 규제받지 않는 온실가스의 흡수원과 저장원을 보호하고 향상시킨다. 즉 지속 가능한

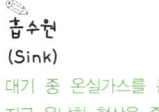

흡수원
(Sink)
대기 중 온실가스를 흡수하여 지구 온난화 현상을 줄이는 자원.

〈교토 의정서〉 가입 현황

■ 협약에 대한 서명과 비준을 완료한 국가.
■ 협약 서명국에 속하지만, 앞으로 협약에 대한 비준을 희망하는 국가.
■ 협약 서명국에 속하지만, 현재 협약에 대한 비준을 거부하는 국가(오스트레일리아와 미국).
■ 비서명국.

　　산림 관리 방식과 조림, 산림 복구를 촉진한다.

(ㄷ) 기후 변화의 관점에서 지속 가능한 농업 방식을 촉진
　　한다.

(ㄹ) 새롭고도 재생 가능한 형태의 에너지, 이산화탄소의
　　처리 기술, 선진적이고 혁신적인 환경 친화적 기술을
　　연구·개발하여 널리 이용되도록 촉진한다.

(ㅁ) 협약의 목적에 위배될 뿐만 아니라 시장 원리에도 맞
　　지 않는 시장의 불완전성, 재정적 유인 정책, 조세 감

면, 보조금 등을 모든 온실가스 배출 부문에서 점진적으로 줄이거나 단계적으로 폐지한다.

(ㅂ) 몬트리올 의정서에 의해 규제받지 않는 온실가스의 배출을 제한하거나 줄이는 정책과 조치를 촉진하기 위해 관련 부문에 대한 적절한 개혁을 장려한다.

(ㅅ) 운송 부문에서 몬트리올 의정서에 의해 규제받지 않는 온실가스의 배출을 제한하고 줄이는 조치를 취한다.

(ㅈ) 에너지의 생산과 운송, 공급 과정뿐만 아니라 폐기물을 재활용하는 과정에서 배출되는 메탄을 제한하고 줄여 나간다.

(나) 협약 제4조 2항의 (e)와 (i)의 규정을 준수하면서, 본 조항에 따라 채택된 정책과 조치의 개별적이면서 통합적인 효과를 향상시키기 위해 다른 당사국과 협력해야 한다.

이러한 목적을 달성하기 위해 당사국은 비교 가능성과 투명성과 효율성을 향상시키는 방안을 개발함과 동시에, 그러한 정책과 조치에 대해 경험을 공유하고 정보를 교환하기 위한 조치를 취해야 한다.

본 의정서 당사국의 회의체로서 역할을 담당하는 당사국 총회는 제1차 회의나 가급적이면 조속한 시기에 모든 적절한 정보에 근거하여, 그와 같은 협력을 촉진하는 방안의 채택을 고려해야 한다.

2 부속서I 당사국은 국제 민간 항공 기구(ICAO)와 국제 해사 기구

(IMO)와 협력하여, 몬트리올 의정서에 의해 규제받지 않은 채 항공기와 해양 선박용 연료유에서 배출되는 온실가스의 배출을 제한하거나 줄이는 정책을 추구해야 한다.

3 부속서I 당사국은 협약 제3조를 준수함으로써, 기후 변화의 측면, 국제 무역상의 측면, 사회적이고 환경적이고 경제적인 측면을 포함한 모든 측면에서 다른 당사국, 특히 개발도상국 당사국과 협약 제4조의 8항과 9항에 명시되어 있는 당사국에게 끼치는 피해를 최소화하는 방식으로 본 조항의 정책과 조치를 이행해야 한다.

본 의정서 당사국의 회의체로서 역할을 담당하는 당사국 총회는 본 조항의 이행을 촉진하기 위해 추가로 적절한 조치를 취할 수 있다.

4 상기 1항 (ㄱ)의 어떤 정책과 조치를 조정하는 것이 바람직하다고 결정된 경우, 본 의정서 당사국의 회의체로서 역할을 담당하는 당사국 총회는 국가마다 각자 다른 상황과 잠재적 파급 효과를 감안하여, 그와 같은 정책과 조치를 조정할 수 있는 방법과 수단을 고려해야 한다.

제3조

1 부속서A에 명시된 온실가스의 총 배출량을 인위적으로 배출된 이산화탄소량으로 환산한 수치로 봤을 때 2008년~2012년의 의무 이행 기간에 1990년도 수준에 비해 적어도 5% 감축하기

의무 이행 기간
(Commitment Period)
감축 목표를 달성하는 기간으로서, 본 의정서의 경우에는 2008년~2012년을 1차 의무 이행 기간, 2013년~2017년을 2차 의무 이행 기간, 2018년~2022년을 3차 의무 이행 기간으로 각각 5년 단위로 의무 이행 기간을 설정하고 있다.

위한 목적에서, 부속서I 당사국은 온실가스의 배출량이 부속서 B와 본 조항에서 정한 온실가스의 배출량에 대한 제한과 감축 목표에 근거하여 산출된 할당량을 초과하지 않도록 개별적으로나 공동으로 보장해야 한다.

2 부속서I 당사국은 각자 2005년까지 본 의정서에서 정한 의무 사항을 이행하는 과정에서 뚜렷한 성과를 거두어야 한다.

3 인간의 활동으로 인해 직접적으로 초래되는 토지 이용의 변화와 산림 활동 때문에 배출원별로 배출되고 흡수원별로 흡수됨으로써 발생하는 온실가스의 최종적 변화량은, 1990년 이후로 진행되는 조림, 산림 복구, 산림 개간으로 제한된 채, 각각의 의무 이행 기간에 탄소 저장량의 변화가 입증 가능한 방식으로 측정됨으로써, 본 조항에서 정한 부속서I 당사국의 의무 사항을 충족시켜야 한다.

그러한 활동과 관련하여 배출원별로 배출되고 흡수원별로 흡수됨으로써 발생하는 온실가스의 배출량은 투명하고도 입증 가능한 방식으로 통보되어야 하며 제7조와 제8조에 따라 검토되어야 한다.

4 부속서I 당사국은 본 의정서 당사국의 회의체로서 역할을 담당하는 당사국 총회의 제1차 회의가 열리기 이전에 과학 기술 자문 부속 기구(SBSTA)에서 검토 작업이 진행될 수 있도록, 탄소 저장량의 1990년 기준치를 설정해야 할 뿐만 아니라 후속 연도의 탄소 저장량의 변화를 추정할 수 있는 자료를 제공해야

한다.

본 의정서 당사국의 회의체로서 역할을 담당하는 당사국 총회
는 불확실성, 코고의 투명성, 입증 가능성, 기후 변화에 관한 정
부간 협의체의 방법론 연구, 제5조에 의거하여 과학 기술 자문
부속 기구가 지시한 자문 내용, 당사국 총회의 결정 사항 등을
감안하여, 농지와 토지 이용의 변화, 산림 분야에서 배출원별로
배출되고 흡수원별로 흡수됨으로써 추가적으로 발생하는 온실
가스 배출량의 변화 과정과 관련하여 인간의 어떤 활동 내용과
활동 방식이 부속서I 당사국의 할당량에 가감되어야 하는지에
관한 양식과 규칙과 지침을 제1차 회의나 가급적이면 조속한
시기에 결정해야 한다.

그와 같은 결정 사항은 제2차 의무 이행 기간과 그 이후로도 지
속적으로 적용되어야 한다. 이러한 활동이 1990년 이후로 발생
한 경우, 당사국은 제1차 의무 이행 기간에 인간에 의한 이러한
추가적 활동에 대해 결정 사항을 적용할 수 있다.

5 당사국 총회의 제2차 회의에서 결정된 사항에 따라 기준 연도
나 기간이 확정된 채 시장 경제로 들어서는 전환기를 맞이하고
있는 부속서I 당사국은, 동 기준 연도나 기간을 본 조항이 정한
의무 이행 기간의 기준 연도나 기간으로서 삼아야 한다.

시장 경제로 들어서는 전환기를 맞이하고 있는 부속서I 당사국
가운데 협약 12조에 따라 제1차 국가 보고서를 아직까지 제출
하지 않은 당사국은, 본 조항의 의무 사항을 이행하기 위해

시장 경제로 전환 중인
부속서I 당사국
중부와 동유럽, 구 소비에트 연
방 소속 국가들로서, 벨로루시,
불가리아, 에스토니아, 라트비아,
리투아니아, 루마니아, 러시아,
우크라이나, 크로아티아, 슬로바
키아, 슬로베니아 등 11개국임.

1990년이 아니라 다른 연도를 기준 연도로 삼겠다는 뜻을 본 의정서 당사국의 회의체로서 역할을 담당하는 당사국 총회에 통지할 수 있다.

본 의정서 당사국의 회의체로서 역할을 담당하는 당사국 총회는 그 통지 사항의 수락 여부를 결정해야 한다.

6 본 조항을 제외하고 본 의정서에서 정한 의무 사항을 이행하는 과정에서, 본 의정서 당사국의 회의체로서 역할을 담당하는 당사국 총회는 협약 제4조 6항을 감안하여 시장 경제로 들어서서 전환기를 맞이하고 있는 당사국에게 일정한 범위 내에서 신축성을 부여해야 한다.

아직 〈교토 의정서〉에 따르는 법적 의무는 부담하고 있지 않지만, 우리 나라는 OECD 회원 국으로서 멕시코와 더불어 온실가스 감축 압력을 받고 있어 2차 의무 감축 대상국이 될 가 능성이 높으며, 이에 따라 2013년~2017년까지 온실가스를 감축해야 할 것으로 보인다.
한편, 〈교토 의정서〉가 2005년 2월 16일 발효된 이후, 각국의 의무 이행 상황을 점검하고 향후 목표를 정하기 위한 제11차 기후 변화 협약 당사국 회의와 제1차 〈교토 의정서〉 당사국 총회가 2005년 11월 28일부터 12월 9일까지 189개국이 참가한 가운데 캐나다의 몬트리올 에서 처음으로 개최되었다.
유럽 연합은 비교적 경제 규모가 큰 개발도상국도 온실가스 감축에 대한 의무 이행에 동참 해야 한다고 주장했던 반면에, 미국과 오스트레일리아는 〈교토 의정서〉의 비준을 계속해서 거부하고 있는데다가 개발도상국은 온실가스 배출에 제한을 받지 않고 발전할 수 있어야 한 다는 주장을 굽히지 않고 있기 때문에, 제1차 의무 이행 기간이 끝나는 2012년 이후에 선진 국과 개발도상국이 감축해야 할 목표량에 관한 문제를 둘러싸고 커다란 쟁점이 벌어질 가능 성이 높다.

7 2008년~2012년의 제1차 의무 이행 기간 동안에 감축 목표를 달성하기 위해 부속서I 당사국에게 할당된 감축 목표량은, 1990년도나 상기 5항에 따라 결정된 기준 연도를 기준으로 삼아 부속서A에 명시된 온실가스의 총 배출량을 인위적으로 배출된 이산화탄소량으로 환산한 수치에 대해 부속서B에서 정한 비율의 5배가 되어야 한다.

1990년도에 토지 이용의 변화와 산림이 온실가스를 배출하는 유일한 원천이었던 부속서I 당사국에게 할당된 감축 목표량을 계산하기 위해서는, 1990년도에 토지 이용의 변화로 인해 흡수원에 의해 온실가스가 흡수된 양을 제외하고, 배출원에 의해 배출된 온실가스의 총 배출량을 이산화탄소량으로 환산한 수치가 1990년 배출 기준 연도나 기간에 포함되어야 한다.

8 모든 부속서I 당사국은 상기 7항에서 정한 바에 따라 목표량을 산출하기 위한 목적에서, 1995년을 수소화불화탄소, 불화탄소, 불화유황에 대한 기준 연도로 삼을 수 있다.

9 후속 의무 이행 기간 동안 부속서I 당사국이 지켜야 할 의무 사항은 본 의정서 부속서B의 개정안에서 규정되어야 하며, 이는 의정서 제20조 7항에 따라 채택되어야 한다.

본 의정서 당사국의 회의체로서 역할을 담당하는 당사국 총회는 상기 1항에서 정한 제1차 의무 이행 기간이 끝나는 시점을 기준으로 적어도 7년 전에 그와 같은 의무 사항에 대해 검토해야 한다.

수소화불화탄소(HFCS)
불연성·무독성 가스로서 취급이 용이하며, 화학적으로 안전하여 냉장고와 에어컨의 냉매, 발포, 세정, 반도체 에칭가스 등으로 다양하게 사용되는 화학 물질로서 몬트리올 의정서에 의해 사용이 규제된 CFCs, HCFCs의 대체 물질. 우리 나라에서 소비되는 HFCs의 99%는 냉매인 HFC-134a임.

불화탄소(PFC)
탄소와 불소의 화합물로 우리 나라의 경우 반도체 제조 공정에서 주로 사용됨.

불화유황(SF6)
상온에서 무색, 무취, 무독의 기체로서 500℃ 이상의 열에서도 안전하지만 불순물이 들어가면 분해되면서 유독해지며, 반도체 생산 공정과 가스 절연 개폐기와 가스 절연 변압기에 사용됨.

10 당사국이 제6조와 제17조에 따라 다른 당사국으로부터 취득한 배출량 감축 단위나 일부의 할당량 모두는 취득하는 당사국의 할당량에 합산되어야 한다.

11 당사국이 제6조와 제17조에 따라 다른 당사국으로부터 취득한 배출량 감축 단위나 일부의 할당량은 모두 다 양도하는 당사국의 할당량에서 차감되어야 한다.

12 당사국이 제12조에 따라 다른 당사국으로부터 취득한 공인 배출량 감축은 취득하는 당사국의 할당량에 합산되어야 한다.

13 특정한 의무 이행 기간 동안에 부속서I 당사국의 배출량이 본 조항에서 정한 할당량보다 적은 경우에는, 해당 당사국의 요청에 따라 그 차이를 후속 의무 이행 기간의 할당량에 반영해야 한다.

14 각각의 부속서I 당사국은 개발도상국, 특히 협약 제4조의 8항과 9항에서 정한 개발도상국에게 사회적이고 환경적이며 경제적인 측면에서 미치는 부작용을 최소화할 수 있는 방식으로 상기 1항에서 정한 의무 사항을 이행하도록 노력해야 한다.
당사국 총회가 그러한 조항의 이행에 대해 내린 관련 결정 사항에 따라, 본 의정서 당사국의 회의체로서 역할을 담당하는 당사국 총회는 기후 변화가 미치는 부작용이나 그에 대한 대응 조치가 그러한 조항에서 정한 당사국에게 미치는 파급 효과를 최소화하기 위해 반드시 요구되는 모든 조치를 제1차 총회에서 다루어야 한다. 다루어야 할 사안으로는 기금 설립과 보험 설정과 기술 이전 등이 있다.

제4조

1 제3조에 따라 공동으로 의무 사항을 이행하기로 합의한 부속서
  Ⅰ 당사국들은, 부속서A에 명시된 온실가스의 총 배출량을 인위

적으로 배출된 이산화탄소량으로 환산한 수치가 부속서B와 제3조에 따라, 온실가스의 배출량에 대한 제한과 감축 목표에 근거한 할당량을 초과하지 않으면 해당 당사국의 의무 사항을 이행한 것으로 간주해야 한다. 서로 합의한 부속서I 당사국에게 각각 할당된 배출량 수준은 그 합의서에 명시되어야 한다.

2 이처럼 합의한 당사국들은 본 의정서에 대한 비준서나 수락서나 승인서와 가입 서류를 기탁하는 날에 그 합의 조건을 사무국에 통지해야 한다. 사무국은 협약 당사국과 서명국에게 순차적으로 그 합의 조건을 통보해야 한다.

3 그 합의는 제3조 7항에 명시된 의무 이행 기간 동안 효력이 유지되어야 한다.

4 공동 이행 당사국들이 지역 경제 통합 기구의 틀 안에서 공동으로 이행하는 경우와, 지역 경제 통합 기구와 더불어 공동으로 이행하는 경우, 본 의정서 채택 후에 그 기구의 구성에 어떤 변동이 발생하더라도 그로 인해 본 의정서가 정한 기존의 의무 사항은 전혀 영향을 받지 않는다.

그 기구의 구성상의 변동 사항은 그러한 변동이 발생한 이후에 채택된 제3조의 의무 사항을 이행하기 위해서만 적용되어야 한다.

5 이처럼 합의한 당사국들이 배출량 전체를 합산한 감축 목표를 공동으로 달성하지 못한 경우, 각각의 당사국은 그 합의서에서 정한 해당 당사국의 배출량 수준에 대해 책임을 져야 한다.

6 공동 이행 당사국들이 본 의정서를 비준한 지역 경제 통합 기구의 틀 안에서 공동으로 이행하는 경우와 그 지역 경제 통합 기구와 더불어 공동으로 이행하는 경우, 배출량 전체를 합산한 감축 목표를 공등으로 달성하지 못하면, 그 지역 경제 통합 기구의 각 회원국은 본 조항에 따라 통보된 각 당사국의 배출량 수준에 대해 개별적으로 책임을 져야 할 뿐만 아니라, 제24조에 따라 활동하는 그 지역 경제 통합 기구와 공동으로 책임을 져야 한다.

제5조

1 부속서 I 당사국은 몬트리올 의정서에 의해 규제받지 않는 모든 온실가스가 배출원별로 인위적으로 배출되고 흡수원별로 제거되는 현황을 추정하기 위한 국가 시스템을 제1차 의무 이행 기간이 시작되기 최소한 1년 전까지 갖추어야 한다. 아래의 2항에 명시된 방법론을 포함하여 국가 시스템에 관한 지침은 본 의정서 당사국의 회의체로서 역할을 담당하는 당사국 총회의 제1차 회의에서 결정되어야 한다.

2 몬트리올 의정서에 의해 규제받지 않는 모든 온실가스가 배출원별로 인위적으로 배출되고 흡수원별로 제거되는 현황을 추정하기 위한 방법론은, 기후 변화에 관한 정부간 협의체가 수락하고 당사국 총회의 제3차 회의에서 합의된 것이어야 한다. 그러한 방법이 사용도지 않을 경우, 본 의정서 당사국의 회의체로

서 역할을 담당하는 당사국 총회의 제1차 회의에서 합의된 방법론에 따라 적절한 조정안을 마련해야 한다.

본 의정서 당사국의 회의체로서 역할을 담당하는 당사국 총회는 특히 기후 변화에 관한 정부간 협의체의 연구 성과와 과학 기술 자문 부속 기구의 자문 내용에 근거하여, 당사국 총회가 결정한 모든 관련 사항을 충분히 고려하면서 정기적으로 그러한 방법론과 조정안을 검토하여 적절하게 수정해야 한다. 방법론이나 조정안에 대한 모든 수정 작업은 그 수정 작업이 진행된 이후에 채택된 이행 의무 기간과 관련하여, 제3조에서 정한 의무 사항이 준수되고 있는지를 확인하기 위한 목적에서만 이루어져야 한다.

3 부속서A에 명시된 온실가스가 배출원별로 인위적으로 배출되고 흡수원별로 제거됨으로써 발생하는 온실가스의 총 배출량을 이산화탄소량으로 환산하기 위해 활용되는 지구 온난화 지수(GWP)는 기후 변화에 관한 정부간 협의체가 수락하고 당사국 총회의 제3차 회의에서 합의된 것이어야 한다.

본 의정서 당사국의 회의체로서 역할을 담당하는 당사국 총회는 특히 기후 변화에 관한 정부간 협의체의 연구 성과와 과학 기술 자문 부속 기구의 자문 내용에 근거하여, 당사국 총회가 결정한 모든 관련 사항을 충분히 고려하면서 정기적으로 각각의 온실가스별로 지구 온난화 지수를 검토하여 적절하게 수정해야 한다.

지구 온난화 지수
(Global Warming Potential)
여러 종류의 기체들을 기준이 되는 기체와 비교했을 때 대기하층에서 성층권까지의 상대적 가열 효과를 척도로 나타낸 것이다. 즉 이산화탄소 1kg를 기준으로 삼았을 때, 어떤 온실가스가 대기 중에 방출된 후 특정한 기간 동안 그 기체 1kg의 가열 효과가 어느 정도인가를 평가하는 척도로서, 100년을 기준으로 이산화탄소를 1로 볼 때 메탄(CH4)이 21, 아산화질소(N2O)가 310, 수소화불화탄소(HFCs)가 1,300, 불화탄소(PFCs)가 7,000, 불화유황(SF6)이 23,900임.

지구 온난화 지수에 대한 수정 작업은 그 수정 작업이 진행된 이후에 채택된 이행 의무 기간과 관련하여 제3조에서 정한 의무 사항에 대해서만 적용되어야 한다.(……)

의료·생명윤리

히포크라테스 선서 & 제네바 선언
인간게놈과 인권에 관한 국제 선언
인간 유전자 데이터에 관한 국제 선언

인 간 의   생 명 을   최 대 한   존 중 하 겠 다 !

히포크라테스 선서 BC 5세기
& 제네바 선언 1948

의학의 아버지 히포크라테스에 의해 씌어진 이 선서는 의학 윤리를 담은 가장 대표적인 문서 중 하나로서, 기원전 5세기에서 4세기 사이에 기록되었다고 알려져 있다.

히포크라테스는 그 당시의 그리스 인들 사이에서 신앙의 대상이었던 의술의 신 아스클레피오스와의 연관성을 표방하면서 의술을 펼쳤던 아스클레피오스 학파 가문에서 태어났다. 당시에 모든 의사가 이 선서에 서약했던 것이 아니라, 히포크라테스 가문, 즉 아스클레피오스 학파의 가문에 속하지 않는 다른 가문의 사람들이 의술을 배우러 올 경우에 한하여, 이 선서에 서약하도록 되어 있었다고 한다.

이제는 오늘날의 상황에 맞게 이 선서를 수정한 〈제네바 선언〉이 일반적으로 읽히고 있다. 우리 나라에서 의과 대학을 졸업할 때 쓰이는 선서문도 사실은 제네바 선언문이다. 1948년 스위스의 제네바에서 개최된 세계 의학 협회 총회에서 채택된 〈제네바 선언〉은 1968년 시드니에서 개최된 제22차 세계 의학 협회에서 최종적으로 수정 작업을 거친 후 완성되었다.

여기서는 〈히포크라테스 선서〉와 〈제네바 선언〉을 함께 싣는다.

히포크라테스 선서

나는 의술을 주관하는 아폴론과 아스클레피오스와 히기에이아와 파나케이아를 포함하여 모든 신 앞에서, 내 능력과 판단에 따라 이 선서와 그에 따른 조항을 지키겠다고 맹세한다. 나에게 의술을 가르쳐 주신 분을 나의 부모와 다를 바 없이 소중하게 섬기고, 내가 소유한 모든 물질을 그분과 공유하면서 그분이 궁핍할 때는 그분을 도와 주고, 그분의 자손을 나의 형제와 같이 여기고, 그들이 의술을 배우고 싶어 하면 보수나 조건 없이 그들에게 의술을 가르치고, 내 아들과 내 스승의 아들과 의술의 원칙을 따르겠다고 선서한 제자들에게만 교훈과 강의를 포함하여 모든 방식의 교수법으로 의술에 관한 지식을 전달할 따름이고, 그 밖의 사람들에게는 전달하지 않겠다.

내 능력과 판단에 따라, 나는 환자에게 도움이 된다고 생각한 처방을 따를 뿐 환자에게 해를 끼칠 수 있는 처방은 절대로 따르지 않겠다. 나는 어떤 요청을 받더라도 치명적인 의약품을 아무에게도 트여하지 않을 뿐만 아니라, 그렇게 하도록 권고하지도 않겠다. 또한 마찬가지로 나는 어떤 여성에게도 낙태시킬 수 있는 질좌약을 주지 않겠다. 나는 내 일생 동안 나의 의술을 순수하고 경건하게 펼쳐 나가겠다. 나는 결석을 앓는 환자에게 절제수술을 하

아폴론 (Apollon)

그리스 신화에 나오는 신으로서 제우스와 레나의 아들이고 올림포스 12신 가운데 하나이며, 예언 · 의료 · 궁술 · 음악 · 시의 신이다. 광명의 신이기도 하여 나중에는 태양신과 동일시되었다. 로마 신화의 아폴로에 해당한다.

아스클레피오스 (Asclepios)

그리스 신화에 나오는 의술의 신으로서 아폴론의 아들이며, 죽은 사람을 소생시키는 능력을 가졌다고 한다.

히기에이아 (Hygeia)

그리스 신화에 나오는 건강의 여신으로서 아스클레피오스의 맏딸이며, 최초의 간호사라고 한다.

파나케이아 (Panacea)

그리스 신화에 나오는 약초의 여신으로서 아스클레피오스의 막내딸이며, 만병 통치의 여신으로도 알려져 있다.

지 않겠지만, 이 분야의 전문의들이 그러한 절제수술을 하는 행위는 인정하겠다. 내가 어떤 집을 방문하든지 오로지 환자를 돕는 일에만 힘쓸 따름이고, 고의로 어떤 형태의 비행을 일삼거나 피해를 끼치는 일은 절대로 저지르지 않겠으며, 특히 노예든 자유민이든 신분을 가리지 않을 뿐만 아니라 남자이든 여자이든 성별을 구분하지 않고, 모든 환자의 신체를 능욕하는 일이 없도록 하겠다. 나의 직무 수행과 관련된 일이든 전혀 관련이 없는 일이든 관계 없이, 내가 보거나 듣는 바로서 그 사실이 절대로 세상에 알려져서는 안 되는 경우에, 나는 일체의 비밀을 결코 누설하지 않겠다.

내가 이 선서를 절대로 어기지 않고 계속해서 지켜 나간다면, 나는 내 일생 동안 나의 의술을 베풀면서 모든 사람들로부터 항상 존경을 받게 될 것이다. 하지만 만일 내가 이 선서를 어기고 약속을 저버린다면, 나의 운명은 그와 반대되는 방향으로 치닫게 될 것이다.

제네바 선언

의업에 종사하는 일원으로서 인정받는 이 순간에,

나의 일생을 인류 봉사에 바칠 것을 엄숙히 서약한다.

나의 스승에게 마땅히 받아야 할 존경과 감사를 드리겠다.

나의 의술을 양심과 품위를 유지하면서 베풀겠다.

나는 환자의 건강을 가장 우선적으로 배려하겠다.

나의 환자에 관한 모든 비밀을 절대로 지키겠다.

나는 의업의 그귀한 전통과 명예를 유지하겠다.

나는 동료를 형제처럼 여기겠다.

나는 종교나 국적이나 인종이나 정치적 입장이나 사회적 신분을 초월하여 오직 환자에 대한 나의 의무를 다하겠다.

나는 생명이 수태된 순간부터 인간의 생명을 최대한 존중하겠다.

어떤 위협이 닥칠지라도 나의 의학 지식을 인륜에 어긋나게 쓰지 않겠다.

나는 아무 거리낌 없이 나의 명예를 걸고 위와 같이 서약한다.

Universal Declaration on the Human Genome and Human Rights

비윤리적 목적으로 생명을 창조하는 행위를 거부한다!

인간게놈과 인권에 관한 국제 선언 1997

〈인간게놈과 인권에 관한 국제 선언〉은 생명 공학의 발달에 따라 인간 복제에 대한 우려가 커지자, 비윤리적인 목적으로 인간게놈(Human Genome)을 이용하는 것을 방지하기 위해 선포되었다.

이 선언에는 인간게놈의 연구와 응용에 대한 윤리 기준을 담고 있으며, 1997년 11월 11일 국제 연합 교육 과학 문화 기구 총회에서 186개 회원국의 만장일치로 채택되었다. 한편 국제 연합 유네스코는 선언을 채택하기에 앞서 1993년에 국제 생명윤리 위원회를 설립하여 4년 동안 인간게놈과 인권에 관한 연구 활동을 하였다.

이 선언은 1948년 국제 연합에서 채택한 〈세계 인권 선언〉에 이은 제2의 인권 선언이라는 평가를 받고 있다. 또한 1997년에 복제양 '돌리'가 탄생한 것을 계기로 인간 복제의 가능성이 더욱 높아져 가고 있는 현실 속에서, 비윤리적 목적으로 생명을 창조하는 행위를 거부하는 윤리 의식이 강력하게 반영되었다고 평가된다.

총회는, 유네스코 헌장의 전문에서, '인간의 존엄성과 평등과 상호 존중을 옹호하는 민주적 원리'를 언급하고, '인류의 불평등을 주장하는 모든 학설'을 거부하고, '폭넓은 문화 보급과 정의와 자유와 평화를 위한 인간성 교육은 인간의 존엄성을 보장하기 위해 필수 불가결한 요소일 뿐만 아니라, 모든 국가가 서로 도우면서 관심사를 함께 처리한다는 각오로 반드시 이루어 내야 할 신성한 의무'라고 규정하고, '평화는 인류의 지적이고 윤리적 단결에 기반을 두어야 한다.'고 선언하고, 유네스코는 '전 세계의 민족들 사이에 교육적이고 학술적이고 문화적인 차원에서 교류를 활성화시킴으로써 국제 연합의 설립 목적이자 국제 연합 헌장에서 선언한 세계 평화와 인류의 공동 복지라는 목표'가 달성될 수 있도록 노력하겠다고 언급한 점을 상기하면서,

특히 1948년 12월 10일에 채택된 〈세계 인권 선언〉, 1966년 12월 16일에 채택될 경제적·사회적·문화적 권리에 관한 국제 연합 협약과 시민적·정치적 권리에 관한 국제 연합 협약, 1948년 12월 9일에 채택된 집단 살해 범죄의 방지와 처벌에 관한 국제 연합 협약, 1965년 12월 21일에 채택된 모든 형태의 인종 차별 철폐에 관한 국제 연합 협약, 1971년 12월 20일에 채택된 〈정신 지체인의 권리에 관한 국제 연합 선언〉, 1975년 12월 9일에 채택된 〈장애인의 권리에 관한 국제 연합 선언〉, 1979년 12월 18일에 채택된 모든 형태의 여성 차별 철폐에 관한 국제 연합 협약, 1985년 11월 29일에 채택된 〈범죄와 권력 남용의 피해자에 대한 사법상

게놈

어떤 생물을 형성하기 위하여 필요한 유전자 정보 1세트분을 뜻한다. 인간의 경우에는 22종류의 보통 염색체와 2종류의 성염색체를 구성하고 있는 모든 DNA를 말하는데, 이것을 '인간 게놈'이라고 부른다.

인간게놈
(Human Genome)

인간의 게놈을 지칭한다. 게놈이란 유전자라는 뜻의 'gene'과 염색체라는 뜻의 'chromo-some'를 합성한 조어인데, 생명체의 모든 DNA를 일컫는다. DNA란 유전 정보를 담고 있는 물질로 모든 생명 현상을 조절하는 일종의 사령탑과 같은 역할을 한다. DNA는 네 종류의 염기[아데닌(A), 티민(T), 시토신(C), 구아닌(G)]로 구성되어 있고 이들의 배열 순서에 따라 인종, 체형, 성격, 특정 질병에 걸릴 소인, 장수의 가능성 등 모든 유전 형질이 결정된다. 인간의 DNA는 35억여 개의 염기로 구성되어 있다.

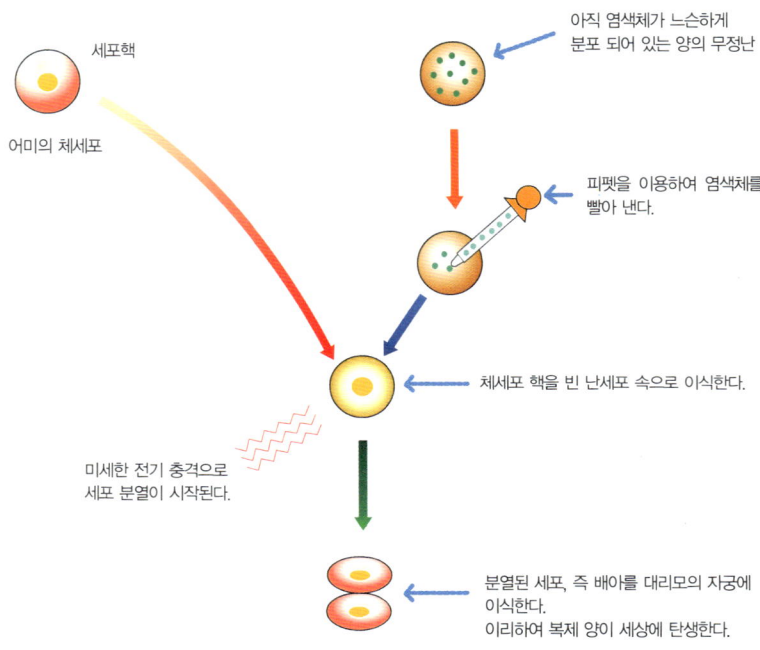

세포핵

어미의 체세포

아직 염색체가 느슨하게
분포 되어 있는 양의 무정난

피펫을 이용하여 염색체를
빨아 낸다.

체세포 핵을 빈 난세포 속으로 이식한다.

미세한 전기 충격으로
세포 분열이 시작된다.

분열된 세포, 즉 배아를 대리모의 자궁에
이식한다.
이리하여 복제 양이 세상에 탄생한다.

의 기본 원칙에 관한 국제 연합 선언〉, 1989년 11월 20일에 채택
된 아동 권리에 관한 국제 연합 협약, 1993년 12월 20일에 채택된
장애인의 기회균등화에 관한 표준 규칙, 1971년 12월 16일에 채
택된 세균과 독소를 이용한 무기의 개발 · 생산 · 비축의 금지와
폐기에 관한 협약, 1960년 12월 14일에 채택된 교육 차별 철폐에
관한 유네스코 협약, 1966년 11월 4일에 채택된 〈국제 문화 협력
원칙에 관한 유네스코 선언〉, 1974년 11월 20일에 채택된 학술 연

322

구자의 지위에 관한 유네스코 권고, 1978년 11월 27일에 채택된 〈인종과 인종 편견에 관한 유네스코 선언〉, 1958년 6월 25일에 채택된 고용과 직업 차별에 관한 ILO협약, 1989년 6월 27일에 채택된 독립 국가의 원주민 부족에 관한 ILO협약에서 분명히 밝히고 있는 바, 보편적 인권 원칙에 대한 애정을 엄숙히 상기하면서,

지적 자산 분야에서 유전학의 응용과 관련된 국제 법률 문서, 특히 1886년 9월 9일에 채택된 문학 예술 저작물의 보호에 관한 베른 협약, 1952년 9월 6일에 채택된 다음에 1971년 7월 24일에 파리에서 최종적으로 수정된 세계 저작권에 관한 유네스코 협약, 1883년 3월 20일에 채택된 다음에 1967년 7월 14일에 스톡홀름에서 최종적으로 수정된 산업 재산권의 보호에 관한 파리 협약, 1977년 4월 28일에 WIPO에 의해 채택된 특허 절차상 미생물 기

복제양 돌리

1997년 2월 영국 에든버러 로슬린 연구소의 이안 윌머트 박사와 케이스 캠벨 박사가 다 자란 어미 양에게서 채취한 체세포를 이용하여, 복제 기술로 어미 양과 똑같은 유전 정보를 지닌 새끼 양을 탄생시켰다. 이 기술을 이용하면 경제성이 높은 가축을 대량으로 복제할 수 있을 뿐만 아니라 인간에게도 응용할 수 있기 때문에 윤리적인 측면에서 문제를 지적하는 비난의 소리가 높다.

탁의 국제적 승인에 관한 부다페스트 협약, 1995년 1월 1일에 발효된 세계 무역 기구(WTO)의 설립에 관한 협약의 부속서류로서 지적 재산권의 무역 관련 사항에 관한 협약의 기득권을 침해하지 않은 채 염두에 두고서,

또한 1992년 6월 5일에 채택된 생물 다양성에 관한 국제 연합 협약을 염두에 두고, 인간의 유전적 다양성을 인정한다고 해서 〈세계 인권 선언〉에서 제시한 '인류 구성원의 타고난 존엄성과 (…) 평등하고 빼앗길 수 없는 권리'에 대한 논란이 제기되면서 사회 정치적 성격을 띠는 해석으로 발전되어서는 안 된다는 점을 강조하면서,

제22차 총회 결의안과 제23차와 24차, 25차, 27차, 28차 총회 결의안을 상기하고, 유네스코가 인권과 기본적 자유가 존중되어야 한다는 원칙을 지키면서 생물학 분야와 유전학 분야의 과학 기술적 발전의 결과에 관한 윤리적 타당성을 연구하는 활동을 한층 활발하게 펼친 다음에 그에 따른 후속 조치를 취해야 한다고 촉구하면서,

인간게놈에 관한 연구와 그 연구 성과의 응용을 통해 개인과 인류 전체의 건강을 향상시키는 데 비약적으로 발전할 가능성이 열리게 되었다고 인정하지만, 그러한 연구는 인간의 존엄성과 자유와 인권을 충분하게 존중해야 할 뿐만 아니라, 유전적 특질에 근거를 둔 모든 형태의 차별을 금지해야 한다고 강조하면서,

다음과 같은 원칙을 선언함과 동시에 이 선언을 채택한다.

인간 존엄성과 인간게놈

제1조

인간게놈은 인간의 고유한 존엄성과 다양성을 인정하는 기초가 될 뿐만 아니라 인류 구성원 전체의 근본적 단일성을 입증하는 기초가 된다. 상징적인 의미에서 그것은 인류의 유산이다.

제2조

가) 모든 인간에게는 자신의 유전적 특질과 무관하게 존엄성과 인권을 존중받을 권리가 있다.

나) 그 존엄성이 존재하기 때문에 개개인은 각자가 지닌 유전적 특질로 환원되지 않으면서 각자의 독자성과 다양성이 존중받게 된다.

제3조

인간게놈은 스스로 진화 과정을 겪으면서 변화해 갈 수밖에 없다. 그것은 개인의 건강 상태와 생활 조건과 영양 상태와 교육 수준을 포함하여 각자가 처한 자연 환경과 사회 환경에 따라 각자 다르게 발현되는 잠재력을 포함한다.

제4조

자연 상태의 인간게놈은 결코 영리를 얻을 목적으로 이용되어서는 안 된다.

당사자의 권리

제5조

가) 개개인의 게놈에 영향을 미치는 연구나 치료, 진단은 그에 따른 잠재적 위험성과 혜택에 대해 엄격한 사전 평가를 받은 경우에 한하여 국내법이 요구하는 기타 모든 요구 조건에 따라 진행되어야 한다.

나) 모든 경우에 자유롭고도 충분히 숙지한 상태에서 당사자로부터 사전에 동의를 얻어야 한다. 만일 당사자가 동의할 수 없는 상황에 처해 있는 경우에는 당사자에게 최대한 이익을 보장하는 방향에서 법에 의해 정해진 절차에 따라 동의나 승인을 얻어야 한다.

다) 개개인이 유전학적 검사 결과와 그로 인한 파급 효과에 관한 정보를 제공받을 것인지 여부에 대해 결정할 수 있는 권리가 존중되어야 한다.

라) 게다가 연구 활동의 경우에는 국내적 차원과 국제적 차원의 관련 연구 기준이나 지침에 따라 사전에 검토될 수 있

도록 계획안이 제출되어야 한다.

마) 특정한 거인이 법에서 정한 바에 따라 동의할 수 있는 능력이 없는 경우, 그 사람의 게놈에 영향을 미치는 연구는 법에서 정한 승인과 보호 조건을 준수하면서 그 사람의 건강에 직접적으로 혜택을 줄 수 있는 경우에만 진행될 수 있다.

특정한 개인의 건강에 직접적으로 혜택을 줄 수 없다고 판단되는 연구 활동은 그 개인에게 미칠 위험과 부담을 최소화하는 극히 제한된 조건에서, 연구 목적이 동일한 연령층에 속하거나 동일한 유전적 조건을 지닌 다른 사람들에게 건강상의 혜택을 줄 수 있으면서 법에서 정한 조건에 부합되는 경우와, 그러한 연구가 그 개인의 인권을 보호할 수 있는 경우에 한하여 예외적으로 진행될 수 있다.

제6조

어느 누구라도 유전적 특질에 근거를 둔 차별을 받음으로써 인권과 기본적 자유와 인간 존엄성이 고의로 침해당하거나 침해당하는 효과를 받아서는 안 된다.

제7조

연구 목적이나 기타의 목적에서 저장되거나 처리된 상태로서 당사자의 신원이 드러날 수 있는 유전자 정보는 법에서 정한 조건에 따라 비밀이 유지되어야 한다.

제8조

모든 사람에게는 자신의 게놈에 직접적이고 결정적으로 영향을 미치는 처리 결과로 인해 입은 모든 피해에 대해 국제법과 국내법에 따라 정당하게 보상받을 권리가 있다.

제9조

인권과 기본적 자유를 보호하기 위한 목적에서, 동의 원칙과 비밀 유지 원칙에 대한 제한 조치는 인권에 관한 국제 공법과 국제법의 범위 내에서 근거를 마련해야 하기 때문에 오로지 법에 의해서만 정해질 수 있다.

인간게놈에 관한 연구

제10조

특히 생물학과 유전학과 의학의 분야에서 진행되는 인간게놈에 관한 어떤 연구나 그 연구 성과의 응용도 개인이나 해당 집단의 인권과 기본적 자유와 인간 존엄성에 대한 존중보다 소중하게 받아들여져서는 안 된다.

제11조

인간 복제의 경우처럼 인간 존엄성에 위배되는 행위는 결코 허용되어서는 안 된다. 국가와 국제 전문 기구는 그러한 행위를 확인하고 국내적 차원이나 국제적 차원에서 이 선언에서 제시된 원칙이 존중되도록 보장할 수 있는 필요 조치를 마련하는 과정에 협력해야 한다.

제12조

가) 개개인의 존엄성과 인권을 신중히 배려하면서, 인간게놈과 관련하여 생물학과 유전학과 의학의 발전을 통해 얻는 혜택을 누구나 누릴 수 있도록 보장해야 한다.

나) 연구의 자유는 지식 발전을 위한 필수적 요소이며 사상의 자유에 속한다. 인간게놈과 관련하여 생물학 분야와 유전학 분야와 의학 분야의 응용을 포함하여 모든 연구 성과의 응용은 개인과 인류 전체의 고통을 해소하고 건강을 증진하는 데 기여해야 한다.

과학적 활동의 수행 조건

제13조

연구 성과를 발표하고 이용하는 과정뿐만 아니라 연구를 진행하는 과정에서 요구되는 세심함과 신중함, 지적 정직성, 성실성을 포함하여 연구자의 활동 과정에서 요구되는 고유한 의무는, 그것이 미치는 윤리적이고 사회적인 영향 때문에 인간게놈에 관한 연구 체계 내에서 각별히 주의를 기울여야 할 사항이다. 또한 이러한 관점에서 공공 조직과 민간단체의 과학 정책을 결정하는 책임자에게는 특별한 의무가 주어진다.

제14조

이 선언에서 제시된 원칙에 기초하여, 모든 국가는 인간게놈에 관한 자유로운 연구 활동을 보장할 수 있는 지적 조건과 물질적 조건을 뒷받침하고, 그러한 연구가 미치는 윤리적이고 법적이고 사회적이고 경제적인 파급 효과를 감안한 적절한 조치를 취해야 한다.

제15조

모든 국가는 인권과 기본적 자유와 인간 존엄성이 존중되도록 보장하고 공중 보건을 지키기 위한 목적에서, 이 선언에서 제시된 원칙을 신중히 고려하여 인간게놈에 관한 연구가 자유롭게 진행될 수 있는 체계를 마련하기 위해 적절한 조치를 취해야 한다. 모든 국가는 연구 성과가 비평화적인 목적으로 이용되지 않도록 확실하게 보장해야 한다.

제16조

모든 국가는 인간게놈에 관한 연구와 그 연구 성과의 응용에 의해 발생되는 윤리적이고 법률적이고 사회적 문제를 평가하기 위해 독립적이고 다원적인 성격을 띠면서 여러 분야의 전문가들로 구성될 윤리 위원회의 설립을 다양한 차원에서 적절하게 추진할 필요성을 인정해야 한다.

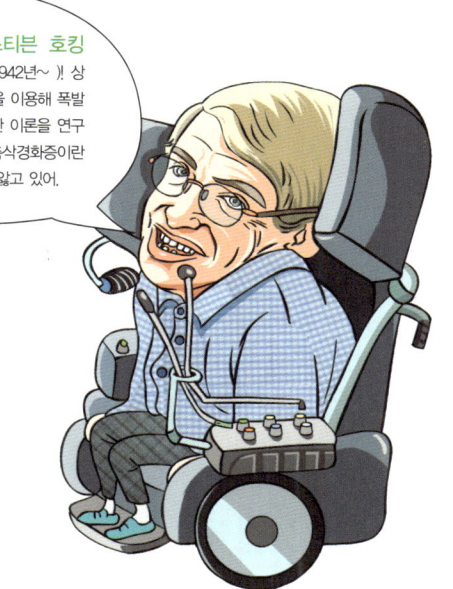

나는 이론물리학자 **스티븐 호킹**(Stephen Hawking, 1942년~)이 상대성 이론과 양자역학을 이용해 폭발하는 '검은구멍'에 관한 이론을 연구했지. 나는 근위축성측삭경화증이란 치료 불가능한 질병을 앓고 있어.

연대와 국제 협력

제17조

모든 국가는 유전적 특질에 기인한 질병이나 장애에 특히 취약하거나 그로 인해 영향을 받는 개인과 가족과 집단에 대한 연대 활동을 존중하고 강화해야 한다. 모든 국가는 세계 인구의 대다수에게 영향력을 미치는 전염성 질환뿐만 아니라, 유전적 원인이나 유전적 영향에 기인하면서 특히 희귀한 성격을 띠는 질병의 실체를 밝히고 예방하고 치료하는 연구 활동을 특히 촉진시켜야 한다.

지식 두비!

21번 염색체

이 염색체는 크기는 제일 작지만 매우 흥미로운 특성을 가지고 있다. 이 염색체는 가장 빈번한 유전질환이라 할 수 있는 다운증후군을 일으키는 것으로 알려져 있다. 스티븐 호킹이 앓고 있는 근육 질환인 ALS 등도 이 21번 염색체의 결함으로 발생하는 것으로 알려져 있다.

제18조

모든 국가는 이 선언에서 제시된 원칙에 대해 신중하고도 적절하게 고려하면서, 인간게놈과 인간 다양성과 유전학적 연구에 관한 과학 지식이 국제적으로 보급되도록 지속적으로 촉진하고, 그와 관련하여 특히 선진국과 개발도상국 간의 과학적이고 문화적인 협력관계를 증진하기 위해 온갖 노력을 다해야 한다.

제19조

가) 모든 국가는 개발도상국과 국제 협력 체계를 유지하면서 다음과 같은 조치가 실행되도록 장려해야 한다.

(ㄱ) 인간게놈에 관한 연구가 안고 있는 위험성과 혜택에 대한 평가가 이루어짐으로써 남용이 방지되어야 한다.

(ㄴ) 개발도상국이 인간생물학과 유전학에 관한 연구를 수행할 수 있는 역량이 각국의 특수한 문제를 감안하여 개발되고 강화되어야 한다.

(ㄷ) 과학 기술적 연구의 성과를 이용하여 경제 사회적 발전에 도움을 줌으로써 모든 사람이 혜택을 누릴 수 있게 하기 위한 목적에서, 개발도상국이 그러한 성과로부터 이익을 얻어야 한다.

(ㄹ) 생물학과 유전학, 의학 분야의 과학 지식과 정보가 자유롭게 교환되도록 촉진시켜야 한다.

나) 관련 국제기구는 앞서 말한 목적을 위해 모든 국가가 취

한 조치를 지원하고 촉진시켜야 한다.

선언에 담긴 원칙의 촉진

제20조

모든 국가는 교육과 관련 수단, 특히 여러 학문 분야에서 연구 활동을 펼치고 훈련을 실시함과 동시에 특히 과학 정책을 결정하는 책임자를 대상으로 생명 윤리학에 관한 교육을 모든 수준에서 강화함으로써 이 선언에 담긴 원칙을 촉진할 수 있도록 적절한 조치를 취해야 한다.

제21조

모든 국가는 생물학 · 유전학 · 의학 분야의 연구와 그 연구 성과의 응용에 의해 발생될 수 있는 문제, 즉 인간 존엄성 보장에 관한 기본적 문제에 대해 사회와 모든 사회 구성원이 책임을 자각하는 데 도움이 되는 다른 형태의 연구와 훈련과 정보 보급을 장려하기 위해 적절한 조치를 취해야 한다. 또한 모든 국가는 이 주제와 관련하여 사회 문화적이고 종교적이고 철학적인 다양한 견해에 대해 자유롭게 표현할 수 있는 국제적 차원의 공개토론을 활성화해야 한다.

선언의 이행

제22조

모든 국가는 이 선언에 담긴 원칙을 장려하기 위해 최선의 노력을 다해야 하고, 모든 적절한 대책을 마련함으로써 그 원칙이 이행될 수 있도록 촉진시켜야 한다.

제23조

모든 국가는 교육과 훈련과 정보 보급을 통해 앞서 언급된 원칙을 존중하도록 촉진시키고, 그 원칙을 인정하면서 효과적으로 적용하도록 장려하기 위해 적절한 조치를 취해야 한다. 또한 모든 국가는 독립성을 유지하는 윤리 위원회가 설립된 경우에 그 윤리 위원회들 사이의 교류와 연락 체계를 장려하여 충분한 협력이 보장되도록 해야 한다.

제24조

유네스코의 국제 생명 윤리 위원회(IBC)는 이 선언에서 제시된 원칙을 확산시키는 데 기여해야 할 뿐만 아니라, 그 원칙을 적용하는 경우와 문제가 될 만한 기술이 출현하는 경우에 발생되는 문제점에 대해 한층 면밀하게 검토하는 데 공헌해야 한다.

국제 생명 윤리 위원회는 취약 집단과 같은 당사자들과 더불어 적절한 협의기구를 구성해야 한다. 국제 생명 윤리 위원회는 유네스코가 정한 법적 절차에 따라 총회에 권고안을 제출해야 하고, 이 선언의 후속 조치, 특히 배자계열 조작과 같은 인간 존엄성에 위배될 수 있는 행위를 파악해서 보고해야 한다.

제25조

이 선언에서 제시된 원칙을 포함하여 이 선언의 어떤 사항도 인권과 기본적 자유에 위배되는 어떤 활동에 개입하거나 어떤 행위를 전개하도록 어떤 국가나 집단이나 개인에게 요구하는 것으로 해석되어서는 안 된다.

생명윤리에 따라 인간 유전자 데이터는 다루어져야 한다!

인간 유전자 데이터에 관한 국제 선언 2003

〈인간 유전자 데이터에 관한 국제 선언〉은 2003년 10월 16일 제32차 유네스코 총회에서 채택된 선언으로, 생명공학에 의해 빚어질 수 있는 문제에 대한 국제적인 규범을 담고 있다.

특히 〈인간게놈과 인권에 관한 세계 선언〉에서 확립된 원칙과 이행 지침에 입각하여, 인간의 유전자 데이터에 대한 수집과 처리, 이용과 보관의 기초가 되는 연구 활동의 자유, 개인의 프라이버시와 안전을 보장하는 자유, 사상과 표현의 자유를 거듭 강조하면서 이 선언을 채택하였다. 또한 인간 존엄성과 인권, 기본적 자유를 존중하는 원칙뿐만 아니라, 평등과 정의와 단결과 책임에 관한 원칙도 담고 있다.

총회는 1948년 12월 10일에 채택된 〈세계 인권 선언〉, 1966년 12월 16일에 국제 연합에 의해 채택된 경제적·사회적·문화적 권리에 관한 국제 협약과 시민적·정치적 권리에 관한 국제 협약, 1965년 12월 21일에 국제 연합에 의해 채택된 모든 형태의 인종 차별 철폐에 관한 국제 협약, 1979년 12월 18일에 채택된 모든 형태의 여성 차별 철폐에 관한 국제 연합 협약, 1989년 11월 20일에 채택된 아동 권리에 관한 국제 연합 협약, 2001년 7월 26일에 채택된 유전자 프라이버시와 차별 금지에 관한 국제 연합 경제 사회 이사회 결의, 2003년 7월 22일에 채택된 유전자 프라이버시와 차별 금지에 관한 결의, 1958년 6월 25일에 채택된 고용과 직업 차별에 관한 ILO협약, 2001년 11월 2일에 유네스코에 의해 채택된 〈문화 다양성에 관한 세계 선언〉, 1995년 1월 1일에 발효된 세계 무역 기구(WTO)의 설립에 관한 협정의 부속 서류로서 지적 재산권의 무역 관련 사항에 관한 협정(TRIPs), 2001년 11월 14일에 채택된 〈TRIPs 협정과 공중 보건에 관한 도하 선언〉, 국제 연합과 국제 연합 전문 기구에 의해 채택된 여타의 국제 인권 법률 문서를 상기하면서,

　1997년 11월 11일에 유네스코 총회에서 만장일치로 채택되고 나서, 1998년 12월 9일에 국제 연합 총회에서 승인된 〈인간게놈과 인권에 관한 세계 선언〉과 1999년 11월 16일에 제30차 총회 결의 23에 의해 승인된 〈인간게놈과 인권에 관한 세계 선언〉의 이행 지침을 각별히 상기하면서,

유전자
염색체상에서 일정한 위치를 차지하고 있는 유전 정보의 단위.

〈인간게놈과 인권에 관한 세계 선언〉에 대한 세계 대중의 폭넓은 관심, 그 선언에 대한 국제 사회의 확고한 지지, 그 선언이 미친 파급 효과로 인해 회원국이 법률, 규정, 규범과 기준, 행동 윤리 강령과 지침 등을 제정하게 되었다는 사실을 환영하면서,

의학 데이터와 개인 데이터뿐만 아니라 과학적 데이터에 대한 수집과 처리, 이용, 보관과 관련해서 인권과 기본적 자유를 보호하고 인간 존엄성을 존중하기 위한 목적에서 제정된 국제적·지역적 차원의 법률 문서와 국내법, 규정, 윤리 문서 등을 염두에 두면서,

유전자 정보는 광범위한 의학 데이터의 일부분으로서, 유전자 데이터와 단백질 유전 정보 데이터를 포함하여 모든 의학 데이터의 정보 내용은 매우 상황 의존적 성격이 강력해서 특정한 상황에 따라 좌우된다는 점을 인정하면서,

또한 인간 유전자 데이터는 개인에 관한 유전적 소인을 예측할 수 있기 때문에, 그 데이터는 그것의 민감한 특성을 감안하여 특수한 지위를 차지한다는 사실을 인정하고, 그 데이터를 획득한 순간에 평가를 내리는 경우보다 예측 가능성이 훨씬 더 위력적이라는 점을 인정한다.

시료
시험이나 검사·분석 따위를 하기 위한 재료.

즉 후손을 포함하여 여러 세대에 걸쳐 가계에 중대한 영향을 미치기도 하고, 어떤 경우에는 집단 전체에도 그럴 수 있다는 점을 인정한다. 또한 그 데이터는 생물학적 시료를 수집할 당시에 알려지지 않았던 중요한 정보를 포함하기도 하고, 그 데이터는

가인이나 집단에 대한 문화적 의미를 지닐 수 있다는 점을 인정하면서,

외견상의 정보 내용과 상관 없이 유전자 데이터와 단백질 유전 정보 데이터를 포함하여 모든 의학 데이터는 모두 다 높은 수준의 기밀성을 유지하면서 취급되어야 한다는 점을 강조하면서,

경제적이고 상업적인 목적 때문에 인간 유전자 데이터의 중요성이 점차 높아지고 있다는 점에 주목하면서,

개발도상국의 특수한 요구와 취약성, 인간 유전학 분야의 국

제 협력을 강화해야 할 필요성에 주의를 기울이면서,

생명 과학과 의학이 발전하고 그러한 분야에서 응용하고 그 데이터를 비의학적인 용도로 이용하기 위해, 인간 유전자 데이터에 대한 수집과 처리와 이용과 저장이 매우 중요하다는 점을 고려하면서,

또한 개인 데이터에 대한 수집 규모가 엄청나게 늘어나면서 상황이 도저히 돌이킬 수 없을 정도로 더욱더 어렵게 전개되고 있다는 점을 고려하면서,

인간 유전자 데이터에 대한 수집과 처리와 이용과 보관은 인권과 기본적 자유를 행사하고 준수함과 동시에 인간 존엄성을 존중하는 데 잠재적인 위험 요인으로 작용될 수 있다는 점을 자각하면서,

개인의 이익과 복지가 사회와 연구 활동의 권리와 이익보다 존중되어야 한다는 점에 주목하면서,

〈인간게놈과 인권에 관한 세계 선언〉에서 확립된 원칙, 인간 존엄성과 인권과 기본적 자유를 존중하는 원칙뿐만 아니라 평등과 정의와 단결과 책임에 관한 원칙, 특히 인간 유전자 데이터에 대한 수집과 처리와 이용과 보관의 기초가 되는 연구 활동의 자유와 개인의 프라이버시와 안전을 보장하는 자유를 포함하여 사상과 표현의 자유를 재차 확인하면서,

다음과 같이 원칙을 공표하면서, 이 선언을 채택한다.

일반 조항

제1조 목적과 범위

(1) 이 선언의 목적은 인간 유전자 데이터와 인간 단백질 유전 정보 데이터, 또한 그 데이터가 추출되는 생물학적 시료(이하 '생물학적 시료')를 수집하고 처리하고 사용하고 보관하는 과정에서, 연구 활동의 자유를 포함하여 사상과 표현의 자유를 마땅히 고려하는 한편, 평등과 정의와 단결의 요구 조건을 충족시킨 상태에서 인간 존엄성이 존중되면서 인권과 기본적 자유가 보호되도록 보장하는 데 있다.

또한 모든 국가가 이 문제에 관한 법률을 제정하거나 정책을 수립하는 과정에서 지침으로 삼아야 할 원칙을 제시함과 동시에, 이 분야에서 관련 단체와 개인을 위해 올바른 행동 지침의 기초를 마련하는 데 있다.

(2) 인간 유전자 데이터와 인간 단백질 유전 정보 데이터와 생물학적 시료를 수집하고 처리하고 이용하고 보관하는 모든 행위는 인권에 관한 국제법에 따라야 한다.

(3) 범죄에 대해 수사하고 탐지하고 기소하는 절차상 필요한 경우와, 인권에 관한 국제법과 일치되는 국내법에 따라 친자 확인을 목적으로 검사를 진행하는 경우를 제외하고, 이 선언의 조항은 인간의 유전자 데이터와 인간의 단백질

유전 정보 데이터와 생물학적 시료를 수집하고 처리하고
이용하고 보관하는 모든 행위에 적용된다.

제2조 용어의 사용

이 선언의 목적을 실현하기 위해 사용되는 용어는 다음과 같
은 의미를 지닌다.

(1) 인간 유전자 데이터(Human genetic data) : 핵산 분석이나 여타
의 과학적 분석에 의해 얻은 개인의 유전적 특징에 관한
정보.

(2) 인간 단백질 유전 정보 데이터(Human proteomic data) : 특정한
개인이 지닌 단백질의 발현과 변형과 상호 작용을 포함하
여 개인의 단백질에 관한 정보.

(3) 승낙(Consent) : 특정한 개인이 자신의 유전자 데이터가 수
집되고 처리되고 이용되고 보관되는 행위에 대해 사전에
충분히 파악한 후 자신의 자유의사에 따라 문서로 상세히
작성한 동의서.

(4) 생물학적 시료(Biological samples) : 핵산이 존재하면서 개인의
특징적 유전자 구조를 포함하는 생물학적 물질(예컨대 혈액
이나 피부나 골세포나 혈장)로 이루어진 시료.

(5) 개체군에 근거한 유전학적 연구(Population-based genetic study)
: 특정 집단에 속하는 특정 개체군 혹은 개인들 사이나,
여러 집단을 넘나드는 개인들 사이에서 발생하는 유전적

변이의 특성과 정도를 이해하기 위한 목적에서 진행하는 연구.

(6) 행동 유전학적 연구(Behavioural genetic study) : 유전적 특성과 행동 사이의 실제적 상관관계를 입증하기 위한 목적에서 진행하는 연구.

(7) 침습적 시술(Invasive procedure) : 바늘과 주사기를 사용하여 혈액 시료를 채취하는 경우처럼 인간의 신체 내부로 침입시키는 방법을 써서 생물학적 시료를 채취함.

(8) 비침습적 시술(Non-invasive procedure) : 구강 도말 표본처럼 인간의 신체 내부로 침입시키지 않는 방법을 써서 생물학적 시료를 채취함.

(9) 대상자 식별 정보와 연결된 데이터(Data linked to an identifiable person) : 이름과 출생일과 주소처럼 데이터를 추출한 대상자의 신원을 확인할 수 있는 대상자 식별 정보와 연결된 데이터.

(10) 대상자 식별 정보와 연결되지 않은 데이터(Data unlinked to an identifiable person) : 코드를 이용하여 대상자의 신원을 확인할 수 있는 모든 정보를 변경하거나 분리시킴으로써 대상자 식별 정보와 차단된 데이터.

(11) 대상자 식별 정보와 연결이 복구될 수 없는 데이터(Data irretrievably unlinked to an identifiable person) : 시료를 제공한 대상자의 신원을 확인할 수 있는 모든 정보와 데이터가 서로

지식도비

유전자 칩
유전자에 관한 모든 정보는 우표만 한 크기의 칩에 담겨지게 되는데, 사람의 세포 하나를 떼어 내 이 칩에 반응시키면 질병에 걸릴 가능성이 몇 시간 안에 드러난다.

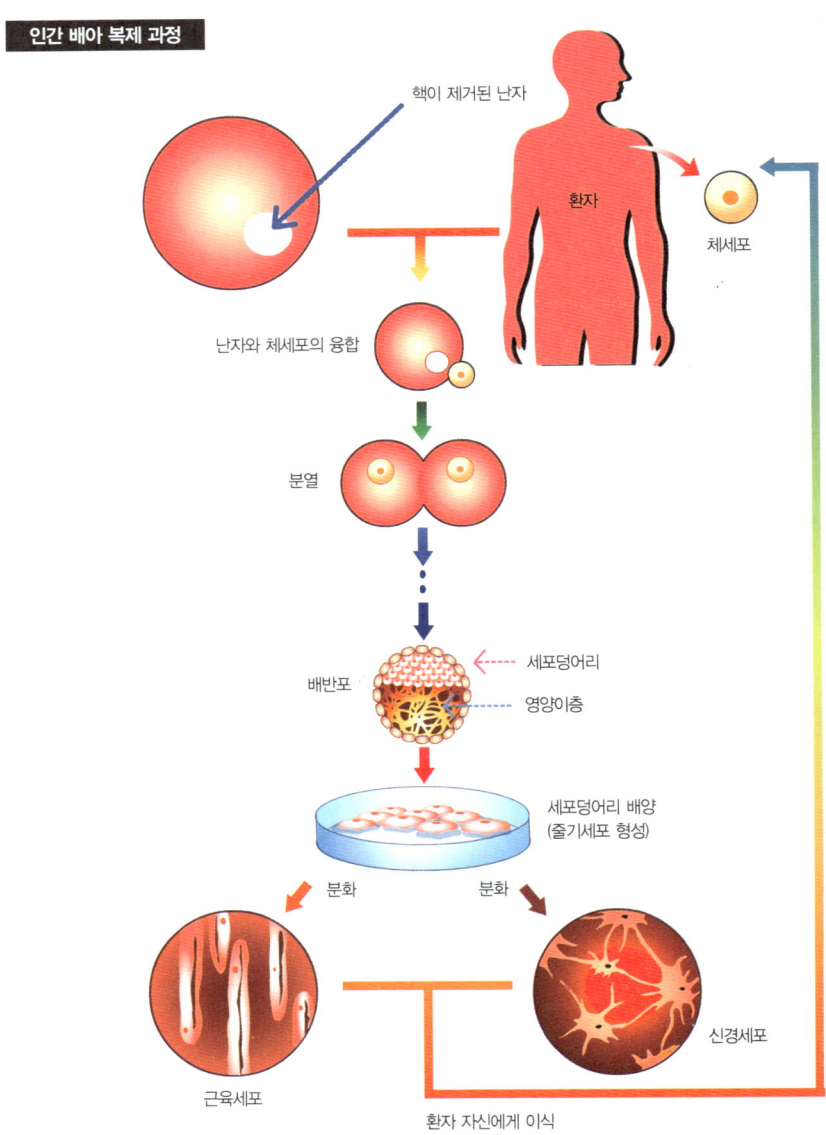

인간 배아 복제 과정

핵이 제거된 난자

환자

체세포

난자와 체세포의 융합

분열

배반포

세포덩어리

영양이층

세포덩어리 배양
(줄기세포 형성)

분화

분화

근육세포

신경세포

환자 자신에게 이식

연결되지 못하도록 해당 정보를 파기함으로써 대상자 식별 정보가 복구될 수 없는 데이터.

(12) 유전자 검사(Genetic testing) : 특이한 유전자 변화를 주로 나타내는 유전자 생성물이나 여타의 특이한 대사산물에 대한 간접 검사를 포함하여 특정한 유전자나 염색체의 존재 여부나 변화를 알아 내는 절차.

(13) 유전자 선별(Genetic screening) : 자각 증상이 없는 사람들의 유전적 특성을 밝혀 내기 위한 목적에서, 특정한 계획을 수립하여 특정한 개체군이나 그 개체군의 일부에 대해 대규모로 실시되는 체계적인 유전자 검사.

(14) 유전자 상담(Genetic counselling) : 유전자 검사나 유전자 선별을 실시한 결과에 따른 의미와 장점과 위험 요인을 설명하여 그 결과를 처리하는 장기적인 과정을 도와 주는 절차로서, 유전자 검사와 유전자 선별을 실시하기 전후에 각각 진행된다.

(15) 교차 연결(Cross-matching) : 다른 목적을 위해 마련된 다양한 데이터 파일에 들어 있는 특정 개인이나 특정 집단에 관한 정보와 연결하는 행위.

제3조 개인의 정체성

모든 개인은 각자 독특한 유전자 구조를 지니고 있다. 하지만 특정한 개인의 정체성은 유전적 특성으로 환원되어서는 안 된다.

그 까닭은 그러한 정체성이 교육적 요인과 환경적 요인과 개별적 요인이 복합적으로 결합된 성격을 띨 뿐만 아니라, 타인과 맺고 있는 정서적이고 사회적이고 정신적이고 문화적인 유대 관계를 포함하면서, 특정한 차원의 자유를 당연히 수반하기 때문이다.

제4조 특수한 지위

(1) 인간 유전자 데이터는 다음과 같은 이유 때문에 특수한 지위를 차지한다.

(가) 그것은 개인에 관한 유전적 소인을 예측할 수 있다.

(나) 그것은 후손을 포함하여 여러 세대에 걸쳐 가계에 중대한 영향을 미치기도 하고, 어떤 경우에는 당사자가 속하는 집단 전체에도 그러한 영향을 미치기도 한다.

(다) 그것은 생물학적 시료를 수집할 당시에 알려지지 않았던 중요한 정보를 포함하기도 한다.

(라) 그것은 개인이나 집단에 대한 문화적 의미를 지닐 수 있다.

(2) 인간 유전자 데이터가 신중히 다루어져야 한다는 점을 마땅히 고려하여, 이러한 데이터와 생물학적 시료에 대한 적절한 수준의 보호 장치가 마련되어야 한다.

제5조 목적

인간 유전자 데이터와 인간 단백질 유전 정보 데이터는 오로지 다음과 같은 목적에서만 수집되고 처리되고 이용되고 보관되어야 한다.

(1) 선별 검사와 예측 검사를 포함하여 진단과 건강 관리.

(2) 인류학적 연구나 고고학적 연구뿐만 아니라 역학적 연구, 특히 개체군에 근거한 유전학적 연구를 포함하여 의학적 연구와 기타 과학적 연구.(앞서 언급된 모든 내용을 일괄하여 앞으로는 '의학적 연구와 과학적 연구' 라고 부른다.)

(3) 제1조 (3)항의 내용과 관련된 법의학과 민형사상의 소송 절차와 기타 법률적 소송 절차.

(4) 또는 〈인간게놈과 인권에 관한 세계 선언〉과 인권에 관한 국제법과 합치되는 기타 목적.

제6조 절차

(1) 윤리적 관점에서 볼 때, 인간 유전자 데이터와 인간 단백질 유전 정보 데이터는 투명하면서도 윤리적으로 용납되는 절차에 입각하여 수집되고 처리되고 이용되고 보관되어야 한다.

모든 국가는 특히 개체군에 근거한 유전학적 연구의 경우에, 인간 유전자 데이터와 인간 단백질 유전 정보 데이터를 수집하고 처리하고 이용하고 보관하는 활동에 대한 폭넓은 정책을 수립하고, 그러한 활동을 관리하는 과정에 대해 평가하는 의사 결정 과정에 사회가 전반적으로 참여할 수 있도록 노력해야 한다.

이러한 의사 결정 과정은 국제적 차원의 경험으로부터 도움을 받을 수 있으므로, 다양한 견해가 자유롭게 표현되도록 보장해야 한다.

(2) 〈인간게놈과 인권에 관한 세계 선언〉 제16조에 따라 국내 차원이나 소지역 차원이나 지역 차원이나 기구 차원에서 독립적이고 다원적인 성격을 띠면서 여러 분야의 전문가들로 구성된 윤리 위원회가 장려되고 설립되어야 한다. 국내 차원에서 설립된 윤리 위원회는 인간 유전자 데이터와 인간 단백질 유전 정보 데이터와 생물학적 시료를 수집하고 처리하고 이용하고 보관하는 행위에 관한 기준과 법규와 지침을 제정하는 사안과 관련해서 서로 간에 시의적절하게 협의해야 한다.

또한 그 윤리 위원회는 국내법으로 규정되어 있지 않은 사안에 관해 서로 간에 협의해야 한다. 기구 차원이나 지역 차원에서 설립된 윤리 위원회는 특수한 연구 과제에 적용할 사안에 관해 협의해야 한다.

(3) 인간 유전자 데이터와 인간 단백질 유전 정보 데이터와 생물학적 시료를 수집하고 처리하고 이용하고 보관하는 행위가 둘 이상의 국가에서 진행되는 경우에 당사국의 윤리 위원회는 서로 간에 시의적절하게 협의해야 하고, 이러한 문제는 이 선언에 명시된 원칙과 당사국에 의해 채

뭔 나무?

택된 윤리적 기준과 법률적 기준에 따라 적절한 수준에서 검토되어야 한다.

(4) 윤리적 관점에서 볼 때, 정보를 미리 충분히 파악한 후에 자신의 자유의사에 따라 상세한 문서 형식으로 승낙을 표시하고자 하는 사람에게는 명확하고도 균형이 잡힌 정보가 충분하고도 적절하게 제공되어야 한다. 그러한 정보에는 여타의 상세 정보가 제공됨과 동시에, 생물학적 시료로부터 인간 유전자 데이터와 인간 단백질 유전 정보 데이터가 추출되고 나서 이용되고 보관되는 목적이 구체적

으로 제시되어야 한다. 이러한 정보에는 필요에 따라 위험 요소와 파급 효과가 명시되어야 한다. 또한 이러한 정보에는 당사자가 아무런 강제 조치 없이 자신의 동의를 철회할 수 있고, 이로 인해 당사자가 전혀 불이익이나 처벌을 받지 않는다는 점이 명시되어야 한다.

제7조 차별 철폐와 비난 금지

(1) 인간 유전자 데이터와 인간 단백질 유전 정보 데이터는 특정한 개인의 인권이나 기본적 자유나 인간 존엄성에 대한 침해를 시도하거나 그것을 침해하는 결과를 낳는 방식으로 차별하는 목적에서 이용되거나, 특정한 개인이나 가족이나 집단이나 사회를 비난하는 목적에서 이용되지 않도록 최대한 노력을 기울여야 한다.

(2) 이러한 관점에서 개체군에 근거한 유전학적 연구와 행동 유전학적 연구의 성과와 그 성과에 대한 해석에 적절하게 주의를 기울여야 한다.(······)